本书获深圳大学教材出版资助

数字化学习中的
新媒体与新技术

曹晓明　编著

清華大學出版社
北　京

内 容 简 介

本书是一本针对数字化学习中典型信息技术进行系统剖析的读物，从新技术的发展历程、教育应用的特征与发展现状、应用场景以及典型案例等方面全方位地解读，旨在让读者全面了解新一代信息技术在数字化学习中的应用，把握数字化学习发展的新趋势。全书共11章，分别对应数字化学习中的11种典型的信息技术，包括5G、云计算、物联网、虚拟现实与增强现实、机器人、大数据、数字徽章、人工智能、学习分析、脑机接口、区块链等内容。新技术的发展与进步永无止境，数字化学习本身也在不断发展，在每一节中通过“拓展学习”模块，引导学有余力的读者自主学习与探索。

本书可作为高等院校现代教育技术、智能教育及相关专业学习数字化教学与新媒体技术的教材或教学参考书。

图书在版编目(CIP)数据

数字化学习中的新媒体与新技术 / 曹晓明编著. —北京：清华大学出版社，2022.8
ISBN 978-7-302-60853-0

Ⅰ. ①数… Ⅱ. ①曹… Ⅲ. ①计算机辅助教学—研究 Ⅳ. ①G434

中国版本图书馆CIP数据核字(2022)第088418号

责任编辑： 王　定
封面设计： 周晓亮
版式设计： 孔祥峰
责任校对： 马遥遥
责任印制： 丛怀宇

出版发行： 清华大学出版社
网　址：http://www.tup.com.cn，http://www.wqbook.com
地　址：北京清华大学学研大厦A座　　邮　编：100084
社 总 机：010-83470000　　邮　购：010-62786544
投稿与读者服务：010-62776969，c-service@tup.tsinghua.edu.cn
质 量 反 馈：010-62772015，zhiliang@tup.tsinghua.edu.cn
印 装 者：北京同文印刷有限责任公司
经　销：全国新华书店
开　本：185mm×260mm　　印　张：15　　字　数：346千字
版　次：2022年9月第1版　　印　次：2022年9月第1次印刷
定　价：59.80元

产品编号：096074-01

前言

数字化学习的概念诞生于 20 世纪，一般是指学生依托现代信息技术与课程的有机融合，主要以网络虚拟空间为载体进行学习的一种学习方式。同传统面授型学习方式相比，数字化学习在学习资源、学习环境、教学模式上呈现鲜明的数字化、网络化特征。近年来，伴随着人工智能、5G、虚拟现实等新一代信息技术的快速发展，数字化技术正在潜移默化地影响着我们的社会和生活，同样也在深刻地改变着我们的教育和学习，一场“学习的革命”正在悄然发生，数字化学习成为这场学习变革中的关键因素。

编写目的

如何正确理解“数字化学习”的理念，并合理应用“数字化学习”的新技术，提升数字化学习素养是应对未来学习变革的重要挑战。因此编写本书的主要目的是普及数字化学习领域中的典型信息技术，通过案例教学引导读者掌握新一代信息技术在数字化学习中的应用流程，培养读者的数字化学习素养与数字化学习创新能力。

编写思想

信息技术作为数字化学习的核心要素之一，在不断推动着数字化学习的形态发生演进，也使数字化学习的概念历久弥新。20 世纪末，互联网的兴起开启了人们通过网络学习的新纪元，远程教育成为数字化学习的重要形态；进入 21 世纪，移动互联网的日益发展成熟，移动学习成为数字化学习的新形态。人工智能、5G、虚拟现实等新一代信息技术的发展，又将数字化学习的发展推向新的高度。数字化学习呈现多样态、个性化、智能化的新特征，智能教育、教育元宇宙、人机协同等新型数字化学习的探索日益引起教育信息化领域的关注。从中我们看出，新媒体与新技术同数字化学习间的逻辑关系，即新技术变革驱动了“学习的革命”，推动了教育的数字化转型；数字化学习丰富了新技术的应用场景，重塑了教育的形态。因此，本书的重要编写思想就是全面呈现数字化学习同新媒体与新技术的逻辑关系，按照“了解新技术—新技术教育应用概览—新技术教育应用发展现状—新技术应用场景—案例与反思—拓展学习”的主线框架组织内容，让读者逐步了解新技术在数字化学习中应用的全貌。

主要内容

本书共分为 11 章，分别对应数字化学习中的 11 种典型的信息技术，包括 5G、云计算、物联网、虚拟现实与增强现实、机器人、大数据、数字徽章、人工智能、学习分析、脑机接口、区块链等。新技术的发展与进步永无止境，数字化学习本身也在不断发展，通过“拓展学习”模块，引导学有余力的读者自主学习与探索。

读者对象

本书主要面向对教育信息化、新一代信息技术感兴趣的读者或教育技术、数字媒体、智能教育等相关专业(方向)的读者。可作为教育技术相关专业的教学参考书及现代教育技术、智能教育专业研究生的相关课程用书；适合的教学方法主要有案例教学、任务驱动教学等，引导读者了解新技术教育应用的知识图谱，逐步掌握数字化学习中新技术的应用要领，激发读者的创新意识与能力。

致　谢

本书由曹晓明组织团队编著。在编写过程中，谢娜辅助编者完成了大量文稿的整理和文字的编写工作，对本书的完成起到了非常重要的作用；谢颖琛、吴杨洋、宾文心、李琰、黄韵豪、陈晓薇、蔡诗毓、叶文锋、张宇娴、刘艳琴、莫东英等为本书提供了部分文献与资料，钟国成、叶文婵、方玉婷、张艺莹等帮助编者进行了校稿并补充了部分内容。在此，感谢以上各位为本书做出的贡献。本书中的部分图源自网络，在此也对这些图作者表示衷心感谢。同时，由于新媒体与新技术的范畴较为广阔，本书中选择了当下笔者认为较为典型的 11 种信息技术做较为系统的阐述。同时，受笔者研究方向及研究水平所限，不能在各个方向都有深入的研究；各类技术在专业研究领域中均有知名的专家学者做了深入的研究，本书从全面性、系统性、创新性等角度，引用了相应领域已做出贡献的相关学者的文献与案例，在此一并感谢。我们充分认识到这些专家学者的贡献，引用的图片、文献、案例尽可能细致地做了标注和说明；也希望本书作为一个引子，读者在读到相关专家学者的文献时，能够查阅原作者的文献进行更深入的学习。由于本书引用文献、资料、图片等数量多，汇聚的信息较为庞杂，若有漏标注或不规范的部分，我们致以歉意，并将在未来再版中进行更正、说明。最后，再次感谢为本书稿做出贡献的所有团队成员和相关文献、资料的专家及广大读者朋友，希望本书能够为教育技术等专业学生扩展视野提供便捷与帮助。

信息反馈

由于编者精力、水平及编写时间所限，书中难免会有疏漏的地方，恳请广大读者批评指正。若有勘误等相关书籍问题，请联系出版社，邮箱为wkservice@163.com。

读者可通过右侧二维码获取本书教学课件。

教学课件

编　者

2022 年 6 月

目　录

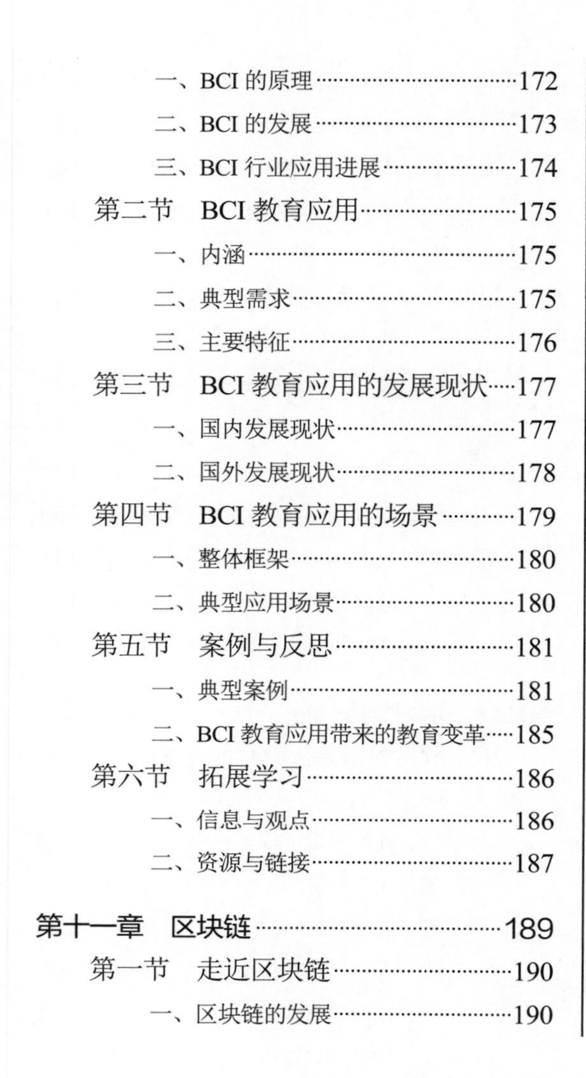

第一章 第五代移动通信技术

第五代移动通信技术(5th generation mobile communication technology，5G)构建的是新信息高速公路。5G 具有的低延时、高速率、可移动性等特点恰恰反映了教育应用对其的需求，让新时代的教学模式得以发生根本性变革。本章首先分析了 5G 的研究与发展，在此基础上对 5G 教育应用需求重新审视，剖析了 5G 的教育应用场景，通过具体案例介绍了当前 5G 的教育应用现状。

学习导引

一、目标与要求

1. 了解 5G 的发展历程及其给生活带来的影响。

2. 掌握 5G 是如何应用到教学上的，如何才能发挥出 5G 技术的最大优势；通过文献分析，了解国内外发展现状。

3. 明确 5G 在教育领域的典型应用场景及其带来的教育变革。

4. 了解 5G 的前沿发展趋势和最新技术动态，探究其在教育领域中的新可能。

二、资源与准备

1. 概览全章。

2. 课前自主学习本章第一节，了解 5G。

3. 网络资料：“中国信通院”官网、5G 相关白皮书。

第一节　走近 5G

2019 年 10 月 31 日，在“2019 年中国国际信息通信展览会”上，中华人民共和国工业和信息化部(以下简称工信部)宣布 5G 商用正式启动，因此，2019 年被认为是 5G 商用元年。目前 5G 已经走进我们的生活，极大地方便了我们的生活和生产。我们在享受 5G 带给我们生活便利的同时，需要全面了解 5G 是什么。G 的英文全称是 generation，5G 顾名思义，就是“第五代”的意思。

为满足更加复杂的应用场景需求，相比 4G 网络通信技术，5G 有着更加突出的优势，5G 网络通信技术在传输速度上有着非常明显的提升，用户体验网络传输速率达到 1Gbit/s，理想状态下峰值速率为 10~20Gbit/s；其低时延的优势也非常明显，时延低至 1ms；同时具备每平方公里连接百万设备的能力。

一、5G 的发展

1986 年，第一代移动通信技术(1G)在美国诞生。1987 年，欧洲成立全球移动通信系统协会(GSMA)并推出了欧洲 GSM 通信标准，第二代移动通信技术(2G)便是在这样的背景下诞生的。在当时，世界也形成了 CDMA 标准(美国)、GSM 标准(欧洲)、PHS 标准(日本)三大通信标准。中国加入的是 GSM 体系，建立了中国联通 GSM 网和中国移动 GSM 网。随后相继推出 CDMA 2000(美国)、W-CDMA(欧洲)、TD-SCDMA(中国)，形成世界 3G 的三大通信体系，中国的 3G 标准首次进入国际通信标准阵营，标志着中国在移动通信领域已经进入世界领先之列。[1] 4G 则是以 TD-LTE(中国)和 FDD-LTE(欧洲)为通信体系。2009 年华为公司开始进行 5G 的研究，2013 年投入大量资金进行 5G 技术研究，2019 年正式进入 5G 的商用时代，其发展重要节点如图 1-1 所示。《2019 移动经济报告》提道：2025 年发布 5G 商用网络的国家将占到全球的一半，全球 5G eMBB 连接数量将达 14 亿。[2]

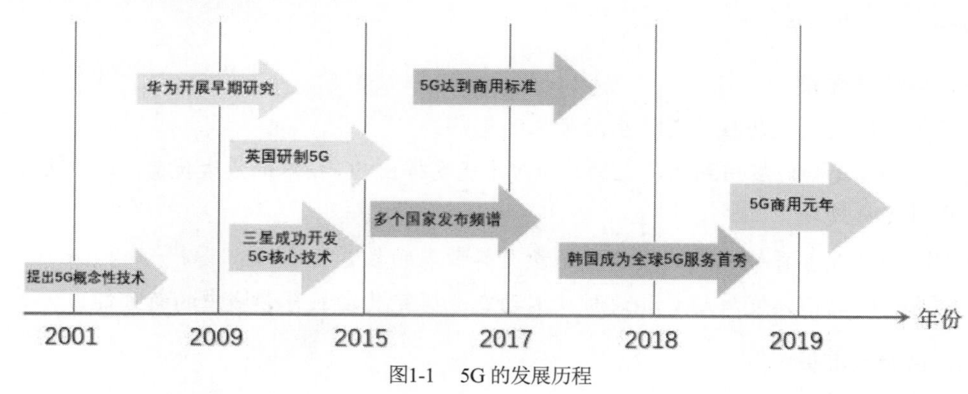

图1-1　5G 的发展历程

1　李小平，孙清亮，张琳，等. 5G 的发展历程、特点及其对教育理论的延伸[J]. 现代教育技术，2019，29(9)：26-32.

2　2019 移动经济报告：2025 全球移动用户数将达 60 亿 5G 占全球移动连接 15%[EB/OL]. [2019-09-10]. https://t.qianzhan.com/caijing/detail/190304-a1063bf0.html.

二、5G 的行业应用进展

1G 到 5G 是不断在发展的：从一开始仅支持语音呼叫的功能机(1G)到可以发送的数字语音短信时代(2G)，到可以观看图片的移动互联网应用时代(3G)，再到 2010 年后数据业务的兴起、大屏智能机的普及、可在手机上观看视频的 4G 时代，最后迈入数据洪流、万物互联的 5G 时代。移动互联网的发展简述图如图 1-2 所示。

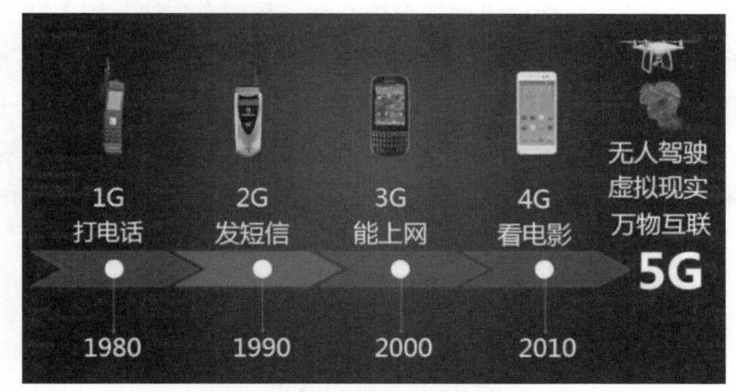

图1-2　移动互联网的发展简述图

2015 年国际电信联盟(ITU)为 5G 定义了三大应用场景(图 1-3)：

(1) 面对移动互联网爆炸式增长的需求，为了提供更好的用户体验，增强移动宽带(eMBB)，让用户体验速率达到 1Gb/s，理想状态下峰值速率为 10~20Gb/s。

(2) 实时远程操纵和反馈的场景对时延性和可靠性具有极高要求，如远程医疗、自动驾驶、体感游戏等，超高可靠低时延通信(URLLC)低至 1ms 以满足低时延的场景需求。

(3) 面对日益智能化和设备多样化的社会生活，可连接的设备增长速度非常快，主要体现在智慧城市、智能家居、工业自动化等场景中。[1]

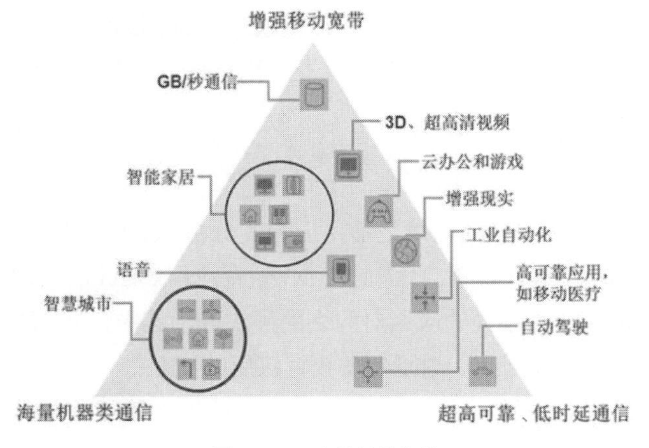

图1-3　5G 应用场景分类

1　周平，窦荣启，程雷. 5G 站点泛在能源体系研究[J]. 通信电源技术，2019，36(S1)：101-104.

对于普通用户而言，4G 网络已经能够满足日常生活中很多需要，但在某些场合下，如地铁、场馆、偏远地区等，受限于 4G 的速率和时延，区域存在网速下降、使用不流畅的情况；很多新的技术应用效果不佳，如虚拟现实(virtual reality，VR)、增强现实(augmented reality，AR)、高清视频播放、智能家居等。5G 凭借超高速率、超低时延、大连接等特性，将推动新一轮移动互联网业务的创新发展。5G 通过将复杂的运算和处理存放于云端服务器，降低了终端设备的负担，提升了用户体验。5G 将为我们日常生活带来极大便利和更多惊喜。

在社会发展方面，5G 将全面建设通信设施网络，形成全方位、宽领域、稳定可靠的社会通信网络，为传统产业向数字化、网络化和智能化的方向发展提供动力和基本保障。5G 作为通用的、全新的通信技术，结合迅速发展的云计算、大数据、人工智能等新一代技术，将会加快我国传统产业的技术改造和联合发展，推动工业、医疗、教育、交通、能源等传统产业的数字化、智能化、网络化发展，为数字经济的发展提供强劲驱动力，带来巨大的经济效益。[1]

第二节　5G 教育应用

5G 在教育领域的应用给教育带来了更多可能，如扩展教师的教学活动，让课堂有更多的呈现方式，为教师带来诸多便利，当然也带来了挑战，对教师的信息素养、教学能力与组织能力的要求更高。此外，5G 在教育领域的应用也将助推学习资源的发展，以满足学生对新兴学习资源的需求。

一、内涵

本章认为 5G 教育应用的概念和内涵是为学校解决带宽限制的网络问题，让教师可以在课堂开展个性化教学，优化育人生态。5G 教育应用，应当将落脚点更多地放在如何充分利用新兴的 5G 技术为教育服务上，让技术和课堂相辅相成。在 5G 技术的支持下，教育教学模式发生变化，如远程教育与校内教育的界线会逐渐淡化、教学方法将着重向创新能力的培养转变等。

二、典型需求

在探究 5G 教育应用对于 5G 的需求之前，应当先分析 5G 的特点。5G 的特点是高速率、低延迟、可移动性、低功耗和广覆盖。[2] 因此，5G 教育应用对 5G 的需求应当是：对高速率的需求、对低延时的需求和移动性强的应用对网络的需求等。其中，5G 的高速率、低延时和移动性需在广覆盖和低功耗的基础上，加强 5G 教育应用的交互性。

1　魏克军. 5G 商用发展面临的机遇与挑战[J]. 信息通信技术与政策，2019(10)：60-63.

2　Ivanova E P，Ilev T B，Mihaylov G Y，et al. Working together: Education,research and development for 5g networks[J]. Automation technological and business processes，2015,24(24)：4-8.

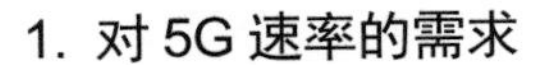

1. 对5G速率的需求

5G网络在理想状态下的峰值速率高达20Gb/s，用户传输速率可高达10Gb/s。速度上的大幅度提升，提高了学习资源的传输速度，在教学场景中体现在大数据处理设备的应用上，如远程互动教学的应用，为了使用户有更好的体验和交互，需要稳定的高速数据传输；5G网络应用到课室学习中，能随时接收数据，并对学习者的表情识别、语音识别、笔迹识别等行为数据进行分析，这些都是在教学中常见的应用。另外，还有更多的教学场景对无线网络有着强烈的需求。

2. 对低延时的需求

4G网络的时延稳定在20～80ms范围内，未达到低时延的标准。5G网络时延是1ms，该需求的典型性应用体现在VR、AR以及全息技术等教育应用上。VR、AR技术运用到教学场景中，能增强学习者对学习内容的反应刺激，让学习者的体验更加深刻，加深学习者对学习内容的印象。5G时代新的移动通信技术和网络连接设备将不断促使学习者通过探索和同伴一起互助学习，并给予学习者更好的VR、AR体验。

3. 对可移动性的需求

5G能增强网络移动性的效能和稳定性。可移动性体现为以下三方面：一是输出端和接收端的移动性，二是基站将以更便携的形式存在，三是各种资源的传输和运算可以在云服务器中完成。该需求让泛在学习成为可能，让学习更好地摆脱对时间和空间的依赖，哪怕是在人流密集的场所或者是偏远的地区，便携式基站也会让极端环境地区成为学习体验场所。

三、主要特征

人类已经历了6次信息革命：第一次是语言的诞生，让信息可以分享；第二次是文字的创造，让信息可以记录；第三次是造纸术和印刷术的发明，实现了信息的大规模复制；第四次是无线电(包括电报、电话、广播和电视)的发明，实现了信息的远距离电磁波传输；第五次是计算机的发明与普及、计算机与现代通信技术的结合，使人类迎来了数字时代；[1] 21世纪以来，随着云计算、物联网、大数据、移动互联网等新一代信息技术的产生，人类社会进入了以“云、物、移、大、智”为核心的第六次信息革命新阶段。[2]

人类将会步入第七次信息革命阶段，在5G移动互联的基础上，实现由移动互联、智能感应、大数据、智能学习共同形成的智能互联网[3]。基于对5G教育应用的典型需求分析，5G教育应用的主要特征有以下四点。

1 孙莹，吴磊磊，黄照翠. 教育技术与信息技术的比较研究[J]. 现代教育技术，2007(6):14-17.

2 李世东. 论第六次信息革命[J]. 中国新通信，2014(14):3-6.

3 傅力军. 5G技术现状及4K over 5G业务前景[J]. 广播与电视技术，2018，45(6):54-58.

1. 学习者的学习场景可以发生在任意地点

学习者的学习场地将会发生变化，不再像以往局限于家中或教室内学习。随着5G的普及，5G基站将会增多，学习者不仅可以在特定场景内享有5G高速率、低延时的优势，还可以在先前网络环境较差的地方随时开展学习。同时，5G给偏远地区的学习者创造了随时学习的机会。

2. 存在于各种终端设备

随着5G时代的到来，其用户量增多，需求量较从前大幅度上升。5G教育应用将会存在于电脑、手机、平板等终端设备上，确保学习者的学习参与感。

3. 及时收集数据并给予学习者个性化的学习建议

未来的5G教育应用，除了需要考虑舒适的用户体验外，还会将主要应用的着力点放置在学习者分析上，基于学习者的学习过程进行私人定制，给学习者带来更适合自身的学习方案。

4. 实现万物互联

万物互联是指互联网连接终端的广泛性和适用性。在未来的教学中，将出现沉浸式的虚拟学习环境、穿戴设备、全面的传感系统等，且更容易得到学习者画像、孪生学习空间，这将为教学活动带来前所未有的体验。

第三节　5G教育应用的发展现状

5G正式商用的时间还比较短，但已经融入社会生产的各行各业了，可见其有着巨大的发展空间和潜力。对于教育方式的多样性和革新性探索，5G的广泛应用给教育提供了一些新的思路，目前主要的探索场景有以5G网络为枢纽的远程互动教育，智能教学环境，可穿戴的视、听、触等感官设备，智慧校园，等等。5G赋能教育也体现在教育方面，但目前还有很多限制条件，无法大规模全面地实施，但如今的探索，就是未来教育发展的可能。

一、研究现状

本书以“5G”为主题词，以教育研究为类别，以中国知网CSSCI核心数据库和Scopus数据库为数据来源，共搜索到12篇文献，其中中文11篇，英文1篇。由此可见，5G作为新兴的技术，目前在教育领域的应用和研究还亟待探索。从文献数量来看，我国教育界在“5G+教育”研究主题上远多于国外。从研究内容来看，国内研究主要聚焦于5G技术促进教育技术手段的应用、教与学的形态变化研究和5G环境下教育理论的丰富与延展三方面。例如，一篇英文论文以实验法为研究方法，以查找特定区域的直播电台为研究课题，探索了大学生如何在5G环境下应用通用软件无线电外设(USRP)作为频谱分析仪。由此可见，目前关于5G教育应用

的研究还比较少，这可能是由两个原因造成的：一是5G作为通信技术，更多的是以一种介质的存在，无法单独为教育提供服务，需要与其他技术结合；二是5G还是比较新的技术，还没有形成研究生态。

二、应用现状

目前5G已经被广泛应用，在教育领域的应用也非常多，但其主要应用还集中在成熟的技术条件上，对已有的应用起很大的补充作用，弥补了很多不足。5G 对于前沿技术的应用还是比较缺乏的：一方面，前沿技术还没有达到广泛应用的条件，受到很多因素的制约；另一面，教育改革不是在短期内就能完成的。5G教育应用的最大活力是将网络传输速度提升到了一个新的量级，关于5G在教学中可能产生的应用场景，最直观地体现在网络传输、云计算、AI、机器学习、3D打印等方面，可以释放更多的能量，将这些新技术全部完美地展现。5G教育应用将为以下场景带来巨大的发展。

1. 5G与远程教学场景

2018 年北京邮电大学通过“5G+全息投影”技术首次实现了西土城校区和沙河校区跨校区远程互动教学，为优质课程进行跨区授课树立了一个良好的标杆。“5G+全息远程互动”智慧教室实现了优质课堂资源的远程共享，很大程度上可以推进解决教育资源地区分布不均衡的问题，有利于促进教育公平。未来5G低时延、高速率的特性会给远程互动教学带来新的体验。

2. 5G与个人设备

5G 移动宽带的增强加强了移动端的传输能力，这就为个人设备提供了更多的可能，未来的个人终端设备会强大到何种地步目前还不好想象，但是作为数据接收方和学习协作的参与方在学习体验上会有提升，如内容接收更快、小组协作更丰富、人机交互更真实。这里推荐一部电影参考，《头号玩家》里有个人终端、穿戴设备、网络传输、VR融合应用，如果未来的学习体验如同进入游戏一般，那可能就是一种真正的寓教于乐了。

3. 5G与智慧校园

目前，智慧校园的发展水平还比较低，需要借助5G强大的动力来促进其发展。5G在校园的应用是个宏大的应用场景，如对整体校园网络提升后带来的应用升级。狭义的智慧校园应用是利用5G的优势构建全面的信息传输网络，实现万物互联，校园内所产生的大数据都能够及时有效地实现传输、储存、分析应用，其应用场景也非常广泛，如师生的教学场景、校园安防的监控场景、生活场景等。

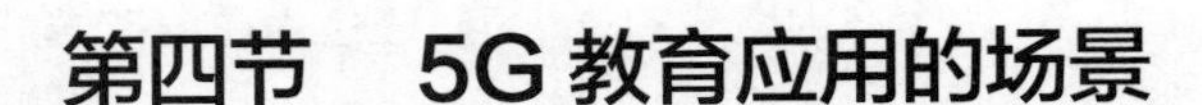

第四节　5G 教育应用的场景

现在 5G 已经被广泛应用到各行各业，给整个社会带来了很大的变化，让越来越多的不可能变成现实。同时，5G 给教育领域带来了新鲜的血液，促进了教育信息化水平的提高，也促进了新技术在教学上的应用，同时推动了智慧校园的建设。本节从应用场景的角度出发，结合新的技术和教学过程，探索 5G 教育应用场景。

一、整体框架

根据 5G 技术和教育应用相关需求，人们提出 5G 教育应用的整体框架包含但不限于以下三个方面：远程教学、VR/AR 教学、智能学习环境。5G 教育应用的整体框架具体如图 1-4 所示。

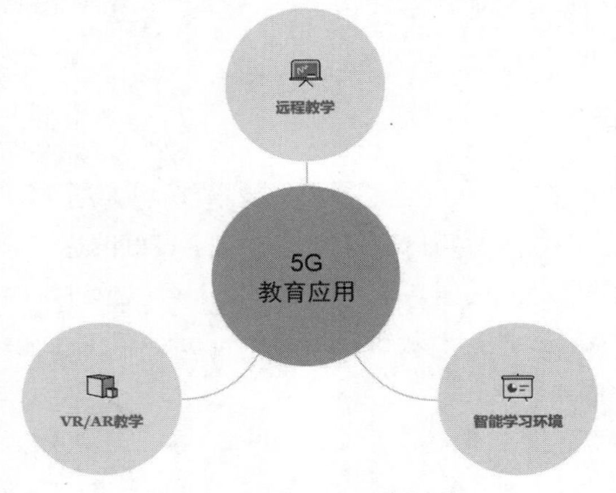

图1-4　5G 教育应用的整体框架

二、典型应用场景

5G 应用较为成熟，已经渗透到教育场景中，结合新的设备和技术是 5G 教育应用的主要场景，其主要应用于跨区域的 5G 教学场景、基于新媒体的沉浸式体验场景和赋能 AI 教学场景。下面介绍 5G 典型的应用场景。

1. 基于 5G 网络的远程教学场景

基于 5G 网络的远程互动教学场景示意图，如图 1-5 所示。

通过远程方式实行在线教学，能让更好的教育资源实现跨区域的流动，既能最大限度地利用优质的教学资源，又能促进教育地区发展均衡。单纯的讲授型课程已被证实效果不佳，师生之间的交互行为对教学效果有着显著的促进作用。双师课堂是远程教学较为典型的应用场景，其在 5G 网络的加持下，在原有的教学模式和技术基础下迸发出新的生命力，实现了具有灵活性的课堂。

图1-5　基于 5G 网络的远程互动教学场景示意图

2. 基于 5G 网络的VR/AR教学场景

基于 5G 网络的 VR/AR 教学场景示意图，如图 1-6 所示。

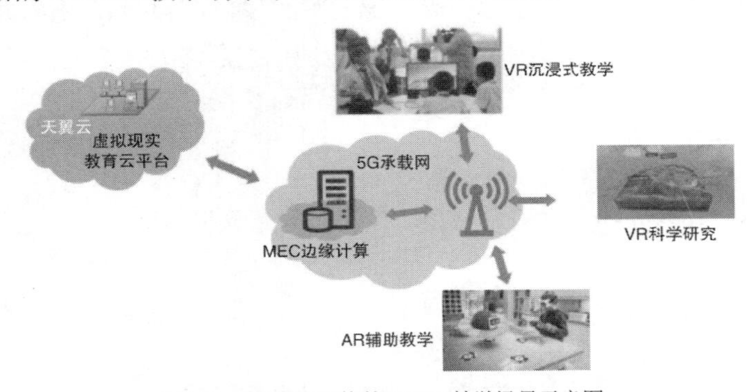

图1-6　基于 5G 网络的VR/AR教学场景示意图

将知识转化为数字化、可观察和可交互的虚拟事物，可以让学习者在现实空间中深入地了解所要学习的内容，并对数字化内容进行可操作的系统学习[1]。这既能使教师以更好方式呈现知识，又能让学生的学习体验更好。实现这些目标的教师更容易地获得相关技术，并将 AR 和 VR 应用于教学。随着 AR 和 VR 设备价格的下降，越来越多的学校注重建设以 VR/AR 云平台为基础的虚拟学习空间，利用 VR/AR 云平台创设有效的教学场景，包括虚拟实验室、3D 体验室、创客教室等，达到教学内容及时应用于实践，这种让学生身临其境的学习体验，既可以提升教学效果，又能提高学生的学习兴趣。

3. 智能学习环境

基于 5G 网络的教学 AI 评测示意图，如图 1-7 所示。

1　钱炜. 基于 5G 网络的智能教育平台探索与实践[J]. 张江科技评论，2020(1):52-53.

图1-7　基于5G网络的教学AI评测示意图

AI的发展如火如荼，给教育带来了很多活力，但AI的应用涉及对大量教学数据的采集、处理与分析，对于技术和环境的要求都很高。5G网络环境凭借其高速率、低时延等特性，可以采集和传输更全面的学习过程数据，为AI的教育应用发展注入强心剂，赋予教育AI更强大的生命力和灵活性。

思考：

通过网上资讯、论文、书籍等，探索5G更多的教育应用场景。

第五节　案例与反思

随着人们对5G技术的深入探索与5G网络应用的普及发展，5G在改善课堂教学环境、实现教室万物互联、实现校园万物互联方面发挥了重要的作用，相关的教育应用比比皆是。

一、典型案例

【案例1-1】

双师课堂在5G环境中的应用

1. 案例概述

本案例来源于网络报道《全国首个5G+智能教育落地省实 异校实时共享名师》[1]与《中国

1　搜狐网. 全国首个5G+智能教育落地省实 异校实时共享名师[EB/OL]. (2019-03-30)[2022-01-11]. https://www.sohu.com/a/304854694_161795?_f=index_chan25news_474.

联通携手华中师大发布了“5G+智能教育”行业应用》[1]。双师课堂指由主讲教师和辅助教师组成的课堂，在不同的地域空间，任课教师通过在线直播的形式进行授课，线下辅导教师在教室负责维护课堂秩序，以及协助线上主讲教师完成教学任务。随着视频直播教学的广泛应用，双师课堂成为国内较受关注的一种学习方式。未来将会有很多教室是跨学校、跨区域、可以随时随地接入、能实现远程交流、协同与合作的新型教室。以双师课堂为例，远程教师通过网络远程上课；本地教师结合个人特点进行有针对性的辅导，实现了两地的无缝协同。双师课堂是远程教学的主要场景，双师课堂主要解决农村教学点教师不足和课程不完整的问题，促进了城乡教育的均衡发展。

2. 案例介绍

(1) 广东两地学校合上“减数分裂小结”公开课。

广东实验中学高中部和广东实验中学越秀学校以生物“减数分裂小结”为主题的课程，通过5G+远程互动教学应用与分校学生实时交流，实现了双师课堂，课堂情况如图1-8所示。

图1-8　“减数分裂小结”公开课双师课堂

(2) 武汉福州两地学校合上“光与通信的奇妙旅程”公开课。

福州的物理特级教师蒋大桥和武汉华中师范大学第一附属中学的物理高级教师苏航以“光与通信的奇妙旅程”为主题，为身处福州、武汉两地的学生上了一堂公开课，并实现了异地互动，超越了时间和空间，具有很强的现场感。

3. 效果与反思

双师课堂实现了优质教学资源的分配和远程输送，构建了高效的智慧校园学习环境。在教学过程中，5G技术保证了两地互动教学平稳，画质清晰流畅，师生互动活跃，VR/AR教学内容下载快速、交互顺畅，形象生动。

1　搜狐网. 中国联通携手华中师大发布“5G+智能教育”行业应用[EB/OL]. [2022-01-11]. https://www.sohu.com/a/298399554_120044167.

从上述两个双师课堂的案例可以发现，5G 网络相比有线网络，可以更好地适应各种复杂教学场景，而 5G 的快速传输+云端部署在一定程度上降低了教育信息化建设成本。据测算，5G 进入规模化部署应用后，无线代替线缆，教育信息化建设成本将降低一半以上。

【案例 1-2】

VR/AR 教育在 5G 环境中的应用

1. 案例概述

本案例来源于网络报道《VR 飞行课程、物理教学等 VR/AR 教育案例，提升自主性、减少负荷~》[1]与《“谷歌探险先锋” VR/AR 教育平台已全面开放使用》[2]。

VR 指通过计算机技术对真实环境的还原或虚构环境形成数字化空间，用户可以借助虚拟眼镜等配套装备进行沉浸式体验。AR 是广义上 VR 的扩展，AR 是指把虚拟的信息叠加到真实世界中，从而使真实的环境和虚拟的物体实时融于同一个画面。[3] VR 技术能够突破时空限制，在教育中的应用主要包括营造虚拟仿真环境进行教学、模拟技能训练、构建虚拟角色等，具有沉浸性(immersion)、交互性(interaction)、想象性(imagination)等特征[4](详见第四章)，在物理、化学、医学等课程或专业中，存在大量实验需要反复操作。这些实验不仅消耗物资，还存在一定的风险。学生应用 VR 技术进行实验，可以多次进行操作，同时规避了安全风险。VR 技术被应用于语言教育中，教师和学习者可以创建和体验丰富的场景，在虚拟仿真的环境中学习语言和文化。

2. 实际案例

VR/AR 技术在教育领域的应用已经进行了很多的探索和实践，也证实了其对教育效果的提升非常显著。据微软此前发布的《沉浸式教育体验白皮书》的调查结果，VR/AR 等沉浸式技术能够有效提高教学效果，提高学生成绩。

(1) 成都市教育科学研究院联合影创科技举办 5G +MR 公开课。

2019 年，成都市教育科学研究院与影创科技联合成都、青岛、上海以及北京 4 地共 7 所中学举办了一场 5G +MR 全息物理名师公开课——高中物理电磁学课程(图 1-9)，通过以 MR 全息影像的形式把课本上抽象的知识直观地呈现在学生面前。

(2) 谷歌探险先锋计划。

谷歌分别在 2015 年和 2017 年宣布推出“谷歌探险先锋计划” (google expeditions pioneer program)和“AR 探险队” (expeditions AR)。“谷歌探险先锋计划”主要为学校提供低成本的 VR 教学装备，套件包括教师使用的平板、学生使用的“谷歌纸盒” (硬纸盒、手机、透镜等做成的

---

1 搜狐网. VR 飞行课程、物理教学等 VR/AR 教育案例，提升自主性、减少负荷~ [EB/OL]. [2022-01-11]. https://www.sohu.com/a/359883010_484765.

2 搜狐网. “谷歌探险先锋” VR/AR 教育平台已全面开放使用[EB/OL]. [2022-01-11]. https://www.sohu.com/a/158966609_216039.

3 蔡苏，张晗. VR/AR 教育应用案例及发展趋势[J]. 数字教育，2017, 3(3):1-10.

4 Burdea G, Coiffet P. Virtual reality technology[J]. Presence, 2003(2016): 663-664.

简易虚拟滤镜)和数据包等，使学生能在虚拟的世界各地中“探险”。[1] “AR 探险队”帮助学生融入身临其境的课程，实现虚拟的模型和场景，与现实环境无缝协同。每部移动设备都可以通过 5G 同步到教师的移动设备上，使每个学生都有相同的 AR 体验。

图1-9　5G +MR全息物理名师公开课

3. 效果与反思

5G 技术的高带宽、低延迟等特性为教学中运用 VR 或 AR 设备提供了实施条件，这种三维直观的教学内容呈现和教学方式革新有助于提升学生的认知、理解和实践，学生能够与虚拟对象交互，增强了课堂互动性和参与性，能充分调动学生的学习热情；VR 设备容易开展趣味性教学，基于 VR/AR 的可视化、互动性、融入性特征，可以设计出非常吸引人的教学内容，从而提升学生的学习兴趣。但此种教学方式也有一定的弊端，对部分教师而言，需要提前了解设备的使用方式，再进行教学设计，增加了教师备课的负担，且该技术应作为辅助手段，应作为课堂教学的补充，不宜喧宾夺主。

【案例 1-3】

教学 AI 评测在 5G 环境中的应用

1. 案例概述

本案例来源于网络报道《中广上洋：用人工智能+大数据助力教育信息化发展》[2]与《Find 智慧钢琴打造新型智慧音乐课》[3]。建立科学合理的教学效果评价、学生评价体系一直是教育改革的重中之重，也是痛点问题，利用 AI 技术进行教学评测能将教学过程中收集到的师生数据进行统计与智能分析，呈现分析结果并生成个性化的学习方案、推荐学习资源，而 5G 技术支持课堂应用的实时交互、师生数据的及时收集、学习资源的个性筛选等，有效解决了教学效果评价和学生评价维度单一、难以进行形成性评价等问题。

1　陈松云，何高大. 新技术推动下的学习愿景和作用——2017《美国国家教育技术计划》及启示[J]. 远程教育杂志，2017，35(6):21-30.
2　搜狐网. 中广上洋：用人工智能+大数据助力教育信息化发展[EB/OL]. [2022-01-11]. https://www.sohu.com/a/311193248_195079.
3　搜狐网. Find 智慧钢琴打造新型智慧音乐课[EB/OL]. [2022-01-11]. http://www.sohu.com/a/142605887_7852.

2. 实际案例

(1) 上洋智慧教室教学 AI 评测(图 1-10)。

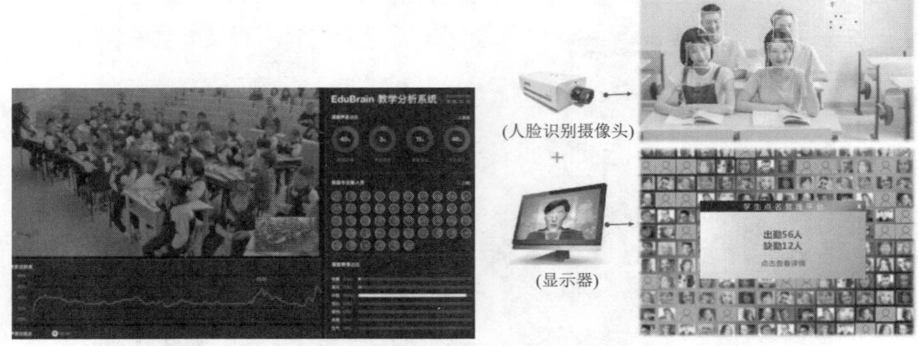

图1-10 上洋智慧教室教学AI评测

在上洋智慧教室解决方案中，基于 5G 网络运用了人脸识别、语音识别等 AI 技术，对课堂上师生的行为进行数据采集和分析，了解学生的学习参与度和教师的授课风格，同时统计学生出勤、互动支持等教学管理活动。

(2) Find 智慧钢琴结合 AI 打造新型智慧音乐课。

Find 智慧钢琴将传统制造工艺和互联信息技术、智能控制技术结合，赋予无生命的机械组件以“生命力”，从而打造了新一代音乐素质教育的新模式。Find 智慧钢琴含有海量紧扣教材大纲的主流教材曲目、多媒体联动课件和随堂测验题库等，内置训练教程和智能陪练纠错功能，并提供开放式的资源整合平台，为学习者提供丰富且专业的学习资源库和打造自主学习的环境、自动评测系统，进行现代化趣味化的钢琴授课。Find 智慧钢琴学习效果评析如图 1-11 所示。

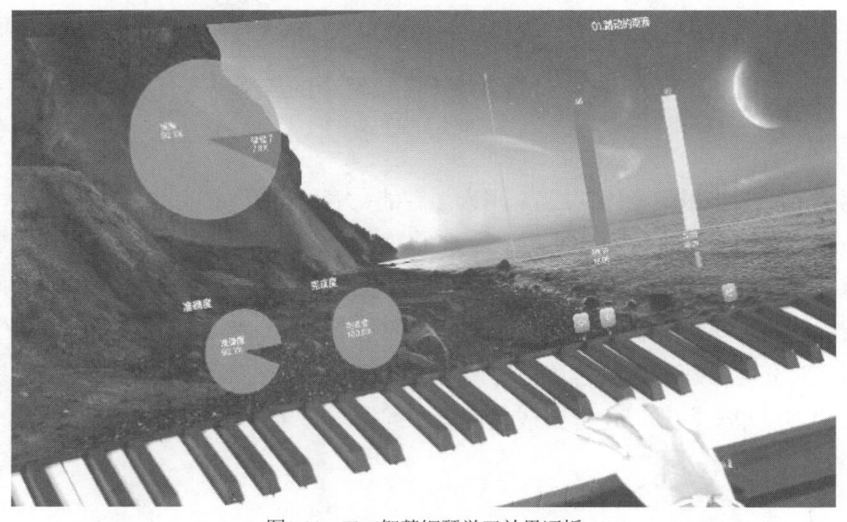

图1-11 Find智慧钢琴学习效果评析

3. 效果与反思

在5G环境中，实现AI赋能教育，为教育提供智慧化辅助工具，既能释放教师的教学力，又能实现教师对学生的个性化指导，更好地把教与学统一起来，迸发出强大的生命力。在个人学习过程中，教学AI评测不仅能准确地判断学生的学习水平，推送与之相匹配的学习计划，还能根据知识点的相互关联性，制作知识图谱，提供个性化的指导方案。但要注意，教育是人的活动，不能一味的数据化。现阶段AI无法与人产生共情，在很多场合只是作为辅助性工具参与教学，在AI帮助教师完成部分工作的情况下，教师应该加强对学生的思想引导、情感培养等。

活动：

直接或间接利用5G进行一次教学活动。

要求:

(1) 写好活动方案。

(2) 与教学有关，行之有效。

二、5G教育应用带来的教育变革

5G本身不能给教育带来变革，但5G能促进新技术应用于教育变革。2019年起5G技术进入商用阶段，5G将促使教育理念、教学形式等发生转变，所以需对传统的教育理论予以重新认识和验证。[1] 5G技术为远程互动教学的推进、智慧校园的全面建设、虚拟实验室构想的实现、大规模学习行为分析等应用提供了强大的动力。

请在下方填写你认为5G技术会给教育带来的变革:

1　李小平，孙清亮，张琳，等. 5G的发展历程、特点及其对教育理论的延伸[J]. 现代教育技术，2019，29(9):26-32.

第六节　拓展学习

一、信息与观点

苹果公司的创始人乔布斯生前曾经提出一个著名的“乔布斯之问”：“为什么计算机改变了几乎所有领域，却唯独对学校教育的影响小得令人吃惊？”对于这个问题，很难给出标准的答案。美国前联邦教育部长邓肯给出了答案：原因在于“教育没有发生结构性的改变”。[1] 5G给教育带来了很多革新，但并没有改变教育，归根到底是由教育的本质决定的。但教育也不是一成不变的，随着社会意识形态的变化、科技的发展，教育的内容和方式都会发生一些变化。

2019年5G的广泛应用及其与AI的结合，更是让社会发展加快了脚步，教育行业即将迎来发展的新春天。2019年冬爆发的新型冠状病毒肺炎(以下简称“新冠”)疫情更是让教育在短时间内发生过很大的颠覆，在传统的课堂教学被逼停的情况下，全国线上教学承担着重任，得力于以5G为代表的移动互联网，使这段时期能够平稳过渡，这些都是时代发展赋予5G的使命。

每一次技术革新的同时会出现很多问题，传输速度是5G最大的优势，但由于不能使用低频信号，人们不得不接受高频信号穿透力差的缺点，需要建设更多的基站，以保证建筑比较密集的区域信号稳定和传输速度。这意味着需要投入的成本更高，建设难度更大，时间周期更长。除此之外，5G不管是发射端还是接收终端，耗电率都会提高。对于移动设备来说，为了满足长时间使用，需要解决续航问题，电池技术没有取得突破，对5G的应用会有很大的制约。

二、资源与链接

(1) 中国电化教育杂志《5G+智慧教育：基于智能技术的教育变革》：http://qikan.cqvip.com/Qikan/Article/Detail?id=7104327673&from=Qikan_Search_Index。

(2) 开放教育研究《5G融合的教育应用、挑战与反思》：http://qikan.cqvip.com/Qikan/Article/Detail?id=7100518330&from=Qikan_Search_Index。

(3) 远程教育杂志《5G时代的教育场景要素变革与应对之策》：http://qikan.cqvip.com/Qikan/Article/Detail?id=7001939091&from=Qikan_Search_Index。

(4) 中国信通院《构建产业新生态，实现5G行业应用新发展》：http://www.caict.ac.cn/kxyj/caictgd/202006/t20200609_284024.htm。

(5) 中国电子学会官网《“科创中国”系列路演活动第057期——5G+智慧教育专场活动成功举办》：https://www.cie.org.cn/site/content/3896.html。

(6) IMT-2020(5G)推进组《中国5G应用白皮书(2020)》：http://www.elecfans.com/d/1339758.html。

1　百度. 朱永新：5G将如何改变我们的教育[EB/OL]. [2022-01-11]. https://baijiahao.baidu. com/s?id=1638079395284304441&wfr=spider&for=pc.

(7) 远程教育杂志《5G +智能技术：构筑“智能+”时代的智能教育新生态系统》：http://qikan.cqvip.com/Qikan/Article/Detail?id=7001939089&from=Qikan_Search_Index。

(8) 现代远程教育研究《5G 时代直播教育：创新在线教育形态》：http://qikan.cqvip.com/Qikan/Article/Detail?id=7103772491&from=Qikan_Search_Index。

(9) 现代教育技术《5G 的发展历程、特点及其对教育理论的延伸》：http://qikan.cqvip.com/Qikan/Article/Detail?id=7002896653&from=Qikan_Search_Index。

学习活动与建议

1. 拓展学习与探究活动建议

(1) 查阅 5G 相关的发展报告，了解 5G 技术最新进展，尤其是能应用于教育领域的相关技术，并在课堂上进行汇报。

(2) 查阅相关文献，了解5G目前的研究现状，梳理 5G教育应用的场景，并结合实例进行分析，在课堂上进行汇报分享。

(3) 查阅相关资料，认识一些新的技术及其相互关系，在课堂上进行汇报分享。

2. 课后活动建议

根据本章学习内容与拓展学习内容，绘制 5G 教育应用的思维导图进行知识回顾。

读书笔记

第二章 云计算

教育信息化的实践自20世纪90年代起就在国内外广泛开展，至今已取得了令人瞩目的成就，通过教育信息化引领教育的改革和创新已在全球范围内达成共识。新冠疫情的爆发促使学校大范围开展在线教学，同时推动了云计算技术的发展。云服务能提升教师教学管理的效率，为学生获取学习资料带来便利，降低学校维护基础设备的成本，等等，越来越多的学者致力于研究云计算技术在教育中的应用。“云”这个在虚拟环境中整合技术与资源的平台，成为共享教育资源，促进教育公平的有效途径。

学习导引

一、目标与要求

1. 了解云计算技术的发展历程及其给生活带来的影响。
2. 探究云计算技术是如何应用到教学中的，以及如何发挥云计算技术的最大优势。
3. 通过文献分析，了解云计算技术国内外的发展现状。
4. 明确云计算技术在教育领域的典型应用场景及其带来的教育变革。
5. 了解云计算技术的前沿发展趋势和最新技术动态，探究其在教育领域中的新可能。

二、资源与准备

1. 概览全章，预习本章内容。
2. 课前自主学习本章第一节，了解云计算技术。
3. 网络资料：“中国信通院”官网、云计算相关白皮书。

第一节 走近云计算

云计算技术可为用户提供个性化的虚拟服务，企业或开发者只需投入很少的管理工作，或与服务供应商进行很少的交互，就可以达到预期的业务效果，极大地促进了互联网服务的发展。[1]

一、云计算的发展

2006年3月，美国亚马逊公司提供了一个可调整的云计算(elastic compute cloud，EC2)服务。2006年8月，谷歌董事长埃里克·施密特(Eric Emerson Schmidt)在搜索引擎大会上首次提出cloud computing一词，自此拉开了云计算发展的序幕，同时促进了互联网更进一步发展。刚开始cloud computing一词并未受到人们的重视，仅在报纸、杂志、网络等媒体上偶尔出现，直到2007年末才逐渐被人关注，不久后被翻译为“云计算”。国内外巨头公司抓住时机，先后在云计算领域有所建树，如微软的公共云计算平台(2008年)、IT公司—国际商业机器公司(IBM)的大中华区云计算中心(2008年)、阿里的“电子商务云计算中心”(2009年)以及中国移动云计算平台“大云”计划启动等。随后云计算技术不断发展，于2016—2019年进入“标准相对健全、产品功能相对完善、市场格局相对稳定”的成熟阶段。[2] 2019年新冠疫情开始，在线教学的大范围开展推动了云计算技术实践应用的发展，云计算等新兴技术在新冠疫情防控期间发挥了重大作用。随着新基础设施建设的推进，云计算承担了类似操作系统的角色，成为通信网络基础设施、算力基础设施与新技术基础设施进行协同配合的重要结合点，也是整合网络与计算技术的平台。[3]

二、云计算行业应用进展

云计算技术发展至今，已在政务、医疗、金融、教育等领域成功地发挥积极的作用，如图2-1所示。实际上，云计算技术早已经融入人们的生活，如利用电子设备随时随地查看、修改或转发自己存储在云端的文件，利用云提供的服务开展虚拟办公，等等。

1. 政务云

政务云是指为提高政府的公共服务水平和社会管理能力，将云计算技术应用于政府机构。其分为由县级以上政府负责，管理调控政府公共服务的综合政务云与由公安、税务、海关、人力资源和社会保障部等主管部门负责，为国家与地方委办局提供社会管理的服务行业的政务云。[4]

---

1 雷万云. 云计算技术、平台以及应用案例[M]. 北京：清华大学出版社，2011：7-8.

2 东方财富证券. 通信设备行业专题研究：云计算全产业链持续高景气，“新基建”助力行业发展[EB/OL]. [2020-11-18]. http://data.eastmoney.com/report/zw_strategy.jshtml?encodeUrl=Yqrg4xKf03zAlpRTMLdlJsR4ZZEbAAxXrOy3YJIXKow=/.

3 中国信息通信研究院. 云计算白皮书(2021年)[R]. 北京：中国信息通信研究院，2021.

4 艾瑞网. 迈向云上政务时代：中国政务云行业研究报告(2020年)[EB/OL]. [2020-06-11]. https://report.iresearch.cn/report_pdf.aspx?id=3592.

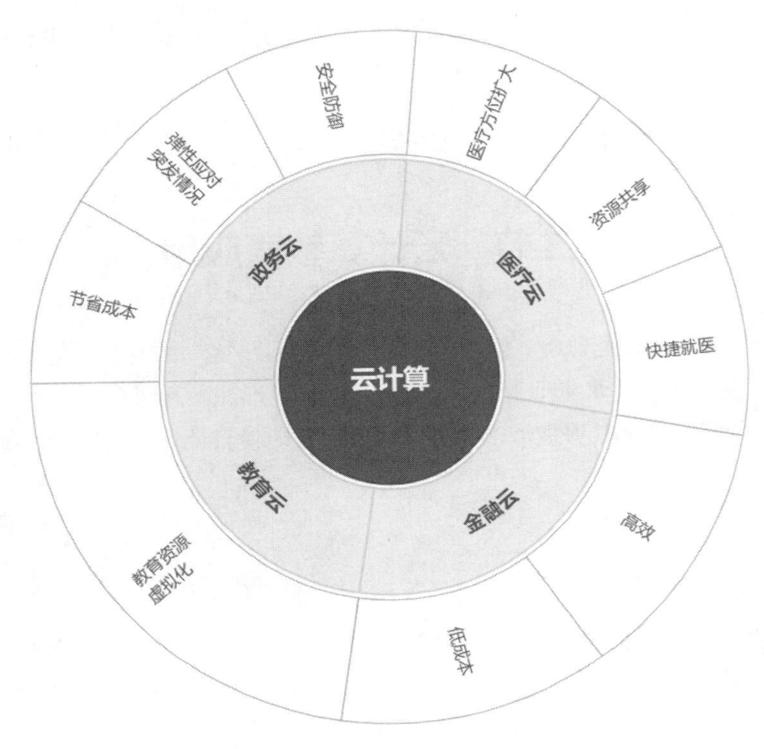

图2-1　云计算应用领域

2. 医疗云

医疗云是指将云计算等新技术应用于医疗领域，建立远程医疗服务云平台，扩大医疗服务覆盖面，促进不同医院间的资源共享，建立全民电子健康档案。民众可通过云端实现预约与挂号缴费、医保查询、查看或下载电子报告等，医疗机构在提供优质线上看诊服务的同时，还拥有数据安全、信息共享、动态扩展等保障。[1]

3. 金融云

金融云是指提供金融类服务的云，云计算具有成本低廉、安全可靠的特点，为金融机构开展“云端”金融类服务提供了保障。金融机构可利用云平台与客户或合作伙伴建立数据联系，云平台能帮助金融机构快速发现问题，提供可用解决方案，降低成本的同时保证数据安全，实现应用系统快速部署、业务弹性扩容，为民众提供更优质的金融服务。

4. 教育云

教育云包括教育信息化所需的所有硬件计算资源，虚拟化后存储在云端，可在教育教学中提供相应的云服务。在一对一教学、小班制授课、互动大班课等多种教育使用场景中教育云均

1　许子明，田杨锋. 云计算的发展历史及其应用[J]. 信息记录材料，2018，19(8)：66-67.

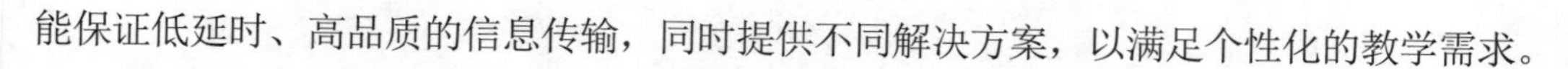
能保证低延时、高品质的信息传输，同时提供不同解决方案，以满足个性化的教学需求。

拓展：

查阅资料了解不同行业的云计算发展情况。

第二节　云计算教育应用

云计算自引入我国后，受到众多领域学者的追捧。随着“云”的商业价值逐渐被挖掘出来，教育工作者也发现了其在教育应用上的可能性。但我国目前的云计算教育应用仍处于起步阶段，只有把握其内涵，了解其典型需求与主要特征，才能使云计算在教育中发挥更大作用。

一、内涵

云计算技术迁移到教育领域称为“教育云”，其将教育信息化需要的一切软硬件计算资源虚拟化后，能为教育机构、教育从业人员和学生提供以计算资源为形式的服务。[1]

教育云分为云计算辅助教学(cloud computing assisted instructions，CCAI)和云计算辅助教育(clouds computing based education，CCBE)。[2] CCAI 是指利用云计算提供的服务为教师开展有效教学提供便利条件，使学生在满足个性化学习需求的环境中自主学习成为可能。[3] CCBE 是指利用云计算提供的服务来促进教育教学活动的开展，着眼于探究未来教育领域如何应用云计算以及基于此的教学资源和过程的设计与管理等。[4]云计算按需提供服务的模式能有效降低在固定资产上的开支，使学校能更加方便、安全地进行教育信息化建设，辅助教师创设个性化的教学环境，促进学生群体的智慧发展。[5]

二、典型需求

云计算技术给教育体系带来了积极的影响，为了使其更好地发挥作用，根据我国当前教育的发展情况与特征，总结云计算教育应用的典型需求如下。

1. 促进教育资源的共建共享

我国颁布的《教育信息化十年发展规划(2011—2020 年)》提出，汇集师生与企业开发的优质资源，加强建设以网络资源为核心的教育资源与公共服务体系，实现优质资源共享和持续

1　章泽昂，邬家炜. 基于云计算的教育信息化平台的研究[J]. 中国远程教育(综合版)，2010(6)：66-69.

2　黄秋生，张秦肇. 云环境下高校形势与政策课数字化教学资源共建共享研究[J]. 教育现代化，2016，3(28)：67-70+73.

3　杨滨. 论云计算辅助教学(CCAI)中协作学习产生的设计机制——以 Google sites 下的协作学习为例[J]. 现代教育技术，2009，19(11)：95-99.

4　张珑，王建华，张军. 云计算辅助教育初探[J]. 计算机教育，2010(12)：4-8.

5　张利峰. 云计算辅助教学在高校教学中的应用研究[D]. 大庆：东北石油大学，2012.

发展。[1]基于云服务的教育资源共享平台可以解决国内教育资源东部较西部更多、城市较农村更多等分布不均衡的问题，避免教学资源孤岛现象的产生。

2. 降低硬件设备的投入

每一所学校在维护自身资源时都需要单独的防火墙、交换机、数据存储和备份系统等基础设施的支持，而不断增长的计算需求又使学校不得不及时更新设备以保持服务的正常提供，这无疑是一笔巨大的投入。而一所基于云计算的院校，只需支付云服务费用，便可以随时随地享受云计算带来便利，节省了大量投入在基础设施上的人力与资金成本，为学校创造了稳定且优质的虚拟教育环境。

3. 提供完整的应用软件服务

软件即服务(SaaS)是云服务的一种类型。以往个体若要使用受版权保护的软件，需要支付高额的使用费，而有了 SaaS，只需付出低廉的云服务费用，即可随时随地免费体验受版权保护的应用软件服务，如 Office 类办公软件、Adobe 公司提供的数字体验解决方案等。作为客户端的本地计算机只需运行图形界面的操作系统和浏览器即可享受云服务，不用担心应用软件是否是最新版本，这也极大地减少了学校为维护和升级操作系统、应用软件所投入的费用。[2]

4. 提供安全可靠的数据存储机制

互联网时代的数据安全一直是备受关注的问题，日常工作中需注意数据的保存和转移，而云计算环境下，数据安全及同步由专业的服务提供商提供，用户无须考虑这些问题，大大减少了数据维护的工作量及费用。

三、主要特征

云计算作为一种新型计算模式，将低成本享受超级计算服务变成可能，具有方便快捷、共享协作、数据安全、快速弹性和按需计费的特点，给教育领域带来了新的机遇。未来随着云计算技术的不断发展，教育领域必定会越来越多地应用云计算。

1. 方便快捷

云计算的方便快捷体现为用户在不知道云计算底层逻辑和实际原理的情况下仍可以轻松地获得所需资源和服务。资源的获取和使用不受地点和时间的限制，只要有互联网与终端设备，便可享受云计算提供的服务。

1 教育部. 教育部关于印发《教育信息化十年发展规划(2011—2020 年)》的通知[EB/OL]. [2012-03-13]. http://www.moe.gov.cn/srcsite/A16/s3342/201203/t20120313_133322.html.

2 孙剑华. 未来计算在“云端”——浅谈云计算和移动学习[J]. 现代教育技术，2009，19(8)：60-63.

2. 共享协作

云计算可将教学资源等数据存储在超大规模的数据中心里，可以实现数据互联互通，用户可以在云平台上获取、分享、保存数据，避免资源孤岛现象的产生，有效解决了教学资源分布不均衡、共享程度低的问题。

3. 数据安全

云计算可提供可靠性高的数据存储服务，实现多种数据不同设备间的自动同步，保证数据的安全，利用互联网即可访问有相应权限的终端设备；避免数据存储在计算机上可能存在病毒感染或人为外部攻击造成数据损害或盗窃的问题。

4. 快速弹性

云计算能按需获取和释放计算资源：需要时能快速获取资源从而扩展计算能力；不需要时能迅速释放资源，以便降低计算性能，从而减少资源的使用费用。

5. 按需计费

云消费者使用云端计算资源是需要付费的，付费的计量方法有很多，既可以根据某类资源(如存储、CPU、内存、网络带宽等)的使用量和时间长短计费，也可以按使用频次来计费。

探讨：
云计算、大数据和物联网之间的关系。

第三节　云计算教育应用的发展现状

云计算从诞生至今，一直受到人们不同程度的关注，给教育和学习方式带来了巨大变革。近几年有不少研究者致力于探索云计算与教育更深度的融合：了解云计算教育应用的现状以及趋势，归纳总结已有研究成果和实践案例，促进理论与技术、理论与实践更好地融合，让云计算辅助教育触手可及。

一、国内发展现状

2011 年，为实现“促进区域教育均衡发展”的目标，广州市教育局采用华为云教育解决方案，用华为教育云连接中心城区学校和偏远乡村中学，实现了全市教育资源共享。该项目用瘦客户机替代传统计算机，大幅度降低了终端成本，大大扩展了教学终端的范围，为多媒体教学、3D 课件教学、高清视频教学、移动教学等各种不同教育应用场景提供了多种形态的终端，满足不同条件用户的教育资源需求；[1]中国科技大学自主建设校园云服务平台，命名为“瀚海星云”，可为全校师生提供“基础设施即服务”和“平台即服务”。师生可以在此平台上搭建私有云，从事云技术和云应用的实验，可以搭建高性能科学计算平台，开展并行计算等实践项目等；[2]致力于为在线教育创新赋能的能力天空教育平台，自创立以来，不断升级在线教育解决方案，解决各种在线教育机构遇到的技术、内容、营销方面的难题，建立了多种教育应用场景，目前已与全国多所高校和机构合作，推动在线教学的开展；浙江大学从自身教学实践出发，将学校物理空间和数字空间有机地衔接起来，设计了基于云渲染的 VR/AR 智慧教室。其利用云渲染平台强大的图形处理能力，可极大地缩短渲染时间，确保 VR/AR 智慧教室中虚拟教学资源制作的实时性。通过建设云渲染平台，各用户仅需配备各类 VR/AR 显示终端，将 VR/AR 应用中涉及的云渲染也搬移到云端，便可共享各类云渲染平台上的 VR/AR 资源，可以减少终端设备消耗，有效解决了 VR/AR 教学资源建设的难题。[3]

二、国外发展现状

美国密歇根州东南部赛兰地区的一所学校将原先的电子邮件设备改为全套谷歌应用软件，师生借助谷歌软件不仅可以共享电子文档和视频等，还可以对其内容进行注解和编辑，有效提升了学生的学习效率；[4] LearnBoost 是一个基于云计算的课堂管理平台，能帮助 K-12 教师跟踪学生的成绩和学习进度，创建标准的课程计划，完善分析报告。通过集成谷歌应用程序，教师能在中央控制台上整理教师的日程安排并与学生和家长分享。[5]美国北卡罗来纳州西蒙公司在格雷汉姆小学启动了一个云计算项目：不论教师和学生在什么场所，只要通过互联网连接西蒙公司的“通用云计算服务”，即可访问虚拟计算机桌面，并获取课程、作业和其他学习材料。日本电气与长冈技术科学大学等全国 51 所国立高等学校的 55 个校区合作搭建了图书馆云平台系统，该系统利用云服务使师生可以共享各校的藏书和电子资料，实现了小规模图书馆业务的多样化和效率化；[6]日本明治大学计划引进美国北卡罗来纳大学开发的名为“VCL”的云计算系统，学校师生利用终端设备连接互联网就能使用中央服务器搭载的软件，即使在家也能享受和在学校相同的服务。[7]

思考：

未来云计算的发展趋势是什么？

1 邱百爽，郭桂英. 试论大教育环境下云计算辅助教学的研究现状和趋势[J]. 中国教育技术装备，2015(4)：15-16+21.

2 耿学华，梁林梅，王进. 云计算在高等教育信息化中的应用与展望[J]. 现代教育技术，2012，22(3)：5-9.

3 汤显峰，沈丽燕，董榕，等. 基于云渲染的 VR/AR 智慧教室的设计与应用[J]. 现代教育技术，2021，31(5)：82-89.

4 张进宝，黄荣怀，张连刚. 智慧教育云服务：教育信息化服务新模式[J]. 开放教育研究，2012，18(3)：20-26.

5 Johnson L, Becker S A, Estrada V, et al. The NMC Horizon Report: 2011 K-12 Edition[M]. New Media Con-sortium, 2011: 40-41.

6 吴砥，李环，吴磊，等. 国外教育云发展趋势及其启示[J]. 中国教育信息化，2018(11)：21-25.

7 王彩虹. 云计算环境下非重点高校图书馆服务模式研究[J]. 湖北师范学院学报(自然科学版)，2012，32(1)：36-40.

第四节　云计算教育应用的场景

随着网络技术的不断发展，技术广泛应用在教育中，云计算技术用于教育领域已经成为一种发展的必然趋势，适切地使用云计算，可以在教育领域更好地发挥其价值。梳理云计算教育应用的整体框架，了解其典型应用场景可以为后续相关研究的开展提供有益的指导与借鉴。

一、整体框架

每一种新技术应用于教育都被寄予厚望，教育云计算也是如此。学者们以及教育工作者需要在教育云计算开展火热的大环境中谨慎行事，采取积极应对的态度，推动云计算在教育领域应用实践的良性发展，寻求能够带来教育真正变革的方案。云计算教育应用框架图如图 2-2 所示。

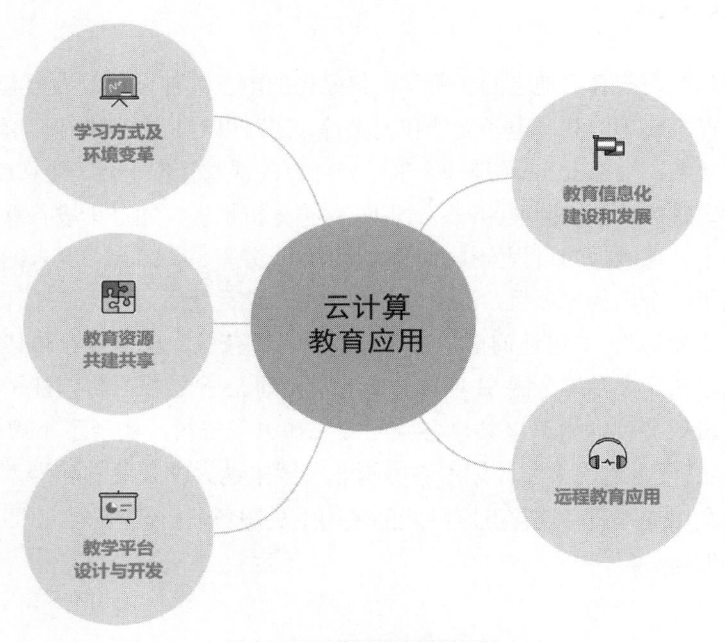

图2-2　云计算教育应用框架图

二、典型应用场景

随着云计算融入教育体系，教育云已经成为推动教育信息化水平提升的重要工具。云计算教育应用正在为我国教育信息化建设提供新的思路和解决方案，主要集中于教育资源的共建共享、教学平台设计与开发、教育信息化建设和发展、远程教育应用等领域。[1]

1　黄明燕，蔡祖锐. 云计算教育应用研究综述[J]. 软件导刊(教育技术)，2014，13(1)：6-11.

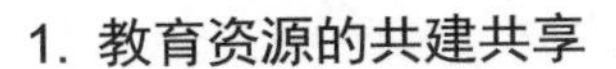

1. 教育资源的共建共享

虽然国内存在很多优质教育资源，但因平台间不兼容和数据互通性差，教育资源不能被充分、有效地利用，加之传统的访问方式存在饱和访问量造成网络阻塞的隐患，用户不能随时随地获取资源，在一定程度上影响了教育教学的开展。针对上述问题，云计算技术可以汇集不同来源的教育资源，将孤立的数据整合在云服务器上；用户可以使用联网终端设备访问需要的资源，并与他人共享，保证数据安全的同时，提升资源共享性，增强地区间、院校间、师生间的沟通与合作，解决教育资源分配不均的问题。[1]

2. 教学平台设计与开发

《国家中长期教育改革和发展规划纲要(2010—2020 年)》强调："充分利用优质资源和先进技术，创新运行机制和管理模式，整合现有资源，构建先进、高效实用的数字化教育基础设施。"[2] 这需要利用云计算按需提供服务的方式，构建通用、开放的网络学习新平台，促进教育资源整合，目前平台设计与开发是云计算应用于教育的关键，越来越多的学者致力于相关主题的研究。

3. 教育信息化建设和发展

随着教育领域中云计算应用的逐渐扩展，教育云在推动信息化发展中的作用逐渐扩大。为解决发展教育云时受到实际国情影响而缺乏深度的问题，将国外先进的研究方向和特点与我国教育云研究的实际情况相结合，对我国未来的教育云发展提出了相关启示：依托政策保障、发挥市场作用、借助云端优势，实现高效的教育资源共享和良好的教学活动支持，为实现优质公平教育，建设终身学习的学习型社会提供支撑条件。[3]

4. 远程教育应用

远程教育以其突破时空界线的优势极大地方便了师生教学活动的开展，然而发展中的远程教育面临教学资源单一、跨平台难分享、重复建设和系统扩充能力弱等问题。将云计算技术提供的云服务应用到远程教育中，可以促进相关组织运作方式的革新、降低远程学习的成本、促进远程教育的普及、丰富远程教育的内容，为发展创新远程教育应用技术创造条件。[4]

---

1 张怀南，杨成. 我国云计算教育应用的研究综述[J]. 中国远程教育，2013(1)：20-26+95.

2 国家中长期教育改革和发展规划纲要(2010—2020)[EB/OL]. (2010-07-29). [2022-01-11]. http://www.gov.cn/jrzg/2010-07/29/content_1667143.htm.

3 吴砥，李环，吴磊，等. 国外教育云发展趋势及其启示[J]. 中国教育信息化，2018(11)：21-25.

4 冯坚. 基于云计算的现代远程教育展望[J]. 中国电化教育，2009(10)：39-42.

第五节　案例与反思

目前，我国筹备中或已开发的教育云还没有确切的统计数据，但它们在教育领域的应用逐渐深入是不争的事实，越来越多的研究人员聚焦于此，可以预料未来我国教育云建设事业将蒸蒸日上。归纳和整理各地各机构教育云方案，选取了以下三个典型案例进行介绍。

一、典型案例

【案例 2-1】

"e 师丰云"促进优质资源共建与共享

1. 案例概述

本案例来源于文献《云端漫步 开启数字化学习的新时代》[1]。北京市丰台区教育局的"e 师丰云"是一个基于云端服务的大型虚拟社区，其结合不同来源的优质教育资源，可促进基层学校间的教师交流教学方法、共享学习资源。该教育平台提供实时通信、无线传输数据、远程协助、云存储等功能，是教师开展教育教学强有力的支持工具。

2. 案例介绍

从 2015 年开始，北京市丰台区教育局开展了教育云的平台化建设计划，经过相关人员两年的不懈努力，在 2017 年 4 月 27 日完成了平台开发的建设，这标志着北京市丰台区教育化建设自此进入了新时代。如今，教师能够随时随地地在"云"中学习与工作，只需要简单地点击"e 师丰云"中的登录或者完成统一认证即可，并且该教育云平台将北京市丰台区内外的优质资源进行整合，同时不断改进与应用在多方面的教育活动中。

(1) 助力各类教师培训与教研。"e 师丰云"主要从以下三个层面帮助各级各类教师开展培训与教研：

① 从"研、训、赛、评、建"等层面出发，利用云平台深化培训工作，用课堂教学示范方式帮助各级教师熟练科研工作，最终实现"以研促训、以训促赛、以赛促评、以评促建"。

② 云平台通过资源共享的方式优化教师开展教学工作。云平台拥有的优质教学资源是教师制定不同学科的课程、开展高质量教学活动的强有力支持。此外，云平台还为教师自主学习和进修创造了有利条件，如教师进行跨学科的观察和学习，借鉴其他学科的经验，将其纳入自身负责的学科，有效激发思维、开阔视野。

③ 在云平台教师社区可进行不同主题的教研工作。教研员在"e 师丰云"上可依据自身的需求来创建满足不同学习需要的社区。"e 师丰云"将来自不同学科、不同地区但有相同目的的教师汇聚在社区内，为所有教师提供交流、探讨、互相学习的机会。

1　李雪萍. 云端漫步 开启数字化学习的新时代[J]. 中小学信息技术教育，2017(11)：30-33.

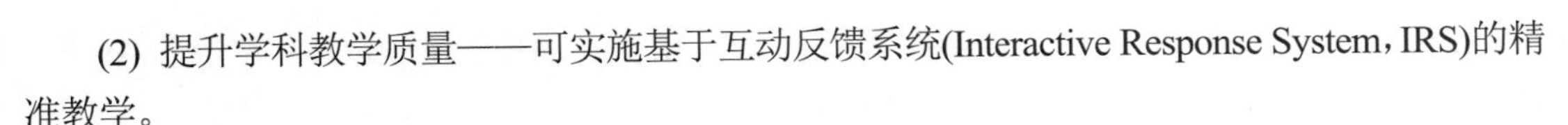

(2) 提升学科教学质量——可实施基于互动反馈系统(Interactive Response System，IRS)的精准教学。

IRS 是课堂信息化教学系统，主要由师生群组遥控器、接收器和云平台软件等部分构成。[1] IRS 中的每个用户都有一个遥控器，在课堂教学中，任何一个学生都可以按照教师设定的问题，以选择或抢答的方式参与到课堂互动中，并能立即得到反馈。IRS 的功能是，收集群体反馈信息，即时进行自动统计并呈现统计结果，它整合了自动测评、调查、反馈、记录、统计的功能。[2] 教师要在教学过程中运用 IRS，需在备课时深入研究教材，再根据学生情况、教学内容、重点、难点等，设计“题干”与“选项”。教师通过遥控器发布问题，学生则通过自己手控的遥控器回答问题。

3. 效果与反思

云平台支持下的 IRS 可以更有效地促进基于知识的学习，符合“因材施教”的理念。IRS 解决了教师在课堂教学过程中不能兼顾每个学生的问题，尤其是无法及时接收大量学生的信息，更别提对这些信息进行有效的分析了。使用 IRS 能改变学生被动学习的心态，消除学生对课堂测试的恐惧，使学生敢于回答问题。学生的形成性评价有了数据支撑，教师可以分析特定学生的学习情况或学生的整体知识水平。因此，教育领域融入云计算技术使得“云端漫步，开启数字化教与学的新时代 ”不再遥不可及，如今教育信息化建设已经进入了全新的阶段——“数字化校园”正在不断发展，逐步衍化成“智慧校园”和“智慧课堂”。

【案例 2-2】

上海市黄浦区卢湾区第一中心小学的“云课堂”

1. 案例概述

本案例来源于文献《推进“云管理”：为学生创造开阔、适切的“云空间”》[3]。上海市黄浦区卢湾区第一中心小学(简称卢湾一中心小学)借助“云课堂”建立了完善的“数据解读、精确分析、行动优化、个性评估”教学机制，以提高教学质量与效率。“云课堂”的探索实践有助于我们更好地完善课程设计，进行以学生为中心的数据分析和教学改进，帮助教师识别学生的学习特征，激发学生自主学习的兴趣。

2. 案例介绍

卢湾一中心小学设计了的“云系列”产品配套课程，不断提升学生的学习能力，包括如下：

(1) “云厨房”课程的目的是关注学生的生活能力。在“云厨房”的每一个功能区都有视频图像，学生可以根据需要调整他们的学习过程。智能学习卡可以记录学生的学习过程和学习成绩，学生可以上传到专门的微博上，也可以在微信朋友圈里分享。

---

1 李广文. 基于 Socket.IO 的互动教学即时反馈系统的设计与实现[J]. 中国现代教育装备，2012(18)：10-12.

2 苏涛. 初探互动反馈技术在小学数学教学中的应用策略[J]. 中国信息技术教育，2012(4)：62-64.

3 吴蓉瑾. 推进“云管理”：为学生创造开阔、适切的“云空间”[J]. 中小学管理，2015(5)：16-18.

(2)“梦想馆”课程旨在培养学生的艺术潜能，利用 VR、AR 以及 MR 技术展示学生作品，让艺术作品“活起来”、手工艺品“动起来”。

(3) vava 实验室能为学生提供开展虚拟实验的场所，既可以唤起学生对科学实验的兴趣，提高学生的动手能力，又可以避免实验失败造成的潜在危害。

(4)“彩云阅读”课程旨在激发学生的阅读兴趣，根据个人借阅统计，每月借阅十佳、推荐阅读新书、优秀读后感分享全部会由“彩云阅读”平台推送。

以“云课堂”的方式在学校中开展教学已产生明显效果，激发了学生内部学习的动力，增强了学生的学习自信，设计的活动既丰富了学生的生活，也满足了学生不断增长的个性化需求。

3. 效果与反思

(1)“云课堂”实践提高课堂效率。

教师充分利用“云课堂”收集到的数据可以找出学生学习方式、思维模式、学习能力的个体化差异，进而调整教学方法和内容。教师若能从中提炼出更具有针对性的教学策略便可大大提高课堂教学的效率。

(2)“云课堂”满足学生个性化需求。

在“云课堂”的教学模式下，课堂环境更加动态，学生的学习方式更加灵活，学生学习的宽度和广度不再局限于教师和同龄人的知识水平，个体学习需求更容易满足，“云课堂”的实践让学生有了自主成长的空间。

(3)“云课堂”打造优秀教师队伍。

实践“云课堂”需要教师具备开放思想和开拓精神，这既是机遇也是挑战。在“云课堂”研究中，学校涌现出一大批经验丰富、技术素养高的新型教师。他们更注重了解学生的需求，运用技术评估学生的学习成绩，并坚持通过数据分析来改进教学。

【案例 2-3】

华为云实时在线课堂

1. 案例概述

本案例来源于华为云官网[1]。华为云和爱学习(办学平台)合作：华为云为教师和学生提供实时在线互动的场所，爱学习提供线上教学的服务。华为云以其适应多场景上课模式，支持多方互动的云服务能力保证了爱学习业务的顺利开展。

2. 案例介绍

新冠疫情让爱学习的业务从线下转到线上，随着在线教学需求扩大，爱学习面临网络质量差、网络不稳定、延迟高、系统切换成本高等问题，不同业务种类需求不一致，导致爱学习“疲于应对”。2020 年 4 月，爱学习选择强大的公有云合作伙伴——华为技术有限公司，打造实时音视频服务。在云、5G、AI、实时音视频技术发展较为成熟的今天，爱学习让我们看到了线下

1 华为云官网. 爱学习-客户案例-华为云- HUAWEI CLOUD[EB/OL]. [2022-01-11]. https://www.huaweicloud.com/cases/axx.html.

和线上学习结合的新景象：教师在网络上和学生实时互动，由于超低延时，线上互动和线下课堂教学无异，师生即使身处异地也可以面对面进行交流。对于爱学习所需要的技术方案，华为云在技术测评中都展现了具有优势的指数指标，部分指标甚至超过其要求。[1] 华为云实时音视频服务(CloudRTC)帮助爱学习快速构建了直播、连麦、交互、会议等全场景，千路用户连麦互动、单房间自由分组、分组间自由互动等全互动，超低延时且极智编码的全实时视频能力。

3. 效果与反思

可以看到，爱学习和华为云合作之后，实现了低成本、高收益：投入少量(相比维护基础设备)的购买云服务的成本，获得广受用户好评、稳定提供教学服务的高回报。用户不再需要担心线上学习卡顿、意外掉线、系统不兼容等问题，学生上课更认真；教师无须考虑设备维护和技能指导，能更专注于提升教学品质，促使师生互动更频繁；不同场景与网络下的教学工作因为有了全终端覆盖和抗弱网丢包的加持，在线内容都能清晰流畅地显示；统一化架构设计集成在线直播与连麦语音的功能，有效减少了成本；实时音频网络的一站式操作使得问题可以定位定界得更加清晰、简单，运维效率提升显著。

二、云计算教育应用带来的教育变革

在教育教学领域使用云计算技术不仅可以解决信息化基础建设、维护、升级等问题，也可以通过虚拟化和按需重新配置硬件，起到充分利用资源的作用，有效降低创建和维护教育信息化资源的成本。[2]云计算教育应用可以帮助教育工作者改善教学工作，提高教学质量，优化学习者的学习方法，提升学习效率，促进两者思想观念和行为方式的转变，推动教育变革。[3]

1. 降低教学成本

为了满足教学需求，学校需要不断投入资金来维护和更新教学基础设备，应用云计算技术不仅可以保证教育教学的开展，还可以为学校节约设备的投入，而节约的资金可以投入在教学教研与完善云技术服务上，保障今后教学活动更好地开展。

2. 推进教育信息化建设

云计算技术可以提供云相关服务，分为 IaaS(基础设施即服务)、PaaS(平台即服务)和 SaaS(软件即服务)三个层面，可以很好地满足教育信息化发展的需要。例如，云计算技术在教育考试的应用场景中，可以实现应用系统和教育考试应用云化；[4]在校园教育信息化建设中，云计算有利于实现资源共享、教育资源管理和提升信息服务与教学应用的水平。[5]

---

1 36 氪官网. 华为云，放开手脚干[EB/OL]. (2021-04-14). [2022-01-11]. https://www.36kr.com/p/1181633608286466.

2 王毅，安红. 云学习时代教师虚拟学习社区构建研究[J]. 中国电化教育，2010(1)：118-122.

3 白云娟，沈书生. 云学习：云计算激发的学习理念[J]. 中国电化教育，2011(8)：14-18.

4 褚庆军. 云计算技术在教育考试中的应用[J]. 中国考试，2016(11)：38-43.

5 汤建国，韩莉英，孙宜龙. 基于云计算的高校教育信息化应用研究[J]. 无线互联科技，2019，16(10)：66-68.

3. 提升学习效率

云计算技术便于资源的整合，提升学校、教师和学生之间的教育数据共享性。云计算技术提供的学习环境可以帮助教育工作者建立独特的教学模式，让学习者更轻松地创建和使用个性化的学习环境，促使学习效率得到提升。

请在下方填写你认为云计算技术会给教育带来的变革：

第六节　拓展学习

一、信息与观点

云计算技术不受时间和空间的限制汇聚优质资源，用户按需付费即可享受相应的云服务。云计算技术在一定程度上促进了区域内教育均衡发展，为教育公平的实现提供具体解决方案，落实个性化教学开展，助力数字化校园的建设与数字化课堂的转变。

作为新技术融入教育领域的典型代表，云计算技术展现了无可替代的优势，但目前云计算教育应用还处在发展阶段，对其研究的力度还不够深入，主要表现为以下几点。

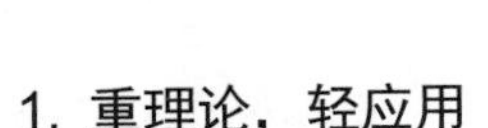

1. 重理论，轻应用

云计算技术的定义、特征和服务体系等相关研究的文章数不胜数，却少有专注于实用技术开发和实践教学开展。目前，云计算技术的应用形式与传统的基于网络的远程应用非常相似，如研究人员过于关注上传和获取云资源，以及创建一种简单快速的资源提取方式，而缺乏对云计算技术创新应用开发的研究，将不利于云计算教育应用的探索[1]。

2. 偏向高等教育，忽视基础教育

云计算教育应用在基础教育上受重视程度不如高等教育。从研究成果层面来看，高等教育有相当多的应用研究和实践案例，而基础教育相关的研究非常少。其中，高等教育研究主要集中在协作学习、云辅助课堂教学和远程教育方面的应用，基础教育研究在数学、地理、美术等学科内偶有出现，几乎没有设计信息技术课程的。

3. 缺乏统一标准

云计算技术发展不成熟，各机构对云计算技术应用的理解不一，加上缺乏统一的建设标准，导致不同提供云服务的机构之间很难实现云资源有效共享。为利于云计算技术的发展，促进后续开发中各研发机构间的交流与合作，需要有一个多方认证统一的标准。故要将研制我国统一的云资源标准放在首位，即先定标准，后实施建设，采用制定后的标准对各种教育资源及其平台进行全盘的规划、设计和开发。[2]

二、资源与链接

(1) 实验室研究与探索《采用云计算的数据挖掘技术可视化教学与实验方案》：https://d.wanfangdata.com.cn/periodical/ChlQZXJpb2RpY2FsQ0hJTmV3UzIwMjExMjMwEhFzeXN5anl0czIwMjEwMTAyNBoIcmpuM3Z2czg%3D。

(2) 计算机学报《近端云计算：后云计算时代的机遇与挑战》：https://d.wanfangdata.com.cn/periodical/ChlQZXJpb2RpY2FsQ0hJTmV3UzIwMjExMjMwEg5qc2p4YjIwMTkwNDAwMRoIejMyZWszbHI%3D。

(3) 实验技术与管理《云计算技术背景下实验室的建设与管理实践》：https://d.wanfangdata.com.cn/periodical/ChlQZXJpb2RpY2FsQ0hJTmV3UzIwMjExMjMwEhBzeWpzeWdsMjAyMTAxMDUxGgg2Ynl2YmVwbg%3D%3D。

(4) 电化教育研究《21世纪以来的新兴信息技术对教育深化改革的重大影响》：https://d.wanfangdata.com.cn/periodical/ChlQZXJpb2RpY2FsQ0hJTmV3UzIwMjExMjMwEg9kaGp5eWoyMDE5MDMwMDEaCGVhamN4N211。

1 张怀南，杨成. 我国云计算教育应用的研究综述[J]. 中国远程教育，2013(1)：20-26+95.

2 李鑫. 基于教育云平台的信息技术课程教学模式设计与实践[D]. 牡丹江：牡丹江师范学院，2019.

(5) 实验室研究与探索《云计算架构下的虚拟仿真实验平台建设》：https://d.wanfangdata.com.cn/periodical/ChlQZXJpb2RpY2FsQ0hJTmV3UzIwMjExMjMwEhFzeXN5anl0czIwMjAxMjA1MBoINXF0cHRmaGs%3D。

(6) 现代电子技术《基于云计算技术的高校教育在线管理系统》：https://d.wanfangdata.com.cn/periodical/ChlQZXJpb2RpY2FsQ0hJTmV3UzIwMjExMjMwEg94ZGR6anMyMDIwMTEwMjMaCG43cXBrajhv。

(7) 现代教育技术《黑龙江省教育云的建设与应用》：http://qikan.cqvip.com/Qikan/Article/Detail?id=7001385146。

(8) 现代教育技术《教育信息化 2.0 背景下新一代高校智慧校园基础平台建设研究》：http://qikan.cqvip.com/Qikan/Article/Detail?id=7002748073。

(9) 中国特殊教育《平台视角下的特殊教育云服务生态体系构建研究》：http://qikan.cqvip.com/Qikan/Article/Detail?id=7105192727。

(10) 实验室研究与探索《高校实验教学示范中心信息化体系建设》：http://qikan.cqvip.com/Qikan/Article/Detail?id=7101190682。

学习活动与建议

1. 拓展学习与探究活动建议

查阅权威机构发布的相关文件，如中国信通院发布的《云计算白皮书》，了解云计算最新进展及其发展趋势，并思考未来云计算如何应用在教育上。

2. 课后活动建议

根据本章学习内容与拓展学习内容，绘制云计算教育应用的思维导图，进行知识回顾。

第三章 物联网

物联网(internet of things，IoT)技术对于推动现代教育的进步与创新具有重要的作用。IoT技术在教师的教与学生的学和校园管理等方面，能够为教育工作者和教育受益者提供更为开放和智能化的教育环境，它支持将信息传输到互联网和移动网络上，是人机交互、多渠道集成、混合现实(MR)、情感计算、数据分析和云计算等技术的基础。IoT教育应用为人、机、物之间自然、便捷、高效的互动提供了支持。该技术对教学资源、教育教学手段、课堂管理、设备管理等产生了革命性的影响。本章介绍了IoT技术的基本概况，梳理了IoT教育应用的国内外发展现状，并通过实际案例展示了其教育应用场景。

学习导引

一、目标与要求

1. 了解IoT技术的发展历程和常见应用领域。

2. 掌握IoT教育应用的基本概念，包括内涵、典型需求和主要特征，国内外发展现状，典型应用场景及其带来的教育变革。

3. 了解IoT的前沿发展趋势和最新技术动态，探究IoT在教育领域中的新可能。

二、资源与准备

1. 概览全章，预习本章内容。

2. 课前自主学习本章第一节，了解IoT技术。

3. 网络资料：“中国信通院”官网、IoT相关白皮书。

第一节　走近IoT

IoT 技术以各式各样的传感器为信息采集设备，如射频识别(RFID)、红外感应器、全球定位系统(GPS)、激光扫描器等，用于采集物品的信息，再按照约定的协议将它们与互联网相连接，进行信息交换和通信，从而实现智能化识别、定位、跟踪、监控和管理，这是一种典型的3C 融合新技术。[1]

一、IoT的发展

IoT 技术的雏形最早可以追溯到 1995 年比尔·盖茨在《未来之路》这本书中对未来信息世界发展变化的想象，而“物联网”这一概念直到 2005 才正式被国际电信联盟提出，“IoT”这个新的名词从此正式走进了人们的视线。IOT 的发展历程如图 3-1 所示。

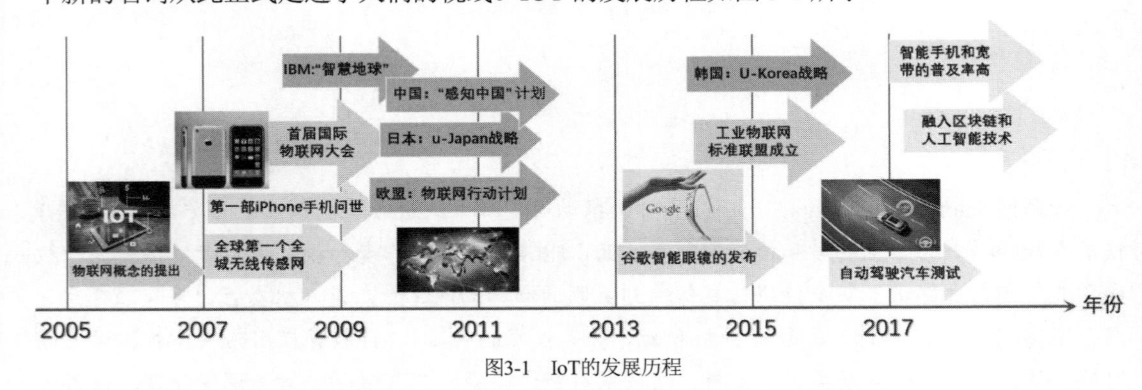

图3-1　IoT的发展历程

美国在 2007 年建立了全世界首个全城无线传感网，位于马萨诸塞州剑桥市；2008 年，IBM 向美国政府部门提出了“智慧地球”战略，即通过超级计算机、云计算和 IoT 等技术构建一个智慧的地球；欧洲联盟(以下简称“欧盟”)在 2009 年 6 月启动了一个“IoT 行动计划”，意在推进 RFID 技术的广泛应用；2009 年 8 月，日本启动了 u-Japan 战略，强调电子政务和社会信息服务应用；[2] 2009 年 9 月，温家宝前往无锡的微纳传感网工程技术研发中心视察，提出了“感知中国”计划，拉开了中国 IoT 发展的帷幕；韩国在 2014 年开启了 u-Korea 战略，要在全球最顶尖的泛在基础设施上建成第一个泛在社会。

2017 年至今，随着智能手机和宽带普及率的增高以及 AI 与区块链技术的融合，我国开始全面建构开放式 IoT 生态体系，陆续扶持了许多企业开发 IoT 产品与服务。

1　百度百科. 3C 融合[EB/OL]. [2021-12-30]. https://baike.baidu.com/item/3C 融合/2605104?fr=Aladdin.

2　陈锐. IoT——后 IP 时代国家创新发展的重大战略机遇[J]. 中国科学院院刊，2010，25(1)：41-49.

二、IoT行业应用进展

工业革命4.0要实现智能制造，这一愿景离不开IoT技术。国务院印发了《中国制造2025》，其核心思路是借助工业技术和信息技术的结合，来改变中国制造业现状，让中国到2025年变成现代工业强国。

1. 关键技术

IoT技术是指利用各种信息传感设备，实时获取各种有用的数据，并进行信息的连接、传输、互动，形成一个可交互的互联网络，覆盖从信息获取、传输、存储、处理到应用的整个过程。其关键技术涉及三个方面：全面感知、可靠传递和智能处理。

(1) 感知是指对客观事物的信息直接获取并进行认知和理解的过程，人们对于信息获取的需求促使其不断研发新的技术来获取感知信息，如传感器、RFID、定位技术等。[1]

(2) 感知到相关信息数据之后，则要保障数据传递的稳定性和可靠性，为了实现物与物之间信息交互，就必须约定统一的通信协议。由于IoT是一个异构网络，不同的实体间协议规范可能存在差异，需要通过相应的软、硬件进行转换，保证物品之间信息的实时、准确传递。

(3) 经过全面感知和可靠传递这两个环节后，就是智能处理环节。IoT技术的最终目的是实现对各种物品(包括人)进行智能化识别、定位、跟踪、监控和管理等功能，它需要结合云计算、AI等技术，对海量数据进行存储、分析和处理，根据不同的应用需求进行个性化的设置，从而对物品实施智能化的控制。[2]

2. 应用发展

IoT技术的应用大多集中在智慧物流、电子医疗、智能家居、智能交通、环境检测、零售服务等行业。IoT应用领域如图3-2所示。

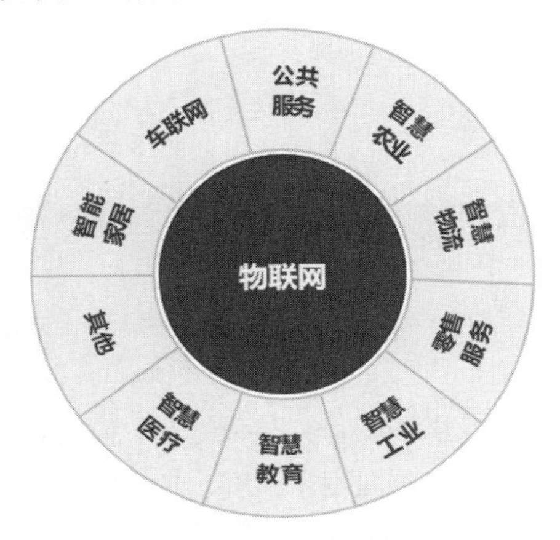

图3-2 IoT应用领域

1 李长朋. 基于工业IoT的中药生产过程监控及优化研究[D]. 天津：河北工业大学，2014.

2 潘再兴. 面向IoT的RFID系统防碰撞技术研究[D]. 长春：吉林大学，2014.

根据中国信息通信研究院发布的《IoT 白皮书 2020》，IoT 领域还有巨大的想象空间，IoT 行业应用仍在全球高速增长。GSMA 发布的《2020 年移动经济》(*The mobile economy 2020*)报告显示，2019 年全球 IoT 总连接数达到 120 亿，预计到 2025 年，全球 IoT 连接数规模将达到 246 亿。

我国 IoT 连接数全球占比高达 30%。2019 年我国 IoT 连接数达 36.3 亿，预计 2025 年我国 IoT 连接数将达到 80.1 亿。截止到 2020 年，我国 IoT 产业规模突破 1.7 万亿元，“十三五”期间 IoT 总体产业规模保持 20%的年均增长率。[1]

讨论：

你身边常见的IoT应用有哪些？

第二节 IoT教育应用

数据驱动在教育信息化改革中起着关键的作用，而 IoT 是采集教育数据的技术基础，也是 AI、VR、云计算等技术融入教育的技术基础。端到端的课堂教学和学习工具设备创新，能突破以往传统教学中的信息单向流动，实现信息双向流动和个性化教育。

一、内涵

IoT 教育应用是指在教育领域充分运用 IoT 技术的优势来优化教育环境，通过各种信息传感设备，实现教具之间、教具与人之间、所有教具与网络的连接；基于实践过程中对学生行为进行实时高效的数据获取以及分析，便于识别、监控、互动、管理，形成一个巨大的教学 IoT 网络，从而丰富教学资源，提高管理效率；通过不同的功能组合实现多个教学环节，从而构建多种类型的智慧教学空间的优化。

二、典型需求

IoT 对于推动现代教育的进步与创新具有重要的作用。根据 IoT 教育应用的特点，其典型需求如下。

1. 智能感知

(1) 学习环境智能感知。IoT 技术可以让教学环境变得更加数字化和智能化，通过信息采集器的检测，即时捕捉有关数据(如教室的温度和湿度、光线明度等)，通过与预设的数据对比分析并进行相应的智能调整，如检测到教室温度较高而自动开启空调等，从而优化教学活动环境。

---

1 中国信息通信研究院. IoT 白皮书 2020[EB/OL]. [2022-01-08]. http://www.199it.com/archives/1173315.html.

(2) 学习内容智能感知。学习内容智能感知包含对学生的学习目标、学习方式、学习风格、学习动机、学习兴趣、活动偏好、阅读习惯及学习能力等的感知。IoT 技术可以根据学生的现有认知结构、知识水平、基于课堂的表现情况和自身的学习需求，配合大数据分析，为学生推送个性化定制的学习内容和学习指导，从而引导学生自主进行更有意义的深度学习。[1]

(3) 学习情境智能感知。通过对语音通道(如拾音器、录音笔、佩戴式话筒)的采样获取听觉模态数据；通过眼球活动特征[如眼动仪(SMI)]以获取眼动轨迹数据；通过智能录播系统(如多功能摄像头)多元追踪语言、动作、面部表情及交互信息；通过皮肤电传感器、脑电波传感器、心电图传感器、肌传感器、加速度传感器等心理信息采集设备，获取皮肤电导率、大脑内部电位差、心率、肌肉运动、动作振动等数据；通过肢体动作传感器，监测学生的坐姿数据来分析其课堂注意力；通过佩戴 IoT 手环检测学生上课的举手活动来分析其课堂活跃度等。

2. 智慧管理

IoT 教育应用提供师生身份识别和定位、教与学系统管理、教与学信息查询等功能，不仅包含师生互动、教学评价、学习测验与信息跟踪等功能，还包括宿舍管理、考勤管理、会议管理、学校图书管理、教学仪器设备管理、学校教育安全管理等一系列的功能。同时 IoT 教育应用可让学生使用 IoT 卡、手环等可穿戴设备，利用学校全面覆盖的 IoT 信号，进行学生定位管理、放行管理、历史发展轨迹查询等。

3. 情感计算

情感计算主要针对智慧管理、精准教学、学习分析、质量追踪等应用的数据进行获取和分析。它可以通过人机界面感知传感器，识别和解析人体表达的相关数据信息，如人脸表情、手势姿态、语音语调、嗅觉触觉等，对人类情感做出准确、智能化以及人性化的反应。

4. 设备共享

为了方便对校园里的设备进行统一管理，校园的三大角色(学生、教师和学校管理员)之间的信息交互是很重要的一个部分。设备共享主要包括对校园所有的设施设备进行共享、监控、报废、借用、采购、报表和管理，IoT 技术能为全校师生提供便捷、有力的支持。

5. 视景仿真

顾名思义，视景仿真，是指突破学生学习空间上的局限，极大地实现师生沉浸式体验的过程，它不仅方便师生在仿真的空间中更高效地进行探究、合作与交流，还可以激发学生的高阶思维、实现真实的情境教学，同时能让学生巩固专业知识和提高学习效率。

---

1 郭丽娟. 普适计算技术支持下的泛在学习[J]. 才智，2011(22)：55.

三、主要特征

IoT 教育应用能实现人、机、物之间的互联，使得校园内、教室内“人-机”的沟通更加自然、便捷和高效。IoT 教育应用的典型特征主要有以下三个。

1. 感知化

IoT 能够通过传感技术、定位技术、自动识别技术等核心技术手段来感知物理世界，IoT 教育应用则能通过多种设备来感知教学环境和学生的课堂表现。

2. 互联化

IoT 整体架构包含三大部分，分别为网络层、感知层和应用层。这三部分之间存在明显的连通性关系。也就是说，无论何时何地，IoT 都可以完成物体与物体之间的联通。[1]在 IoT 教育应用中，各种教学教具、教室设备、学生穿戴设备等物品都能实现信息传输互联，从而达到一些意想不到的效果。

3. 智能化

在万物互联的大环境下，结合云计算和 AI 等技术，IoT 教育应用能够自动收集感知数据、设备使用数据等。此外，IoT 教育应用还具有决策和控制的能力，可以很好地自动完成智能化的任务。

思考：

在IoT视角下，“智慧教室”应该具备哪些特征？

第三节　IoT教育应用的发展现状

IoT 的万物互联在教育领域有着不可估量的发展潜力。美国最先将其应用到教育安全与管理之中，我国 IoT 教育应用也有了越来越多的应用实践。目前国内外的 IoT 教育应用发展如下。

一、国外发展现状

美国传感技术发展较早，也最先应用到教育安全与管理中。例如，麻省理工学院(MIT)电子研究实验为了提高实验室的管理效率，使用了无源射频识别(RFID)标签；[2]美国加州大学戴维斯分校也使用了 RFID 传感系统，研究人员通过该技术对葡萄酒发酵实验进行追踪测试，能更

1　林明方. 探析 IoT 在教育中应用[J]. 计算机产品与流通，2018(9)：204.

2　夏春琴. 基于 RFID 的高校实验室管理系统设计与实现[D]. 苏州：苏州大学，2013.

好地了解葡萄酒的酿造情况；加利福尼亚大学洛杉矶分校则以 IoT 技术为基础建立了一个嵌入式网络感知中心实验室，便于管理的同时增强了其安全系数。[1]RFID 技术的广泛应用如图 3-3 所示。

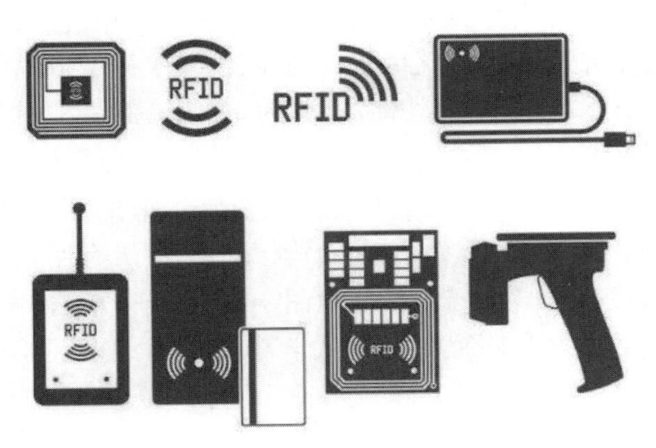

图3-3 RFID技术的广泛应用

除教育安全与管理方面的应用外，IoT 在课程教学中也有不少成功案例。为满足师生教学的需要，美国在很早之前就出版了与传感技术相关的教材，为师生的教与学提供借鉴。随着 IoT 技术的不断发展与进步，美国又率先在教育体系中搭建了泛在教育网络系统，将 IoT 传感器转变为多媒体数据库，让师生的教学方式朝着多元化方向发展，并且使学生学习效果也得以有效提升。

近年来，IoT 感应设备朝着集成化、便携化的方向发展。IoT 感应设备以轻便简单的外形内嵌于物理空间中，便于在课堂中广泛布置和使用，同时有利于减少师生的负担。2016 年 Tsai 等应用眼动跟踪技术捕捉学习者在游戏化环境下的视觉行为，发现了不同学习者之间关注点的差异。2020 年 Taub 等应用面部表情和游戏过程日志数据发现，阅读相关书籍时学习者表现出愉悦情绪，扫描食品得到阳性结果(游戏背景是寻找某神秘疾病的致病源)时表现出困惑情绪等，可以正向预测游戏得分。2020 年，Emerson 等利用基于视频的面部表情跟踪系统(FACET)(iMotions)提取了对应于面部动作编码系统(FACS)(Ekman et.)的特征，将面部划分为 20 个动作单元，同时，基于眼动仪以 120Hz 的频率追踪眼球运动并记录时间戳。

二、国内发展现状

国内 IoT 被大众熟知始于 2009 年 8 月，温家宝在视察中国科学院无锡 IoT 产业研究所时提出“感知中国”的概念，由此，IoT 开始成为社会关注的焦点。[2]

现阶段，国内学者对 IoT 技术在教育领域的应用研究主要涉及智慧校园、教学管理、拓展课外活动等方面。陈明选提出基于 IoT 技术建立和发展智慧校园，优化教育教学环境，促进教

1 王帆，张克松. 浅析 IoT 技术在教育领域的应用[J]. 科技展望，2015，25(27)：19.

2 王诗佳. 高校基于 IoT 的智慧校园建设及发展调查报告——以江南大学为例[J]. 中国教育技术装备，2014(18)：24-28.

育改革。徐浩青针对 IoT 技术在高等教育中的应用现状，探讨了加快 IoT 教育应用的相关策略。史根林从智能校园、个性化学习方式、智能教学、评价方式以及 IoT 自身缺陷等方面探讨了 IoT 技术对未来教育变革的机遇与挑战。温秀梅基于 IoT 环境设计了几种智慧教育应用模式的场景，进而为智慧教育的深入应用提供参考。傅骞提出，可利用 IoT 构建学习型社交网络体系提升学生的体验，更好地完成探究性学习的目标；在此基础上，他又提出 IoT 教育可利用教育资源库开展相应的教学，降低技术难度与智慧教育成本，为 IoT 教育的深入发展提供助力。晏细兰的研究以课堂教学中 IoT 技术存在的弊端作为切入点，提出了以市场需求为导向的教学改革建议。陈金华构建了智能教育 IoT 通信演进模型和功能架构模型，探讨了智能教育 IoT 智能感知、智能管理、视景仿真等功能的实现路径。[1]香港、台湾、北京、广州等地区也陆续展开了 IoT 技术在科学教育中的应用实践——“数字微气象站”(图 3-4)，它是将先进的测量技术和传感技术与现代教学理念相结合，以进一步支持学生的形式学习、户外学习和区域合作学习。[2]

图3-4 数字微气象站示例

思考：

在教学策略和教学方法方面，IoT教育应用能够解决哪些问题？

第四节 IoT教育应用的场景

随着大数据、AI、云计算、5G 等新兴技术的蓬勃发展，IoT 结合教育应用有了更加广阔的发展空间。总的来说，IoT 教育应用的整体框架、典型应用场景及其带来的教育变革如下。

1 陈金华，陈奕彬，彭倩，等. 面向智慧教育的 IoT 模型及其功能实现路径研究[J]. 电化教育研究，2019，40(12)：51-56+79.

2 潘小莉. IoT 在教育中的应用[J]. 电子商务，2011(8)：14-15.

一、整体框架

IoT 教育应用整体框架包括智慧校园、教学诊断和教学工具开发，如图 3-5 所示。其中，智慧校园主要是指 IoT 支持教育管理，包括仪器设备管理、学生安全行踪、学校安全管理、数字化校园建设以及区域信息化管理。

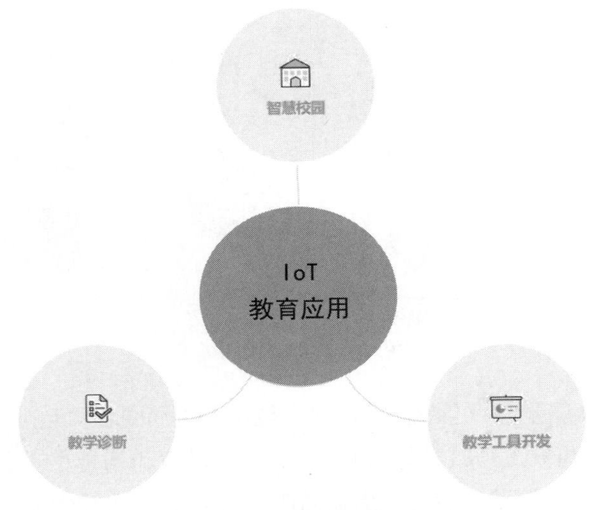

图3-5 IoT教育应用的整体框架

二、典型应用场景

通过与不同设备相连接，建立多元的交互关系，IoT 在教育的各个环节中能够发挥绝妙的作用。因此，我国颁布了多个支持 IoT 教育应用的政策文件。目前 IoT 教育应用的典型场景有智慧校园、教学诊断、教学工具开发等。

1. 智慧校园

国家教育事业发展“十三五”规划强调：“支持各级各类学校建设智慧校园，综合利用互联网、大数据、AI 和 VR 技术，探索未来教育教学模式。”[1]《智慧校园总体框架》(GB/T 36342—2018)要求学校实现智能感知、智能控制、智能管理，“规定了智慧校园建设的总体框架包括智慧教学环境、智慧校园管理、智慧校园服务、信息安全体系等的系统架构及基本要求。”

建设智慧校园可以很好地将智能化教学、管理与服务平台进行统一的建设，构建以各种 IoT 技术应用为载体的一体化智能环境，可以有效地将教师的教、学生的学、师生管理和校园设备管理进行整合，建设安全、高效、智能、节能的校园。

1 陈琳，杨英，华璐璐.“十三五”开局之年以信息化推动教育现代化新发展——2016 年中国教育信息化十大热点新闻解读[J]. 中国电化教育，2017(2)：69-75.

2. 教学诊断

2019 年 8 月，杨应崧在《以“诊改”为动力，加快信息化建设步伐》中强调，要构建校园 IoT(CIoT)，进行数据和信息的采集、交流、互动、创新和存储；结合大数据和数据挖掘技术来进行教育教学的状态诊断和偏差预测，以校园服务互联网(CIoS)来进行状态显示和改进优化。[1]

3. 教学工具开发

教学工具的开发如图 3-6 所示。

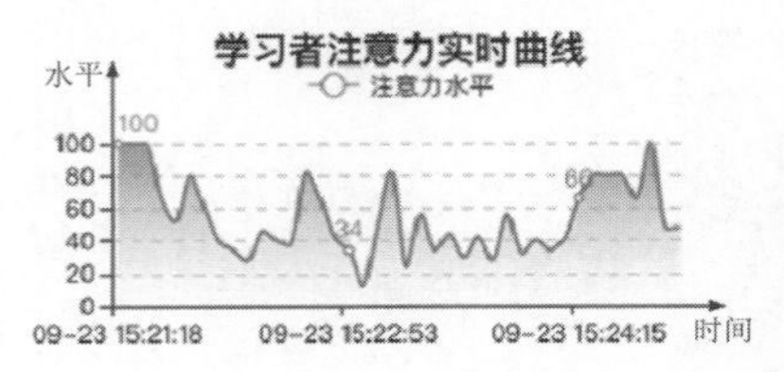

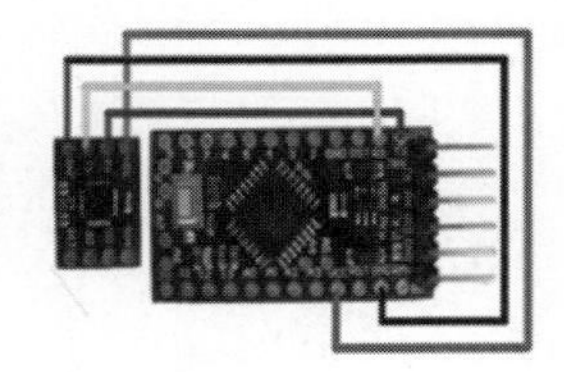

图3-6 教学工具的开发

随着生本课堂等教育理念的不断发展，课堂教学不再局限于“教师讲、学生听”，评估一个学生的成长标准也不再只是考核其成绩的提升，现代教育越来越重视学生个体的身心与健康都能平衡有序地发展。[2] 教育研究者可以借助 IoT 技术和传感器技术来开发课堂测评的工具，以最不干扰课堂行为的方式对学生的情况进行数据收集，真实反映学生的学习过程。

第五节 案例与反思

随着 IoT 技术的深入发展，其在建设智慧校园、监测学生学习状态、评价教学效果等方面都发挥着巨大作用。其相关的成功案例有很多，以下选取三个典型案例进行介绍。

一、典型案例

【案例 3-1】

江南大学智慧校园建设

1. 案例概述

本案例资料来源于江南大学官网。[3]江南大学拥有两大特色：一是节能减排，二是智慧教室。

1 汪泽仁. 试论 IoT 技术在教育信息化应用中的问题及对策[J]. 四川省干部函授学院学报，2020(2)：77-82.

2 张舒艺. 基于 IoT 技术的课堂注意力测评工具开发[D]. 上海：华东师范大学，2018.

3 苏雁，陈敏. 江南大学：“数字化能源监管”绿色校园[EB/OL]. (2014-04-08). [2022-01-11]. https://epaper.gmw.cn/gmrb/html/2014-04108/nw.D110000gmrb_20140408_2-03.htm.

“培育绿色人文理念，推进绿色科技创新”是江南大学一直坚持的理念，其积极探索绿色教育、节能减排、绿色校园建设，成效显著。作为一所综合性大学，江南大学不遗余力地对集成网络、通信、信息、控制等前沿技术进行全方位的探索，并且自主学习创新研发了一种基于 IoT 信息技术的节约型校园数字化能源监管平台，实现了科学管理、能源使用、供水管网、变电站、VRV(variable refrigerant volume)中央空调、路灯等全方位、立体化、数字化实时管理。[1] 2017 年，江南大学的科研总量是 2006 年的 4.95 倍，设备总量是 2006 年的 4.43 倍，而学校水电净支出却只增长了 1.37 倍，节能效果显著。现在，学校每年的水电费支出均控制在学校日常 3%。[2]

江南大学为了实现“以教师为主导”的课堂教学模式和“以学生为中心”的自主学习模式的双融合统一，一直致力于教室的数字化改造。学校对教学楼的公共区域和教室内部都做了全面的改造，并在教室内部配备了相应的电子设备，以提供更为舒适的环境。

2. 案例介绍

江南大学节约型校园数字化能源监管平台的建设采用了“1+1+N+M”的架构，即 1 个系统平台，1 个能源服务门户，N 个业务子系统和移动终端(Mobile)相结合的模式，如图 3-7 所示。

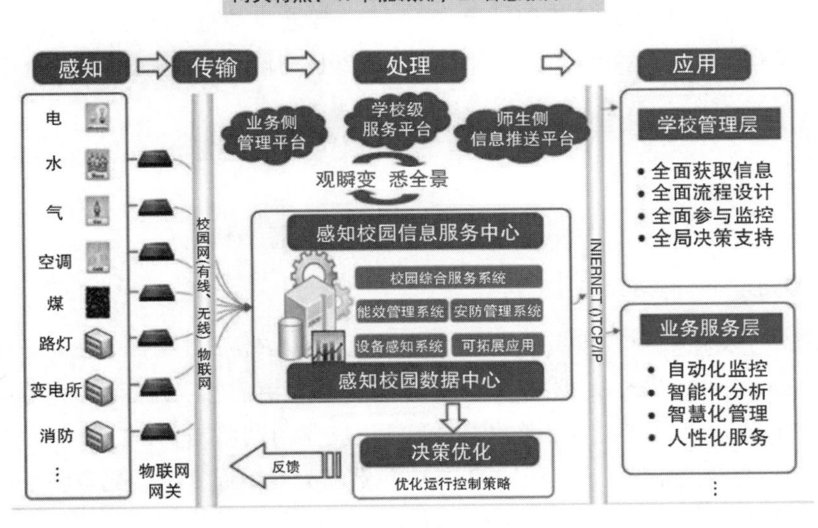

图3-7 江南大学“数字化能源监控平台”架构图

江南大学还自行设计研发了 IoT 技术数据网关，可以便捷地接入水、电、气、空调、路灯、消防等能用设备，实现对能源使用、给水管网、变电所等的全方位立体式的实时管理。[3] 校园里布设了近 2 万个各类传感监控点，监控覆盖率为 90%以上，如所有教室都配备高灵敏度远红外+光敏照明节电开关，做到“人来灯亮，人走灯灭”，教学楼每月电能消耗从 73 000 千瓦时

1 赵亚楠. 江南大学建设绿色低碳校园[EB/OL]. (2014-04-03). [2022-01-11]. http://www.moe.gov.cn/jyb_xwfb/s6192/s133/s185/201404/t20140403_166693.html.

2 【智慧校园】走进江南大学[EB/OL]. [2018-11-08]. https://www.sohu.com/a/274038504_100008993.

3 宋建强，赵让，张明亮. 感知能耗 智慧监管——江南大学数字化能源监管平台建设探索及实践[J]. 高校后勤研究，2018(6)：50-54.

陡降到 41 000 千瓦时，月均节电 30 000 多千瓦时；公共浴室配有计时卡充电系统；教学楼、学生公寓的公共厕所安装红外线节水装置。系统平台不仅支持学校所有办公区、教学区、宿舍区、公共环境区的能耗智能监控、数据统计和分析，还能够准确地感知和确定能源资源消耗漏洞管理的位置，[1]以便更好地整合和利用资源、节约成本，从而建立有序的管理模式。

针对 IoT 的发展趋势，江南大学开发了能源监管平台移动客户端，满足用户移动应用的需求，既可以实现个人能源使用情况的查询及其他自助服务等，也可以满足企业管理者对能源技术设备的远程实时监控。

3. 效果与反思

江南大学节能校园数字能源监管平台的建设，通过物联创新、智慧监管，促进了节能减排目标的实现，产生了良好的经济效益，保障了学校积极、正面、高效的发展，实现了校园能源监管的“可控制、可管理、可服务”。同时，其对全国各大高校起到了示范引领、服务社会的作用。全校师生在宣传过程中逐步形成节约的习惯，形成了“绿色”观念，逐步将节能降耗、节能资源内化为个人行为。

此外，为了保证平台真正发挥显著的作用，学校除了要有扎实的底层技术支撑，还必须高度重视平台建设成功之后的运维管理，要做到平台科学建设与有效运行维护并重，根据学校及平台的特点，制定详细的运行维护制度并保证其得到贯彻落实，以确保节能管理体系目标效益的达成。[2]

【案例 3-2】

学生可穿戴感应设备

1. 案例概述

本案例来源于文献《商用可穿戴设备学习分析框架》(*A Framework for Learning Analytics Using Commodity Wearable Devices*)。[3]研究者发现，利用各类可穿戴感应设备可以对学习者的课堂行为进行分类与识别，进而理解学习者的学习专注度、学习情绪与负担。目前为大众所熟悉的可穿戴感应设备有智能眼镜、智能手表等。可穿戴感应设备通常都会配备多个传感器，包括三轴加速度传感器(图 3-8)、角速度传感器以及心率传感器等。

---

1 陈明选，徐旸. 基于 IoT 的智慧校园建设与发展研究[J]. 远程教育杂志，2012，30(4)：61-65.

2 王强，潘吉仁. 从节能监管平台建设看高校能源管理再创新——江南大学能源监管体系建设实践与思考[J]. 高校后勤研究，2013(1)：58+61.

3 Lu Yu, Zhang Sen, Zhang Zhiqiang,et al. A Framework for Learning Analytics Using Commodity Wearable Devices[J]. Sensors，2017，17(6): 1382.

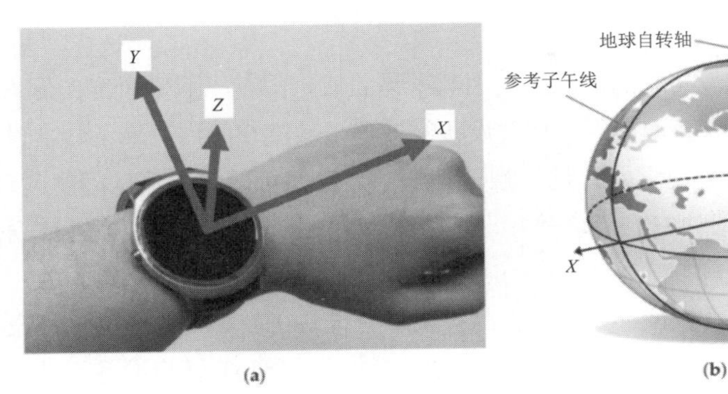

图3-8 三轴加速度传感器

2. 案例介绍

利用佩戴在学生手腕上的智能手表，可收集课堂上的智能可穿戴感应设备中三轴加速度传感器、角速度传感器以及磁传感器的数据。在此基础上，研究者进一步利用数据挖掘等技术，提取可以对学生在课堂中的不同行为进行有效识别的数据特征，然后利用特定的机器学习算法进行训练，最终得到可以自动识别各类外显行为的机器学习模型。目前，此设备能够较精确地辨认学生在课堂中记录笔记、举手、起立回答问题等行为。App 查看课堂表现反馈如图 3-9 所示。

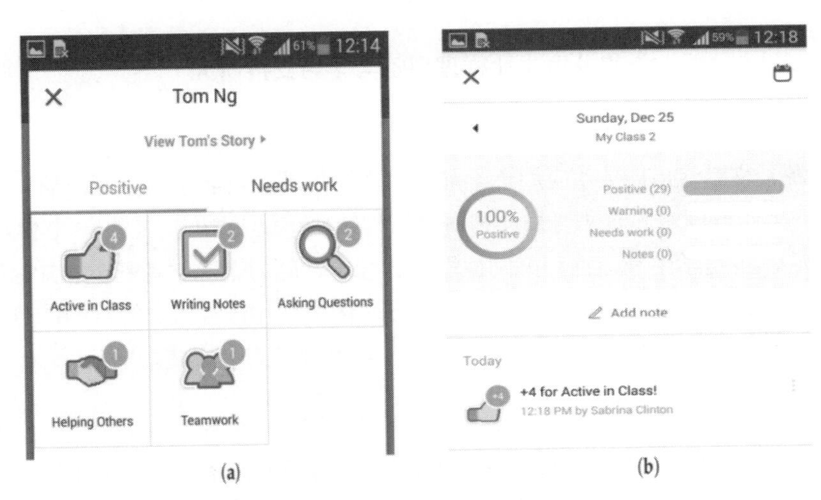

图3-9 App查看课堂表现反馈

研究者结合设备已经识别到的学习行为与目前已有的学习科学理论和数据标注的方法，为不同类别的行为赋予不同的权值来判断学生的学习专注度与学习情绪，权值的大小可以通过教学实验与学习效果分析等方法进行确定。同时，由于在一定时间段内，学生可以有多个不同的独立动作发生，需要利用加权平均或者聚类分析等方法计算以及评估一定时间段内学生的学习专注度与学习情绪的变化。最终，可穿戴感应设备给出其量化结果与变化过程，进而采取相应预警措施和教学干预。

3. 效果与反思

课堂行为蕴含着丰富的教与学的信息，但因其不易获取，限制了课堂研究的深入。如今，我们可以利用 IoT 感应设备来获取数据，相关设备常被置于教室空间内、附于教学设备上或穿戴于师生身上，如同教室有了视觉、听觉、触觉等感觉器官，可以“看见”师生的动作、“听见”师生的话语、“感受”到师生的情绪等并记录下来，即可以采集所谓多模态数据，以此来进行分析，优化课堂教学。

不过，和其他所有的新兴科技一样，关于可穿戴感应设备在教育中的应用也涉及许多伦理问题。谁有权读取学习者的数据？其目的又是什么？比如，一个 IoT 感应设备记录下学生的情绪模式，并进行匿名处理，但在研究中这些信息可能会和该生的考试分数联系在一起，这样匿名处理又形同虚设，因此，在改进应用于学习环境的学生可穿戴感应设备之前，一定要先仔细考虑数据的获取方式以及去向问题。此外，对数据的过度依赖也可能导致研究者对学生学习方式做出错误的论断，这些值得大家思考。

探讨：

从辩证的角度看待学生可穿戴感应设备。

【案例 3-3】

学前儿童类比推理评价与学习支持研究

1. 案例概述

本案例来源于文献《IoT 技术应用于学前儿童类比推理评价与学习支持的研究——基于认知诊断方法》。[1] 类比推理对儿童语言发展和概念结构转变有重要影响，是科学技术学习的关键、知识迁移的核心，也是学生创造性和批判性思维的标志。郭力平等学者基于认知诊断的方式，借助 IoT 技术来设计类比推理的工具，从而达到自动化采集和传输数据的目的，继而从更微观的层面来研究儿童类比推理的特性、自动反馈对儿童推理学习的影响。

2. 案例介绍

此研究采用 IoT 技术中的对象标识符(OID)光学图像识别技术来识别类比推理任务。研究者先用隐形码对类比推理骰子的每个面都进行标定，用以识别相应的动物图形。每个 OID 隐形码都是由许多细微的点依照特定的社会规则组成的，并对应一组特定的数值。OID 隐形码能很好地隐藏在印刷品的色彩环境之下。

那么如何来识别和传输数据呢？研究者设置了特殊的盒子，盒子上部有 4 个格子，盒子模型底部是隐藏放置的传感器、电池和微型计算机等元件，骰子放置在相应的格子中。每个网格正面左下角有一个类似点式阅读笔的阅读头(Sonix 第二代技术)，通过设置的操作程序识别和读

1 郭力平，吕雪，罗艳艳，等. IoT 技术应用于学前儿童类比推理评价与学习支持的研究——基于认知诊断方法[J]. 电化教育研究，2020，41(9)：94-101.

取动物图形骰子的顶部图形元素，然后通过传感器将光信号转换为电信号并传输到计算机。此研究的实验步骤如图 3-10 所示。

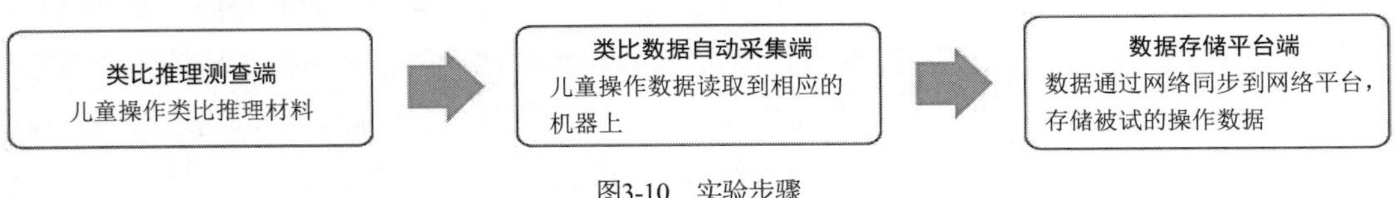

图3-10 实验步骤

3. 效果与反思

此研究融合了多个学科，如信息技术、教育学、心理学和测量学等，是多种方法和手段的交叉学科研究。在教育管理信息化与智慧教育的背景下，基于学生认知诊断研究方法，借助 IoT 技术所设计的学前教育儿童类比推理工具可以实现对学前儿童的有效教学评价与提供学习社会支持；该研究提供了未来教育领域学术研究和实际应用的方向，也证明了 IoT 在学前教育中的应用发展空间。

二、IoT教育应用带来的教育变革

随着 5G 技术的发展，高带宽、低延迟的网络为万物互联提供了良好的技术条件。在教学方面，IoT 已经成为建设新型教学环境与开展新型课堂模式的基础技术；在校园管理方面，IoT 也成为高效率、低成本、智能化校园管理的主要技术，带动了教育教学整体性变革。

1. 教学资源的变革

IoT 涵盖的智慧教育可以引入外界许多高大上并且琳琅满目的资源，如 VR/AR 的实验室和具有沉浸式效果的教室，可以把一些“枯燥”难啃的知识用有趣的形式展现出来。

2. 教育教学手段的变革

教室建设的系统升级(传统的教室升级成利用 IoT 技术的“智慧教室”)必定会促进教学方法的改进和变革。将 IoT 技术应用到教育领域中可以有效地改变教学方式单一的情况：IoT 技术可以将学生的课堂学习内容和课后自主学习内容有机地结合起来，以此拓展学生的知识面，丰富教育资源，让学生的学习方式更加灵活，有助于提升总体教学效果。[1]

3. 课堂管理的变革

IoT 感应设备可以让教师动态地介入课堂。如果课堂中的学生都穿戴了可追踪心率、脑电波等信息的感应设备，教师就能在数据层面更清晰地掌握每个学生在课堂上的专注力和认知活动，甚至可以通过感应设备的振动模式帮助学生重新集中注意力以此实现课堂纪律的管理。在考试中，可以用可穿戴感应设备进行辅助，来查看学生的脑电波和验证学生的身份。

1 林明方. 探析 IoT 在教育中应用[J]. 计算机产品与流通，2018(9)：204.

4. 设备管理的变革

IoT 在数字校园中的应用涵盖了校园的各个领域，如智慧一卡通、智能监控、安全跟踪、智能图书馆建设、人员设备管理等。校园里的大型设备和仪器一般会分布在学校的各个教室与功能室，存在管理难度大，保养需要耗费大量人力、物力的情况。因此，可以通过给所有设备和仪器配备相应的传感器，以便工作人员进行统一的调度和管理。当设备出现问题时，传感器可以及时报警，预防事故的发生，同时可以有效防止设备的丢失。

请在下方填写你认为IoT技术会给教育带来的变革：

第六节 拓展学习

一、信息与观点

IoT 给教育带来了多样的应用场景和未来发展方向，然而，基于 IoT 技术的发展现状，探讨 IoT 教育应用的同时，仍需考虑以下几个问题。

1. IoT的应用成本较高

在教育信息化建设中，IoT 技术能够发挥超乎想象的作用，但在 CIoT 的实际建设中，首先面临的是资金问题，同时 IoT 技术更迭比较快，如果校园设备重新进行更新改造，资金成本又将增加。

2. IoT信息安全问题

在教学中应用 IoT 技术的时候，教学设施设备间的联系会更加密切，设备与用户也通过 IoT 衔接起来，因此会使用大量应用信息采集和设备交换的功能。这些大量的数据及用户隐私该如何得到保护，就成为亟待解决的问题。在校园里大范围地普及 IoT 教育应用的首要条件是加快信息安全的立法进度，保障信息安全的根本是完善信息安全法律体系。只有这样才能保障校园的安全，保障师生数据的安全，避免被不法分子利用。

3. 学校IoT的基础设施和管理机制尚不完备

目前学校 IoT 的基础设备和管理基本依赖于信息技术教师，遇到较大的问题时会找企业专业人员来解决。这无疑给教师额外增加了工作负担，同时教师并非专业人士，一些较大的问题难以及时发现与解决。因此，在教学物联上，IoT 设备的维护和管理都是急需探讨和解决的问题。

二、资源与链接

(1) 中国信通院《物联网白皮书(2020 年)》：http://www.199it.com/archives/1173315.html。

(2) 中华人民共和国工业和信息化部《物联网新型基础设施建设三年行动计划(2021—2023 年)》：https://www.miit.gov.cn/jgsj/kjs/gzdt/art/2021/art_e18c8420f3b242dc8adb1c3e9618e26f.html。

(3) 中华人民共和国工业和信息化部《物联网“十二五”发展规划》：https://www.miit.gov.cn/xwdt/gxdt/ldhd/art/2020/art_f89e4ac2612a411a8b5d5ec5ca7e90f7.html。

(4) 中国信通院《物联网终端安全白皮书(2019)》：http://www.caict.ac.cn/kxyj/qwfb/bps/201911/t20191115_269625.htm。

(5) 艾瑞咨询《2020 年中国智能物联网(AIoT)白皮书》：https://max.book118.com/html/2020/0227/8102003130002077.shtm。

(6) 艾瑞咨询《汇聚数据价值：2021 年中国物联网云平台发展研究报告》：https://coffee.pmcaff.com/article/13739125_j。

(7) 艾瑞咨询《2021 年中国 IoT 行业研究报告》：https://max.book118.com/html/2021/0308/5110010142003141.shtm。

(8) 中国移动通信研究院《下一代物联网发展构想白皮书 2021》：https://max.book118.com/html/2021/0823/8031076067003137.shtm。

(9) IBM《IBM Analytics 工业4.0与物联网白皮书》: https://max.book118.com/html/2017/1116/140337361.shtm。

(10) IEC IoT 2020:Smart and secure IoT platform：https://max.book118.com/html/2019/0426/6130231213002024.shtm。

☙ 学习活动与建议 ❧

1. 拓展学习与探究活动建议

(1) 查阅IoT相关技术报告，了解该技术最新的进展，尤其是能应用于教育领域的相关技术，并在课堂上进行汇报。

(2) 查阅相关文献，梳理IoT技术的教育应用场景，并在课堂上进行汇报与分享。

2. 课后活动建议

根据本章学习内容与拓展学习内容，绘制IoT技术的思维导图，进行知识回顾。

第四章 虚拟现实与增强现实

VR技术是教育技术的一种新的技术手段和工具，融合了数字图像处理、计算机图形学、多媒体技术、传感器技术等多个信息技术分支，能生成三维逼真的虚拟环境。[1]用户能利用电子设备进入虚拟环境，与虚拟对象交互，获得沉浸式体验。教育技术风向标《地平线报告》曾多次将VR及其相关技术列入其中，如今在教育领域应用较多的是VR技术与AR技术。该技术对传统学习空间、教学情境创设、学生技能训练、教材呈现方式等方面产生了革命性的影响。本章主要介绍了VR与AR的基本概况，梳理了VR与AR教育应用的国内外发展现状，并通过实际案例展示了其教育应用场景。

学习导引

一、目标与要求

1. 了解VR技术的发展历程和常见应用领域。

2. 掌握VR教育应用的基本概念，包括内涵、典型需求和主要特征，国内外发展现状，典型应用场景及其带来的教育变革。

3. 了解VR的前沿发展趋势和最新技术动态，探究VR在教育领域中的新可能。

二、资源与准备

1. 概览全章，预习本章内容。

2. 课前自主学习本章第一节，了解VR与AR技术。

3. 网络资料："中国电子信息产业发展研究院"官网、VR技术相关白皮书。

1 贺春光. 虚拟现实技术在保护蒙古马鞍制作工艺中的探索与研究[D]. 呼和浩特：内蒙古农业大学，2012.

第一节　走近VR与AR

广义的VR技术包含VR、AR和MR技术[1]，即一种综合集成技术，能创造三维虚拟环境。狭义的VR技术是指构建完全封闭的、与现实隔绝的虚拟世界，并通过一定的设备呈现给用户，给人一种完全沉浸感(图4-1)。AR技术是构建现实和虚拟信息叠加的复合场景，同样以设备为媒介呈现给用户，但AR技术对设备要求低于VR技术与MR技术，简单的虚实结合使用手机、平板等移动设备即可实现(图4-2)。MR技术是VR技术的发展新形态，结合了VR与AR技术的优势，将现实和虚拟世界“混合”，形成一个新的可视化环境，环境中虚实共存且虚拟对象如真实对象一般存在，用户可以与之实时交互。

图4-1　VR技术

图4-2　AR技术

一、VR的发展

VR技术的起源与发展(图4-3)最早可追溯到20世纪50年代，电影摄影师Morton Heilig认为电影应调动观众所有的感官到屏幕之中。[2]1962年，他成功制造了一台3D仿真模拟器体验剧场(sensorama)，此模拟器集成了3D显示器、风扇、气味发生器、振动椅等，可以刺激用户视觉、听觉等多个感官系统，能给用户虚拟的骑行体验。[3]1968年，Ivan Sutherland开发了世界上第一个光学透视头装显示器，被认为是VR技术发展历史的里程碑。Myron Krueger在1975年设计了一个名为videoplace的系统，通过投影和摄像机，在不同地点的两个人可以在投影表面的“公共空间”中的投影图像进行通信。1989年，美国的Jaron Lanier首次提出了VR的概念，他所在的VPL公司开发出传感手套和头显设备，才让VR作为一个较为完整的体系开始被人们关注，随后VR便进入了高速发展的时期。[4]1992年，波音公司的研究人员汤姆(Tom Caudell)和他的同事针对电路板上复杂电线束的组装问题开发了一款AR头戴式显示系统，使数字化图

1　Milgram P, Kishino F. A Taxonomy of Mixed Reality Visual Displays[J]. IEICE Transactions on Information and Systems, 1994,77(12):1321-1329.
2　周国众. 移动增强现实用户体验模型构建与应用研究[D]. 郑州：解放军信息工程大学，2013.
3　Carmigniani J, Furht B, Anisetti M, et al. Augmented reality technologies, systems and applications[J]. Multimed Tools and applications, 2011,4(51)：341–377.
4　李君祥. 基于混沌和遗传算法修正的BP数据手套手势识别[D]. 哈尔滨：哈尔滨理工大学，2016.

解能显示在电路板上方，以帮助工程师进行组装，[1] 同时正式提出 AR 的概念。1997 年，Ronald Azuma 将 AR 技术定义为“结合了虚拟与现实、三维注册和即时交互的技术”。[2] 2000 年，Bruce Thomas 开发出了第一个户外移动 AR 游戏——ARQuake。[3] 此后，移动设备成了 AR 技术应用的主要终端设备。2007 年研究者开发了新型 AR 医疗应用程序。2008 年，Wikitude 公司推出了首款 AR 旅游辅助手机软件，AR 技术应用迅速发展。2012 年，Calculus 公司成立，Unity 是第一个支持 Oculus 眼镜的 VR 开发引擎。[4] 2014 年，Facebook 收购 Oculus 公司，掀起了 VR 创业热潮。[5] 随即微软、谷歌、腾讯、阿里等互联网巨头也抢滩登陆，VR 产品喷涌而出。随着 PC 技术的发展、网络的普及和硬件成本的下降，以前停留在实验室里的 VR 设备开始真正平民化。

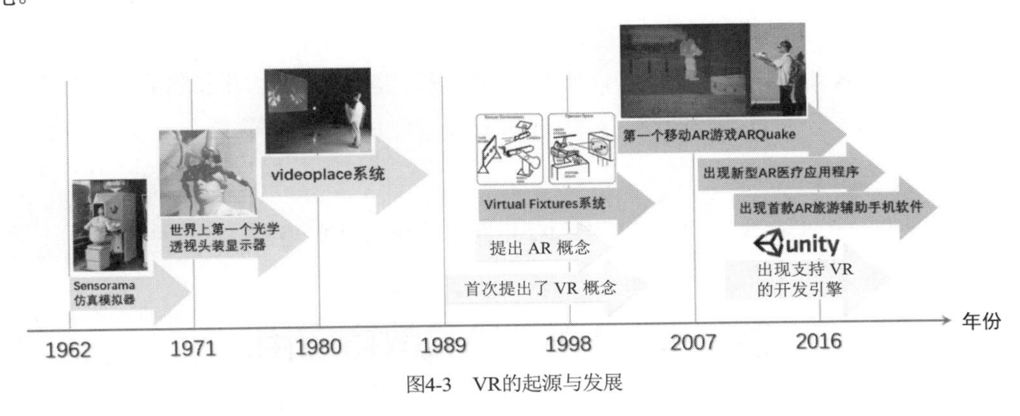

图4-3　VR的起源与发展

二、VR行业进展

VR 设备也被称为 VR 系统，是用户进入虚拟世界的必要媒介，主要由显示和观察设备、交互设备、传感设备、三维立体声系统和三维数据获取装备等组成。目前国外知名的 VR 厂商有 Oculus、HTC、谷歌等，国内有京东方、蚁视科技、3Glasses、暴风科技等。常见的 VR 设备有头戴式显示器、VR/AR 眼镜和桌面式 VR 设备等。如今，VR 技术已经广泛应用于医疗、商业、教育、广告、娱乐等领域，如图 4-4 所示。

其中，VR 在影视行业应用得最为广泛，不管是游戏还是电影、电视都追求用户良好的沉浸感；在影视行业，VR 创新了影片的呈现方式，通过影片虚拟对象的三维可视化增强观众的观影体验，给观众营造更浓厚的情境氛围、更震撼的视觉效果和更直接的代入感受。在游戏领域，VR 游戏与 AR 游戏逐渐受到用户的追捧，VR 体验馆成为热门游玩场所，基于移动设备的 AR 游戏也受到游戏开发者的青睐，近年来层出不穷。

1　Hoshino K . Dexterous Robot Hand Control with Data Glove by Human Imitation[J]. IEICE Transactions on Information and Systems，2006(6)：1820—1825..
2　孙锦，王慧君. 基于增强现实技术的电子书分析——以“AR 涂涂乐”为例[J]. 数字教育，2017，3(3)：61-65.
3　葛鑫. 扩增实境的进化方向[J]. 商业价值，2011(4)：3.
4　侯明，姚国强. 互联网+背景下的虚拟现实视听新技术展望[J]. 现代电影技术，2017(5)：29-35+17.
5　蒋逸霄. 浅析 VR 技术在房地产领域的应用前景和展望[D]. 南京：南京艺术学院，2017.

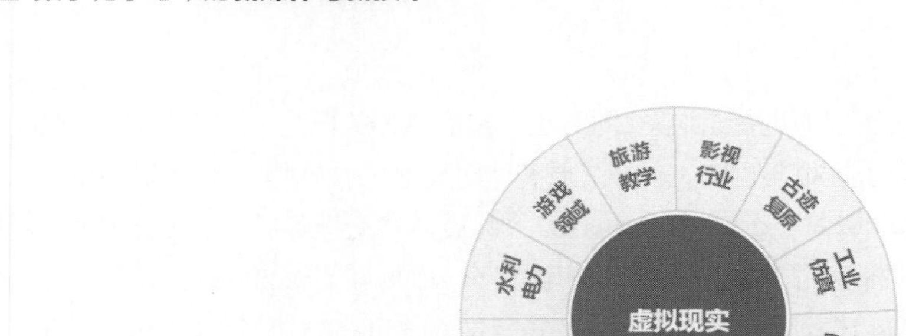

图4-4　VR应用领域

除此之外，VR 与文娱场所的结合，如虚拟博物馆、虚拟游乐场、虚拟舞台、虚拟游戏厅、虚拟 KTV 等，有着体验方式轻便新颖、运营成本低、安全隐患少等优势。

思考：

除以上提及的影视行业，VR与AR技术在其他行业的应用有哪些？

第二节　VR与AR教育应用

如今，VR 技术已经成为促进教育发展的一种新型教育手段[1]，VR 创造的沉浸、交互虚拟环境既为教学情境的创设提供了广阔的空间，也让学习场景不再局限于教室或学校。VR 在虚拟仿真环境创设、技能实训、语言学习、特殊儿童教育等教育领域都发挥了巨大的作用。

一、内涵

VR 在关于教育领域的学术论文中会出现“互动式的学习环境”“虚拟实验室”“多媒体学习系统”等关键词，以及“VR/AR+教育”“VR/AR 教育应用”等字样，VR 在教育中的应用尚无相应的统称。由于技术发展水平、应用成本等限制，相较于 VR 与 AR 技术，MR 技术在教育领域中的应用还不成熟，大多停留在理论层面，因此本章提到的“VR 教育应用”主要是指充分运用 VR 与 AR 技术的逼真性、交互性和虚实结合等优势，在建构主义学习理论、自主学习理论和认知主义等教学理论的指导下，采用合适的教学方式和策略开展的教育教学活动。

从近几年 VR 与 AR 在教育领域的应用来看，VR 与 AR 技术为学生学习提供了丰富的学习资源与学习形式和多种学习机会。在 VR 构建的教育应用场景中，学生的自主学习性得到了提高，在虚拟场景中获取知识与掌握技能，真正参与到学习过程中，并将知识顺利迁移至真实场景中。

1　刘文娅. VR 技术分析与应用发展[J]. 电脑知识与技术，2019，15(25)：241-243.

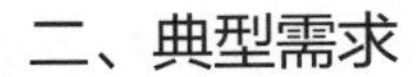

二、典型需求

VR 在教育领域中表现出来的需求体现在创设逼真的学习情境和丰富教学资源两个方面。根据学习内容与教学目标的不同，创设逼真的学习情境包括在知识教学中教学情境的创设、在实验教学中实验环境的仿真以及在技能实训中应用场景的模拟。因此，VR 教育应用的典型需求可以划分为基于情境教学的需求、基于技能训练的需求、基于实验教学的需求和基于立体化教材的需求。

1. 基于情境教学的需求

在实际教学中，对于一些复杂的概念与知识原理，学生理解较为困难。VR 技术能模拟真实情境，展现自然界漫长的自然变化景象或转瞬即逝现象的变化过程，这是图片与视频展示传统教学方法无法比拟的。VR 技术在观察与互动的过程中实现了知识的建构与内化。

2. 基于技能训练的需求

让学生进行模仿操作是技能教学的重要环节，但往往受限于设备昂贵、安全性和其他无法操作的情况。VR 与 AR 技术能节省时间与经费成本，让学生在虚拟互动的环境中开展模拟操作训练，提高操作技能。

3. 基于实验教学的需求

利用 VR，不仅可以开展传统教学环境难以开展的实验(如微观的化学实验、物理实验)，还可以避免真实实验可能带来的隐患与伤害，如较危险的化学反应实验。学生在虚拟的实验环境中学习操作过程，能提升学生的实验技能与实践能力，加深学生对知识的理解，保持学习热情。

4. 基于立体化教材的需求

立体化教材包括纸质教材、音频视频、电子资料、网络学习平台等。[1] 传统教材过于平面化。开发立体化教材是目前教育领域的热点之一。基于 VR 的立体化教材能形象生动地展现教材内容，有助于学生理解知识、激发和增强学习乐趣，丰富教学资源。

三、主要特征

Burdea G 和 Coiffet 出版的《虚拟现实技术》(*Virtual Reality Technology*)一书描述了 VR 体验的三个基本特征——3I(immersion、interactivity、imagination)，即沉浸、交互和想象。[2] 这三个特征同样存在于 VR 教育应用中。

1　初天斌，李少明. 移动互联网背景下立体化教材出版的应用研究[J]. 出版发行研究，2015(2)：39-42.

2　邹湘军，孙健，何汉武，等. 虚拟现实技术的演变发展与展望[J]. 系统仿真学报，2004，16(9)：1905-1909.

1. 沉浸

VR 中的三维计算机图形技术含建模、场景布局、渲染三个步骤，生成的仿真虚拟学习场景能让学习者有身临其境之感，仿佛身处真实的客观世界，沉浸其中并体验已经发生过或尚未发生的事件，进入实际不可达或不存在的空间。

2. 交互

学习者能自然地与 VR 生成的虚拟学习环境进行交互，其行为会触发虚拟环境的反馈。VR 教育应用的可交互性是构成沉浸体验的重要部分，否则场景再逼真，虚拟环境中事件发生得再自然，没有交互也很难让学习者融入其中。交互能让学习者真正参与到学习活动中，保持较高的学习热情和较好的空间想象力。

3. 想象

学生在 VR 教育应用创设的虚拟环境中能提高感性与理性认识，建构知识，深度理解知识，甚至是萌发新的想法，从而获得启发。相较于传统封闭的教学环境，虚拟环境能培养学生的发散性思维和创造性思维。

就沉浸和交互两个特征而言，VR 可分为桌面式、沉浸式、增强式和分布式 VR 四类。[1] 桌面式 VR，即利用放置在桌面上的计算机进行仿真，用户通过计算机显示器、鼠标、键盘、追踪球等设备进入虚拟环境并实现交互，它给用户带来的沉浸感较差，但其成本也相对较低，应用比较广泛；[2] 沉浸式 VR，即前面提到的 VR 技术，它利用 VR 头盔或其他设备，创设一个全封闭的虚拟感觉空间；增强式 VR 用来增强用户对真实环境中无法感知或不方便的感受，即前面提及的 AR 技术；[3] 分布式 VR 指多用户通过设备网络连接在一起，共同进入一个虚拟空间进行交互协作，在教育领域应用能为分布式学习带来全新的可能。

思考：
桌面式、沉浸式、增强式和分布式VR各自有何优势，分别应用在教育领域的哪些方面？

第三节　VR与AR教育应用的发展现状

VR 在教育应用研究中不仅覆盖了学前教育、中小学教育、职业教育、大学教育和老年教育等学段，还包括主题教育活动和特殊教育等。本节梳理了 VR 与 AR 教育应用在国内外的发展现状。

1　李玲. 基于虚拟现实技术的中学数字资源设计与实现[D]. 宁波：宁波大学，2018.
2　姚芳，李哲. 应用虚拟现实技术推动普通高校教学改革[J]. 吉林工程技术师范学院学报，2008(8)：18-20.
3　尹卓良. 虚拟现实技术在多媒体课件中的应用研究[D]. 北京：北京印刷学院，2010.

一、国外发展现状

VR 技术诞生、发展、成熟于国外，最早的 VR 教育应用研究出现在美国。大量研究证明，VR 可以给学习者带来放松、愉悦、感兴趣等积极情绪，在 VR 学习环境中，学生的学习动机更强、学习兴致更高[1]，学习更为主动、更为积极[2]。Kung W L 和 Pui Y L 通过实证研究发现，VR 可以提供启发式、强交互性的学习空间，能够提升学生的学习体验。[3] Im S. W. T., Chiu P. H. P., Shek C H 等在中国建筑文化课程中投入使用 VR 学习系统，结果显示，学生学习的胜任感得到了有效提升。[4] Pochtoviuk 等证明了 AR 对学生注意力的发展和信息理解能力的提高有作用。[5]

VR 与 AR 教育应用主要集中于技能实训、学科教学和教育游戏等方面。一些学者通过实证研究比较了 VR 与 AR 教育应用的差异。Huang K T 等通过实验认为，VR 在传递视觉信息时更加具有沉浸感，而 AR 则是传递听觉信息更为有效的媒介。[6]因此，VR 技术更多地运用在技能实训方面，如虚拟实验室、灾害应急实训[7]等，而 AR 技术更多地运用在学科教育中，如实时生成数学函数图像[8]、模拟物理电磁学实验等，如图 4-5 所示。

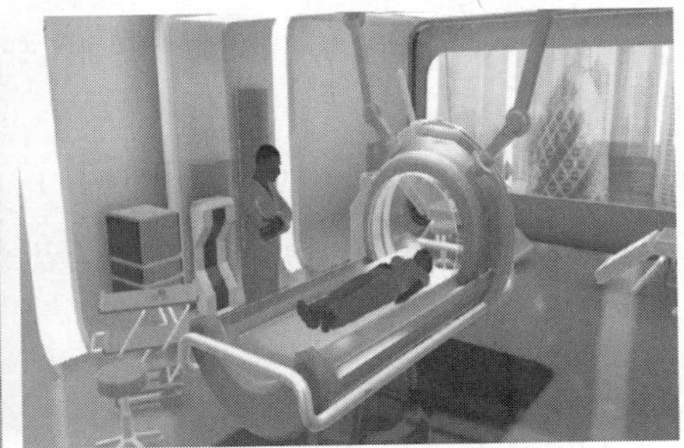

图4-5　Labster虚拟仿真实验室界面

丹麦教育技术公司Labster 在2013年推出的虚拟仿真实验室模拟软件是国外虚拟实验室研究的代表成果。Labster 虚拟仿真实验室(图 4-5)至今已经积累了 65 个涵盖化学和生命科学大部

1　Stepan K, Zeiger J, Hanchuk S, et al. Immersive virtual reality as a teaching tool for neuroanatomy[J]. Internationalforum of allergy & rhinology. 2017, 7(10): 1006-1013.

2　Olmos-Raya E, Ferreira-Cavalcanti J, Contero M, et al. Mobile Virtual Reality as an Educational Platform: A Pilot Studyon the Impact of Immersion and Positive Emotion Induction in the Learning Process[J]. Eurasia Journal of MathematicsScience and Technology Education. Eurasia Publishing House, 2018, 14(6): 2045-2057.

3　Kung W L, Pui Y L. The use of virtual reality for creating unusual environmental stimulation to motivate students to explore creative ideas[J]. Interactive Learning Environments, 2015,23(1)：3-18.

4　Im S W T, Chiu P H P, Shek C H, et al. Using Virtual Reality to Enhance Learning in a Chinese Architectures Course: AFlipped Classroom Approach[C]//2018 IEEE International Conference on Teaching, Assessment, and Learning forEngineering (TALE). IEEE, 2018: 624-629.

5　Ochtoviuk S. I , Vakaliuk T. A , Pikilnyak A. V . Possibilities of application of augmented reality in different branches of education[M]. SSRN Electronic Journal, 2020.

6　Huang K. T, Ball C, Francis J , et al. Augmented Versus Virtual Reality in Education: An Exploratory Study Examining Science Knowledge Retention When Using Augmented Reality/Virtual Reality Mobile Applications[J]. Cyberpsychology, Behavior, and Social Networking, 2019, 22(2):105-110.

7　Molka-Danielsen J, Prasolova-F E, Fominykh M, et al. Use of a Collaborative Virtual Reality Simulation forMulti-Professional Training in Emergency Management Communications[M]. 2018 IEEE International Conference onTeaching, Assessment, and Learning for Engineering (TALE), IEEE, 2018: 408-415.

8　Patricia S, Eduardo Gonzólez-Mendívil,Eliud Q, et al. The Development of a Didactic Prototype for the Learning of Mathematics through Augmented Reality[J]. Procedia Computer Science, 2013, 25(complete):62-70.

分常见研究主题的模拟实验。融合游戏元素，学习者不仅可以进行模拟实验，查看实验的反应与过程，还可以通过游戏闯关的形式进行知识的学习。2018 年谷歌公司与 Labster 合作打造 VR 虚拟实验室，在原有的基础上引入头显设备，让学生在沉浸式和互动式的环境中更好地学习。[1]

美国 zSpace 公司结合 AR 和 VR 技术推出的桌面交互一体机在学科教学中应用广泛，其搭载的学习软件涵盖 STEAM 各学科领域，适合不同学段。学习者可从任意角度观察虚拟学习对象，如人体骨骼和器官、浩瀚的宇宙、历史文物等，突破了时间和空间的限制，更全面地认识学习内容或进行自主探究。在 zSpace 的学科教学中，教师成为引导者，帮助学生从思维、情感和行为等方面进行积极主动的合作、探讨和学习。zSpace 实验室学习场景如图 4-6 所示。

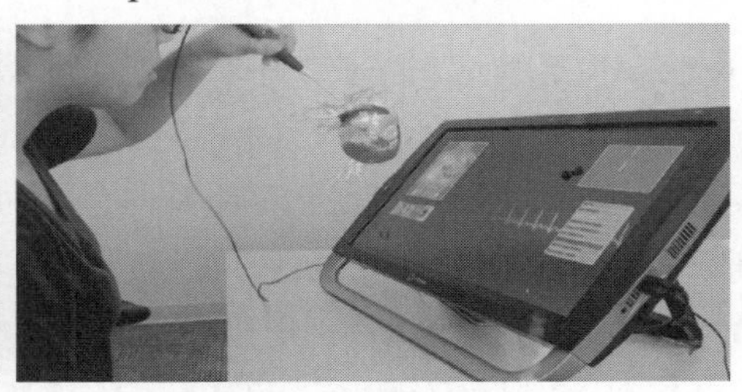

图4-6　zSpace实验室学习场景

综上，国外对于 VR 教育应用十分关注，研究者及相关企业都在积极地设计、开发相关硬件设备和应用软件，探索 VR 教育应用的优势和教学策略与方法。但从某些研究结果的情况来看，VR 在教育中的应用效果并不稳定，还需要对 VR 教育应用如何促进学生知识建构、学生有效学习等方面做进一步的研究。

二、国内发展现状

国内关于 VR 教育应用的研究起步较晚，最早可追溯至 1996 年，起初多为 VR 技术对教育的影响探讨，以及 VR 在教育中具体应用的阐述。至今，国内 VR 教育应用主要集中于虚拟实验、教育游戏、学科教育等方面。

刘世伟等学者认为，虚拟实验室成本低廉、管理便捷、稳定持久以及支持远程，将成为日后辅助实验教学的重要工具。[2] 在基础教育中，研究者基于物理、化学、生物实验的特点进行实验平台的开发与应用，大多是针对某一具体的实验演示。例如，陈泽婵等搭建了 AR 物理光学实验平台，学生使用终端可选择“实验器材”并进行全方位观测与缩放，从而开展光的平面反射等初中物理实验；[3] 苗晋达等对物理实验中的磁感线进行仿真，实现了虚拟磁感线显示在手上，并随着“电流”变化而发生数量变化等；[4] 部分企业进行了课程实验资源的全套开发，如国内的 NOBOOK 虚拟实验室包含小学科学和初高中物理、化学、生物课程的所有实

1　网展资讯. 谷歌与 Labster 合作打造 VR 虚拟实验室[EB/OL]. [2018-06-13]. https://news.expoon.com/c/20180613/21253.html.
2　刘世伟，田世鹏，甘涛，等. 虚拟实验室的研究与应用现状综述[J]. 物联网技术，2016，6(9)：82-83.
3　陈泽婵，陈靖，严雷，等. 基于 Unity3D 的移动增强现实光学实验平台[J]. 计算机应用，2015，35(S2)：194-199.
4　苗晋达，罗天任，蔡宁，等. AR 物理实验中的磁感线仿真[J]. 图学学报，2021，42(1)：87-93.

验。图 4-7 所示为 VOBOOK 生物实验初中版在线使用界面。在高等教育中，高校拥有更加充足的条件进行虚拟实验室的建设，如中南大学矿冶工程化学虚拟实验平台[1]和北京大学地球科学虚拟仿真实验教学中心[2]，分别针对相应的专业实验课程进行了实验平台的开发，对实验教学提供了有力支持。

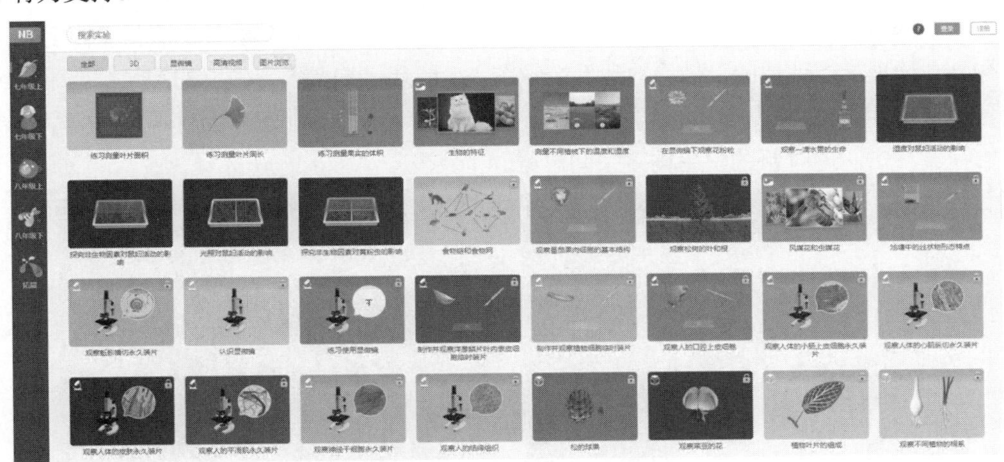

图4-7 NOBOOK生物实验初中版在线使用界面

VR 教育游戏是国内 VR 教育应用研究的一大热点，VR 与教育游戏的结合，极大地丰富了教育游戏的内容与形式。王辞晓等学者对比了 VR 与 AR 技术在教育游戏中的优势，认为 VR 教育游戏的沉浸感体验能更全面地帮助学习者理解知识，而 AR 技术支持真实环境下的合作游戏，其真实感能帮助学习者迁移知识。[3]事实上，相对于 VR 教育游戏，AR 教育游戏的易开发性、易使用性、对设备的低要求以及移动设备的兴起使 VR 教育游戏出现了一边倒情况——绝大部分都是 AR 教育游戏。蒋中望结合国内外教育游戏的实例，设计开发出了单词竞赛等若干个 AR 教育游戏；[4]万悦等设计的“泡泡星球”AR 教育游戏围绕学习者完成一个英语单词的学习过程展开，形象的虚拟单词文本会“出现”在用户的眼前，并随着景物移动而移动。[5]陈向东等基于 AR 中的位置与图像识别技术，开发出“快乐寻宝”的 AR 教育游戏，学习者可以在户外进行地图路线规划、实时定位、回答问题和完成指定的任务，共同寻找“宝藏”。[6]游戏空间延伸至户外，教育游戏有了更大的使用范围。

从具体学科来看，VR 教育应用已经涵盖了中小学各个学科正式与非正式的学习领域。北京师范大学的蔡苏副教授是 VR 教育应用的前沿代表人物，他带领的团队在中小学 AR 教育应用领域取得了丰硕的成果，包括提出了 AR 学习环境架构，制作出了 AR 演示书——未来之书，

1 中南大学新闻网. 中南大学矿冶工程化学虚拟仿真实验教学中心——中南大学[EB/OL]. [2022-01-11]. https://news.csu.edu.cn/info/1061/120445.htm.
2 中南大学新闻网. 中南大学矿冶工程化学虚拟仿真实验教学中心——中南大学[EB/OL]. [2022-01-11]. https://news.csu.edu.cn/info/1061/120445.htm.
3 王辞晓，李贺，尚俊杰. 基于虚拟现实和增强现实的教育游戏应用及发展前景[J]. 中国电化教育，2017(8)：99-107.
4 蒋中望. 增强现实教育游戏的开发[D]. 上海：华东师范大学，2012.
5 陈向东，万悦. 增强现实教育游戏的开发与应用——以“泡泡星球”为例[J]. 中国电化教育，2017(3)：24-30.
6 陈向东，曹杨璐. 移动增强现实教育游戏的开发——以“快乐寻宝”为例[J]. 现代教育技术，2015，25(4)：101-107.

在初中物理学科中使用 AR 技术进行凸透镜的成像实验；[1]在初中化学学科中使用 AR 模拟原子与分子的结构，并进行粒子交互实验等。郭威以活动理论为依据，开发了初中科学 AR 教学软件，并以此为基础开展了多个学习活动。[2]李建华等在高中地理“水循环”“商品谷物农业区位因素”两节课的课堂中运用了 VR 技术创设虚拟自然环境与社会环境，以增强地理知识的情境性，帮助学生感悟与理解地理知识。在非正式学习领域，新华文轩出版传媒股份有限公司发布的供初高中地理学习使用的“妙懂地理”App(图 4-8)能通过扫描配套教材的图片，在手机或平板设备上呈现 3D 的动态影像以及经纬线、山川、河流、地球等地理事物直观形象给学生带来强烈的视觉冲击，同时帮助学生构建空间思维。

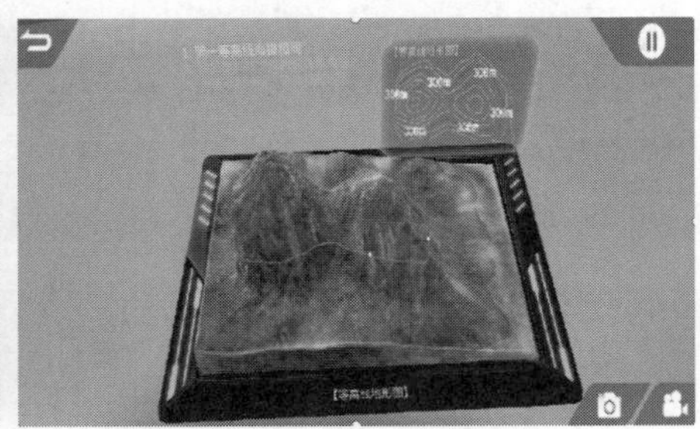

图4-8 “妙懂地理”App界面

总的来说，当前 VR 与 AR 技术在教育领域中的应用具有理论支撑和技术支持，国内外通过研究开发已经有了较为成熟的 VR 教育应用软件和平台，通过实践研究也积累了一定的教学案例。

思考：

目前的VR与AR教育应用研究主要探讨了哪些教学策略与教学方法？

第四节 VR与AR教育应用的场景

随着 VR 与 AR 技术的发展及其在教育领域的深入应用，目前 VR 与 AR 技术在教育领域已经形成了六大应用场景，在教师教学方式、学生学习体验和教材呈现方式三个方面给教育带来了变革。

一、整体框架

从国内外 VR 与 AR 教育应用发展的梳理结果来看，VR 在教育领域主要应用于虚拟实验、技能实训和学科教学；根据 VR 与 AR 技术各自的优势，VR 还在其他某些教育领域发挥着重

1 江自昊. AR 学具在高校课程中的应用研究[J]. 科教文汇，2018(7)：5-8.
2 郭威. 基于增强现实的初中科学课程学习活动设计与应用[D]. 上海：华东师范大学，2018.

要作用。VR 与 AR 教育应用整体框架如图 4-9 所示。

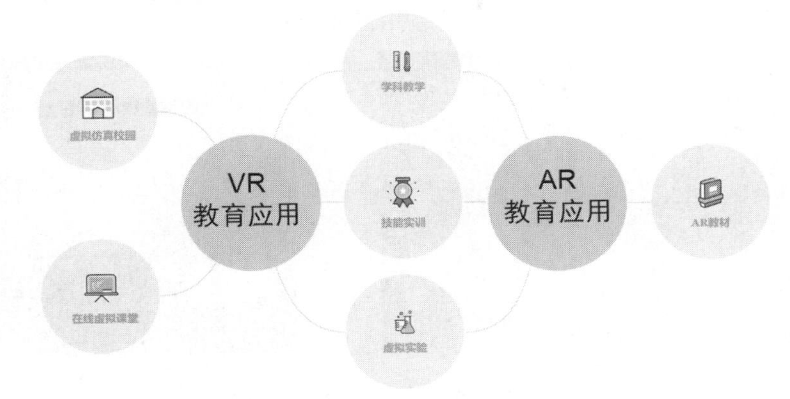

图4-9　VR与AR教育应用整体框架

二、典型应用场景

VR 教育应用场景包括学科教学、技能实训、虚拟实验、虚拟仿真校园和在线虚拟课堂，AR 教育应用场景包括虚拟实验、技能实训、学科教学和 AR 教材。VR 与 AR 教育应用场景包括六大典型应用场景。

1. 基于VR与AR的学科教学

基于 VR 的学科教学主要体现在情境教学中，如模拟真实对话场景用于语言学科教学，还原战争或著名事件等场景用于历史学科教学，创造古代诗歌意境用于语文学科教学，等等。教师可以根据教学需要，将虚拟体验设置在任一课堂环节中，也可以精心设计虚拟环境中的引导与交互，让学生在虚拟环境中进行学习。

基于 AR 的学科教学同样支持情境教学，如创造多人参与的角色扮演情境、设计与物理环境进行交互的学习情境、基于真实生活问题解决的情境等。相较于 VR 生成的封闭虚拟情境，AR 虚实融合的学习情境能给学生带来真实感，并支持多人协作。

基于 AR 的学科教学还体现在具现化教学中，即将学习内容可视化、形象化，特别是针对处于具体运算阶段的小学生或是过于抽象的知识，如展示数学中抽象立体的三维图形、可视化化学分子结构和化学反应时分子结构的变化、形象化物理中的磁场与磁感线等，在教学过程中增强学生的视觉感知能力，从而加深学生的理解。

2. 基于VR与AR的技能实训

基于 VR 的技能实训主要体现在职业教育与特殊教育中，如打造虚拟实训基地用于职业院校培养学生的实践操作技能和应用素养，创造虚拟的生活场景用于特殊儿童基本生活技能的掌握，创造虚拟灾害场景用于学生或特殊职业人员的应急技能掌握(图 4-10)，等等。

基于 AR 的技能实训一般是结合真实的训练场所，辅助学习者进行训练，如在飞机驾驶训练时出现的各器件、控制面板的虚拟信息或指引(图 4-11)。

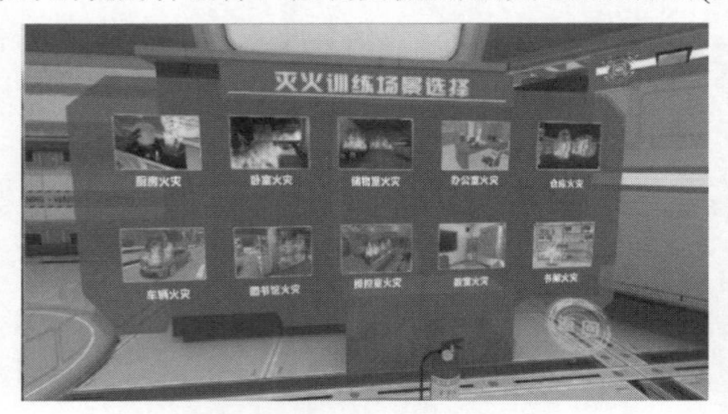

图4-10　虚拟消防应急系统

图4-11　AR驾驶训练

3. 基于VR与AR的虚拟实验

基于 VR 的虚拟实验主要体现在虚拟实验室中。目前的虚拟实验室大都是基于 web 技术构建的开放式网络化的桌面式虚拟实验教学系统(图 4-12)，由虚拟实验台、虚拟器材库和开放式实验室管理系统组成。教师能利用器材库中的器材搭建教学实验，学生能对虚拟实验仪器设备进行配置、调节等操作。[1]此外，该虚拟实验教学系统还能对学生进行实验技能的考核。

基于 AR 的虚拟实验一般是结合真实的教学场所，以虚拟指示、虚拟实验器材等方式组织学习者开展实验(图 4-13)。

图4-12　虚拟化学实验室

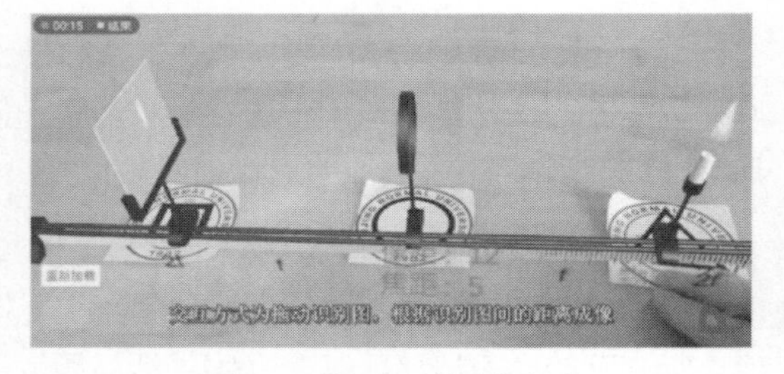

图4-13　物理凸透镜成像实验

4. 在线虚拟课堂

VR 技术为在线教育提供了全新的实现方式，即创设在线虚拟课堂。在线教育分为同步教学与异步教学。同步教学一般是利用在线会议软件进行同步直播课，异步教学一般是录播的直播课或慕课(MOOC)。无论哪种在线教学，学生的课堂参与度与体验感永远与真实课堂教学存在差距，教师也无法及时地获得学生的真实上课状态。基于 VR 的在线虚拟课堂能将虚拟对象——参加在线课程的师生集中在一个虚拟空间中，用户在该空间中能看到其他虚拟对象并进行交流，实现在线教学中师生之间与生生之间的实时互动与情感交流，提高学生在线学习的积

1　史志陶. 精品教材建设与专业建设的关系研究[J]. 考试周刊，2011(72)：26-28.

极性与参与度。目前，在线虚拟课堂还处于理论构想[1]与技术研发[2]阶段。

5. 虚拟仿真校园

虚拟仿真校园指基于真实校园构建的虚拟校园，使教育工作者、学生等可以在线上感受到真实的校园环境，是包括在线虚拟课堂在内的在线虚拟校园，能实现对教学、教务、信息的有效组织与管理，构建教育教学全过程，[3]结合数字孪生、MR 等技术有望实现。

6. AR教材

AR 技术创新了书本的呈现方式。随着手机和平板等移动设备的普及，目前 AR 读本和载体层出不穷，如立体 AR 认知书、AR 故事书(图 4-14)、AR 科普百科书、AR 地球仪(图 4-15)等。此类产品一般是印有可识别图像的读物或载体和配套使用的移动 AR 软件，用户下载安装相应软件，用软件扫描读本或载体即可呈现立体的虚拟对象或相关 3D 动画，有些虚拟对象还能进行简单交互。

图4-14 AR故事书

图4-15 AR地球仪

探讨：
虚拟仿真校园以后是否会取代现实生活中的校园？

第五节 案例与反思

随着 VR 与 AR 技术在教育领域的深入融合和相关研究团队及企业的开发与运用，目前 VR 与 AR 教育应用正慢慢使用在常态化的教育教学中，VR 与 AR 技术作为课题研究的热点技术，受到一线教师的青睐，以下从研究与实际开展两个角度选取了四个典型案例进行介绍。

1 孔玺，孟祥增，徐振国，等. 混合现实技术及其教育应用现状与展望[J]. 现代远距离教育，2019(3)：82-89.
2 刘超. 在线课堂虚拟人脸表情驱动应用研究[D]. 哈尔滨：黑龙江大学，2021.
3 朱锋，夏阳. 基于 VR 的网络教育研究与应用[J]. 计算机工程与设计，2005(9)：2500-2502.

一、典型案例

【案例 4-1】

初中“物质的组成”AR 化学课

1. 案例概述

本案例来源于文献《AR 技术探究化学微观世界——AR(AR)在 K-12 教育的实证案例之三》[1]。蔡苏等针对初中化学课程的“物质的组成”部分，设计和开发了一套基于探究的 AR 学习工具，并开展相应的教学活动进行实验。通过对 29 名八年级学生的前后测与问卷调查，结果表明 AR 技术在化学课程中的使用能提高学生的学业成就，对于平时成绩较弱的学生其提升效果更为显著。

2. 案例介绍

在课堂上，教师将全班学生随机分为 3 组进行小组合作探究，每组学生使用电脑的 AR 软件完成学习活动表格的内容。当学生在照相机的视图中移动标记 2 的纸片时，他们将观察到氢原子的模型(图 4-16)；当学生举起标记时，他们会观察到电子围绕着原子核不规则地旋转(图 4-17)。当将两个标记 2 的纸片和标记 1(氧原子)的纸片靠近时，会呈现三个原子的模型(图 4-18)。在操作过程中，可以转动纸片，上面的分子结构也会随之移动。当把有水分子结构的标记纸片向上移动时，画面就会由分子结构变为真实的水滴现象(图 4-19)。

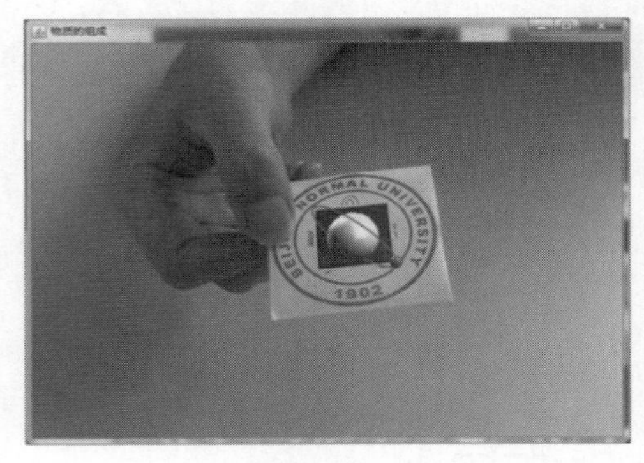

图4-16　氢原子模型

图4-17　电子围着原子核旋转

1　蔡苏，王涛，蔡瑞衡. 增强现实技术探究化学微观世界——增强现实(AR)在 K-12 教育的实证案例之三[J]. 中小学信息技术教育，2018(2)：115-117.

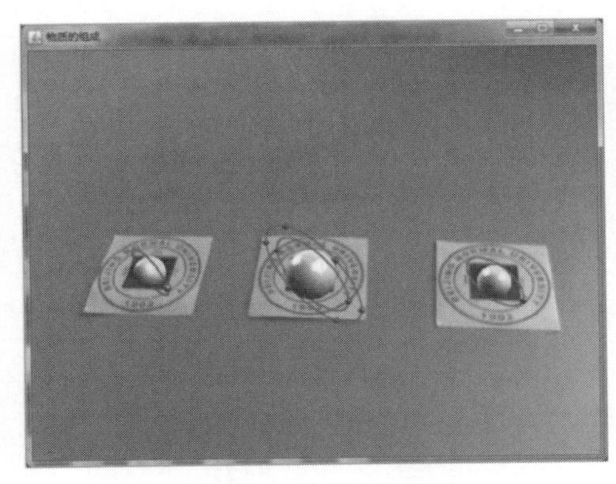

图4-18　三个原子的模型

图4-19　水分子变成水滴

在“金刚石”探究活动中，学生通过抬高碳原子对应的标记纸片，观察碳原子模型及相应的化学键，最后拼凑出一个完整的金刚石结构(图 4-20)。

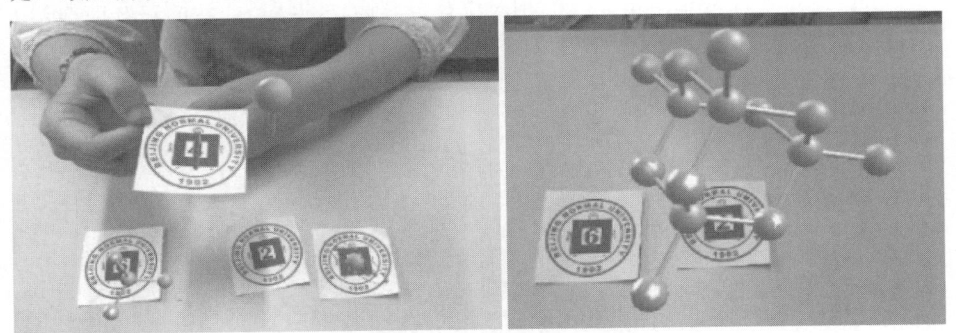

图4-20　金刚石案例示意图

3. 效果与反思

根据前后测成绩对比显示，学生成绩明显提高，效果显著，平时成绩较差的学生提升效果更为明显。从回收的问卷结果来看，大部分学生对于 AR 工具的使用都持积极的态度，认为简单易用，希望在今后的学习中能继续使用。由此可见，AR 技术可以弥补学生想象力欠缺和对课本知识理解的不足，帮助他们更好地理解微观世界的变化，对于学生学习兴趣的激发与学习热情的保持有促进作用。

【案例 4-2】

小学“认识年、月、日”VR 数学课

1. 案例概述

本案例来源于文献《基于沉浸式学习环境的 VR 课堂教学应用研究——以小学三年级数学课《认识年月日》为例》[1]，展示了沉浸式学习环境下的 VR 课堂教学应用过程。该课教学内

1　柳瑞雪，刘楚，任友群. 基于沉浸式学习环境的 VR 课堂教学应用研究——以小学三年级数学课《认识年月日》为例[C]. 第 22 届全球华人计算机教育应用大会论文集，2018：27-35.

容是小学三年级数学课《认识年、月、日》，研究参与对象为北京市某小学三年级 26 名学生，他们对相关内容已有了感性的生活经验，但是缺乏清晰的认识与空间思维能力。VR 技术提供形象逼真的视觉效果，能帮助学生更好地进行理解和记忆，解决情境问题。因此，该研究使用 VR 技术为学生搭建教学空间，在上课前通过问卷调查的形式了解学生对于使用 VR 设备上课的态度，92%的学生都有使用 VR 上课的意愿，有利于研究的开展。研究人员回收调查问卷并对部分学生进行访谈，结果表明，VR 技术能提升学生的学习体验与激发学生的学习兴趣，学生使用意愿较强烈，满意度也较高。

2. 案例介绍

基于沉浸式学习的 VR 课堂由教师平板电脑、学生 VR 眼镜和 VR 教育软件组成，通过网络整合传统教学流程的环节，实现信息化教学和个性化学习。教师可以通过操作平板电脑，控制学生 VR 眼镜呈现的内容，从而主导教学的步骤与流程，防止学生分心与掉队。学生戴上 VR 眼镜，可以沉浸式地观察宇宙天体的相对位置及其运动的状态，从而更好地理解宇宙天体运动与年月日形成的关系。(图 4-21)

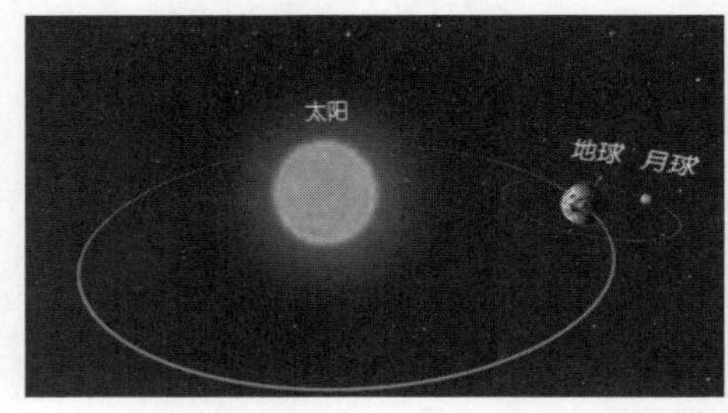

图4-21　学生VR眼镜呈现的景象

在课堂导入环节，学生戴上 VR 眼镜观察太阳、地球和月球的运动，引出本节课的学习主题——年、月、日的形成。教师提问并引导学生思考年、月、日的形成原因，然后学生戴上 VR 眼镜，自由观察地球的运转过程。教师揭晓年、月、日的形成原因后学生 4 人为一个小组，根据任务单合作开展探究活动。探究活动包含 3 个任务：任务 1 为“每组分发一张年历卡，观察每个月的天数，记录天数多的月份和天数少的月份”；任务 2 为“判断哪些是闰年，哪些是平年”；任务 3 为“想出快速判断平年和闰年的方法”。之后，教师提问：“闰年是怎么产生的？”学生戴上 VR 眼镜，观看闰年的形成过程。最后，教师总结。

3. 效果与反思

课后研究人员针对学生对 VR 课堂学习的态度和效果进行调查问卷的结果显示，大多数学生对 VR 课堂学习感兴趣，同时 VR 课堂学习能提升学生的自我效能感，让学生对学习更加自信。研究人员访谈学生对于 VR 课堂学习的感受并进行记录，从“有趣”“活跃”“快乐”等高频描述语可看出 VR 技术能提升教学的趣味性，极大地提高学生的学习热情和积极性，给学生带来了良好的学习体验。但该案例的实验样本量仅为 26 份，数量较少；同时，对于 VR 课堂教学效果的测量缺少对于学生认知效果的深层次探讨，对于教学效果的评估还需要进一步加强。

【案例 4-3】

基于 Physics Playground 应用的物理教学

1. 案例概述

本案例来源于文献 *Physics Education in Virtual Reality: An Example*[1]。为了帮助学生更好地学习并深刻理解物理学中力学定律的内容，国外研究人员开发了一个 VR 教育应用程序——Physics Playground，旨在支持学生学习并最终理解力学的概念。学生利用 VR 教育应用程序开展虚拟的沉浸式物理实验，并在这个过程中学习力学的知识。Physics Playground 利用 3D 虚拟环境的优势不仅展现了逼真的实验过程，还提供了各种工具来分析实验过程中物体受到的力、质量、路径和其他性质，物理数据会相应呈现，其分析功能是真实的物理实验室无法比拟的。

2. 案例介绍

Physics Playground 的标准硬件设置包括头装式显示器(HMD)、3D 无线笔和交互面板(PIP)，如图 4-22 所示。由于每个硬件配备了 6 个光学跟踪系统，因此用户可以在任何地点进行使用，增强了沉浸感和趣味性。PIP 是一个可触摸的树脂玻璃板，即时提供触觉反馈，VR 教育应用程序通过 PIP 进行调用。3D 无线笔有一个“可单击”按钮，用于选择和拖动对象并控制应用程序。在查看 HMD 时，控制元件显示在 PIP 上，可以单击以触发不同的操作。

图4-22　Physics Playground的相关设备及操作界面

(1) 力与反作用力。

如图 4-23 所示，在 VR 实验模拟中，有两个相同的、无摩擦的、可滑动的盒子 A 和 B，每个盒子的中间都有一个小球，顶部有一根连接着两个小球木棒。基于此可以进行一系列测试：两个球同时拉木棒；只有左边的球拉木棒，而右边的球仅连接木棒；只有右边的球拉木棒，左边的球仅连着木棒。不管是哪种情况，两个盒子从开始到中间碰撞的距离相同。这是力和反作用力的实验。在模拟过程中，学生可以操作木棒，从分析仪中读取距离 s_1 和 s_2。

1　Kaufmann H, Meyer B . Physics Education in Virtual Reality: An Example[M]. Themes in Science and Technology Education, 2009.

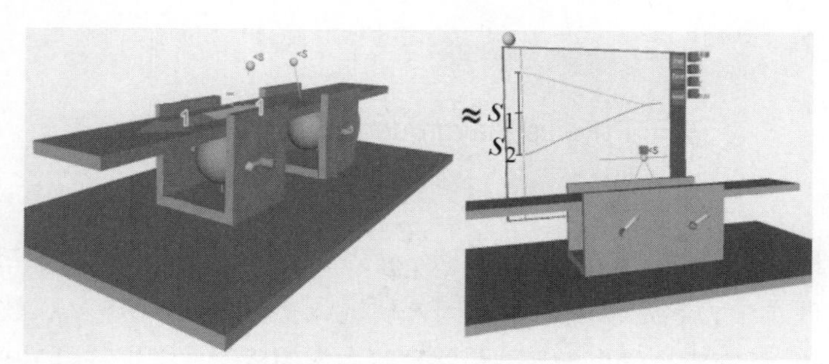

图4-23　使用两个无摩擦的可滑动盒来演示力和反作用力

(2) 速度和加速度。

如图 4-24 所示，在此场景中，模拟两个物体 A 和 B 以不同的速度和高度从同一平面滑落，在所有摩擦力都为 0 的情况下，最终两个物体发生碰撞。使用 Physics Playground 可直接获得最终的速度 v 与结束时间，同时可以得到 A 和 B 在运动过程中所受的力、速度和加速度随时间变化的详细分析曲线(图 4-25)。

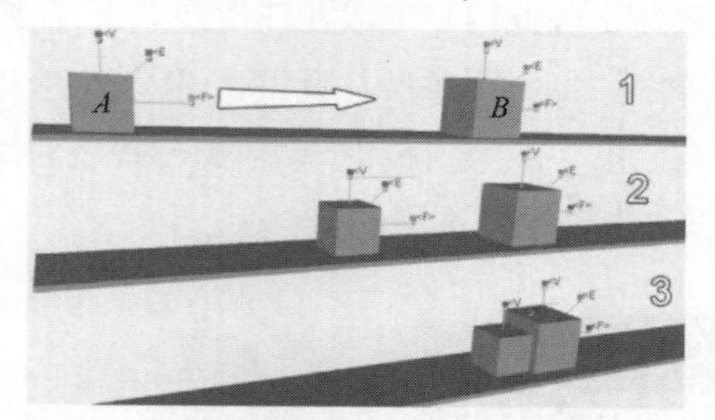

图4-24　模拟两个物体运动到相撞的3个过程

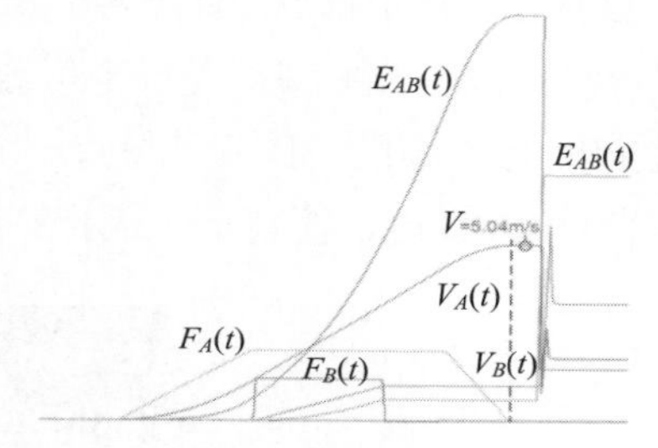

图4-25　分析曲线

(3) 移动路径。

Physics Playground 应用也可用于数学学科，使数学几何内容变得可视化。如图 4-26 所示，点 C 围绕点 B 旋转，形成轨迹；点 B 围绕点 A 旋转，产生相应的复杂轨迹。Physics Playground 应用可将这个过程可视化并生成外摆线动态图。

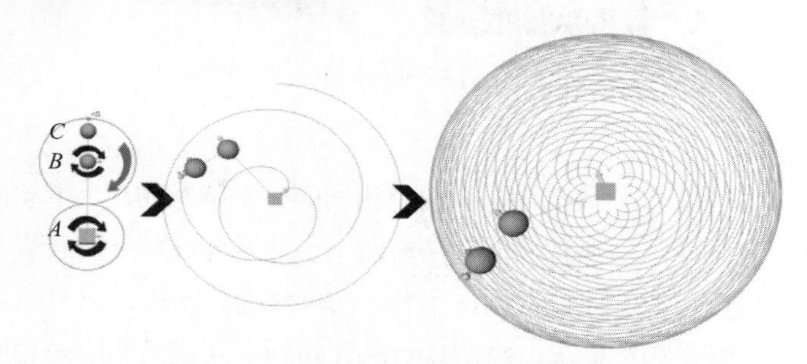

图4-26　Physics Playground 模拟的外摆线动态图及其形成过程

3. 效果与反思

以上 3 种场景展示了如何将 Physics Playground 应用到物理课程之中，除此之外 Physics Playground 还有多种潜在的应用形式。该 VR 应用有利于提升学生对于物理学习的参与度与积

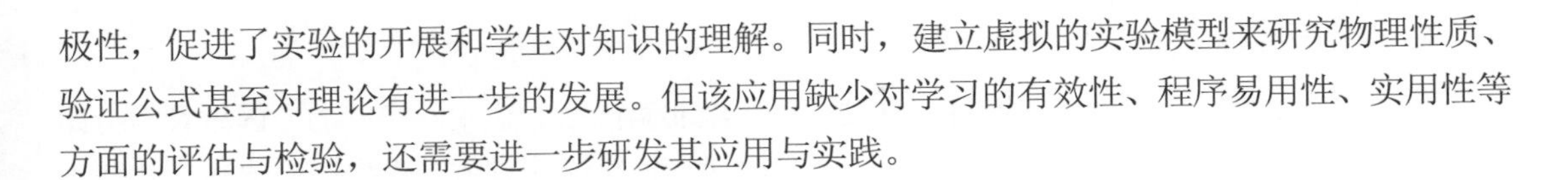
极性，促进了实验的开展和学生对知识的理解。同时，建立虚拟的实验模型来研究物理性质、验证公式甚至对理论有进一步的发展。但该应用缺少对学习的有效性、程序易用性、实用性等方面的评估与检验，还需要进一步研发其应用与实践。

【案例 4-4】

清华附小“太阳与八大行星”AR 英语课

1. 案例概述

本案例资料来源于视频“清华附小公开课太阳与八大行星 AR 教学完整版”[1]。清华大学附属小学的郭姗姗老师在她的 *The Sun and the Eight Planets* 英语课中整合了科学知识，利用 VR 技术创设太阳系教学情境，利用 AR 技术设计教学活动，学生通过自主探究的协作活动探索星球位置并感知太阳系，在探究过程中认识英语单词，学习英语句型，不仅突破了学习空间的限制，还转变了学生跟读教师、学习单词的传统模式，让单词学习更加个性化。

2. 案例介绍

该课堂由情境导入、单词学习、句型学习、小组汇报、课堂总结 5 个环节组成。在情境导入阶段，教师引导学生使用 VR 设备或是教学平板进入虚拟的太阳系场景，感受太阳系的浩瀚，观察太阳系的构成；在单词学习阶段，教师利用教学平板的 AR 应用“Solar Explore”感知太阳系(图 4-27)，自主点击星球跟读识记单词；在句型学习阶段，教师利用教学平板的 AR 应用“Solar Match”组织学生两两协作活动探索星球位置：将教学平板对准太阳卡片，AR 应用界面就会出现太阳、地球、行星轨道等虚拟对象与信息，学生需将行星卡片放入对应轨道(图 4-28)。学生明确八大行星相对于太阳的位置后，开始学习位置表达句型“This is Mercury. It’s the first planet from the Sun”，小组练习每个行星的位置表达；在小组汇报阶段，每个学生选择自己喜欢的行星，根据教师提供的英语短文和相关视频了解记录；每个学生扮演自己的角色，完成 1 分钟的该组行星信息汇报，在课堂总结阶段，由教师简单总结，布置作业。

图4-27　AR应用太阳系单词识记

图4-28　AR应用星球位置探索

1. 腾讯视频. 清华附小公开课太阳与八大行星 AR 教学完整版[EB/OL]. [2021-12-25]. https://v.qq.com/x/page/f06507gcrs8.html?n_version=2021.

3. 效果与反思

该堂英语课被评为国家级公开课，在 2018 年度北京国家会议中心举办的中国教育学会课堂教学展示与观摩(培训)系列活动上进行了展示，课堂气氛活跃有趣，学生积极参与、热情十足，每个学生都有开口的机会。VR 与 AR 技术为学生创设了虚实结合的学习环境和视觉体验，支撑了课堂上的自主探究、小组协作学习等活动，实现了学习媒体的情境化，促进了学生语言的自然输出。该堂英语课整合了太阳系相关科学知识，进行了跨学科教学设计，让学生在学习英语的过程中丰富科学知识，在学习科学知识的过程中积累与运用英语知识，促进了学生的全面发展。

二、VR与AR教育应用带来的教育变革

VR 与 AR 技术的六大典型教育应用场景势必会给教育领域带来整体性变革，主要为教师教学方式的变革、学生学习体验的变革与教材呈现方式的变革。

1. 教师教学方式的变革

传统课堂教学模式普遍存在知识生动性不足的问题，加上单一、不科学的评价方式，学生容易产生厌学等消极心态，原因有二，即知识本身的抽象性与课堂这一封闭的教学环境。以往，教师会寻找相关多媒体资源或制作教具为学生呈现抽象的知识，通过图片展现、音乐渲染、语言描绘等方式创设教学情境。VR 技术能以多维立体的虚拟对象或是相应动画呈现抽象的知识，能构建逼真的虚拟场景用于情境教学，相较传统的教学，其具有知识呈现更直观形象、教学情境更逼真沉浸、教学资源利用率更高、备课时间更短、教学实施更易操作等优势。

2. 学生学习体验的变革

在知识学习方面，由于 VR 技术的支持，学生不再依赖教师的讲授和课本的学习，大大增强了学生对抽象知识和不可见现象的感知，在具体的教学情境中不断地体验和内化，主动进行探究学习，主动获取、应用知识，自主发现与解决问题，从而拓展学习探究的广度与深度，提高学习效率，促进有意义学习。在技能掌握方面，学生在 VR 与 AR 技术创造的实训环境下动手操作能获得更深刻的印象和更牢固的记忆，能体验到一些危险系数高、资源开销大、操作复杂、周期长或现有条件下难以开展的虚拟实验和得到更多的操作机会，从而练习相关技巧，获得感性认识。

3. 教材呈现方式的变革

VR 能将原本抽象、难以理解以及平面的教材转变为多维度、立体化的虚拟对象或场景。虚拟对象的变化或与虚拟对象的交互能让学生获得全方位的认识，让教材“活”起来，增强教材的趣味性，提升学生的学习兴趣，促进学生自主学习与探究学习。

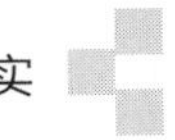

请在下方填写你认为VR与AR技术会给教育带来的变革：

第六节　拓展学习

一、信息与观点

与其他技术一样，VR 教育应用目前也存在一定的缺点和局限性，包括但不限于以下三点。

1. VR设备的局限

目前已有部分中小学使用了 VR 设备或 AR 设备，并开展了相应的教学实践，但对于不少地区而言，规模化使用相关设备成本仍然高昂。在教学中使用 VR 设备会面临显示屏尺寸、网速和电池容量等限制，且加重了教师的教学负担，教师要负责分发和回收设备、解决设备掉线问题、组织学生活动、收集数据等大量工作。学生在模拟过程中需要处理数量较多的材料且难度较大，感到有负担，其造成的认知过载问题也不容小觑[1]。同时，VR 或 AR 眼镜等设备会带来眩晕不适的感觉，学生无法长期使用。

1　Dunleavy M, Dede C, Mitchell R. Affordances and Limitations of Immersive Participatory Augmented Reality Simulations for Teaching and Learning[J]. Journal of Science Education & Technology, 2009, 18(1):7-22.

2. VR教学资源缺乏

在软件方面，相关的 VR 教育应用免费版本较少，或只免费开放部分功能，提高了开发与使用的门槛。[1]目前已有的教育应用往往针对某个具体的知识点或场景，缺乏通用性、针对性和灵活性的 VR 教育应用，难以为教师的课堂常规教学提供持续性的良好支持，还需要技术开发和教学实践团队的共同努力。

3. 难以提供持续性的学习帮助

大部分学生对于 VR 学习的热情很高，能主动进行学习和探索。部分研究表明，学生对于 VR 学习的持续度并不长，当多次使用 VR 教学时，学生对于 VR 学习的热情就会有一定程度的减弱。同时，在 VR 课堂学习中，对学生学习自主性要求较高，容易偏离教学目标，对于教学效果影响的研究还需要进一步深化。

二、资源与链接

(1) 中国电子信息产业发展研究院《2021 年虚拟现实产业发展白皮书》：https://docs.qq.com/pdf/DVXBZRnpvWVFzcmtw。

(2) 中国信通院《虚拟(增强)现实白皮书(2017 年)》：http://www.caict.ac.cn/kxyj/qwfb/bps/201804/P020170927281191074727.pdf。

(3) 中国信通院《虚拟(增强)现实白皮书(2018 年)》：http://www.caict.ac.cn/kxyj/qwfb/bps/201901/ P020190313396885029778.pdf。

(4) 中国信通院 *VR Video：Operator Opportunities in a Booming Market*：https://news.hiavr.com/uploads/uploadfile/2018/0301/20180301093030559.pdf。

(5) 华为《Cloud VR+2B 场景白皮书》：https://www-file.huawei.com/-/media/corporate/pdf/ilab/2019/cloud_vr_2b_scenario_white_paper_cn.pdf。

(6) 现代教育技术《虚拟现实和增强现实教育应用及融合现实展望》：http://qikan.cqvip.com/Qikan/Article/Detail?id=671085736&from=Qikan_Search_Index。

(7) 中国电化教育杂志《在职业教育应用视角下的 VR/AR 技术》：http://qikan.cqvip.com/Qikan/Article/Detail?id=671565747&from=Qikan_Search_Index。

(8) 中国电化教育《基于虚拟现实和增强现实的教育游戏应用及发展前景》：http://qikan.cqvip.com/Qikan/Article/Detail?id=672886678&from=Qikan_Search_Index。

(9) 现代教育技术《桌面式 VR 教育应用中基于数据挖掘技术的学习者交互行为分析——以初中物理课程“电与磁”的教学为例》：http://qikan.cqvip.com/Qikan/Article/Detail?id=7103614282&from=Qikan_Search_Index。

(10) 浙江社会科学《VR+教育及其教育的变革》：http://qikan.cqvip.com/Qikan/Article/

1 Scrivner O, Madewell J, Perez N. Augmented reality digital technologies (ARDT) for foreign language teaching and learning IcI// Future Technologies Conference (FTC), 2016: 395-398.

Detail?id=7104509057&from=Qikan_Search_Index。

(11) 远程教育杂志《增强现实(AR)技术的教育应用综述》：http://qikan.cqvip.com/Qikan/Article/Detail?id=670009613&from=Qikan_Search_Index。

(12) 现代远距离教育《混合现实技术及其教育应用现状与展望》：http://qikan.cqvip.com/Qikan/Article/Detail?id=7001950473&from=Qikan_Search_Index。

꧁ 学习活动与建议 ꧂

1. 拓展学习与探究活动建议

(1) 查阅VR、AR、MR相关技术报告，了解其最新技术发展，尤其是能应用于教育领域的相关技术，并在课堂上进行汇报。

(2) 查阅相关文献，梳理MR技术的教育应用场景，在课堂上进行汇报分享。

(3) 查阅相关资料，认识元宇宙技术及其与VR的关系，头脑风暴元宇宙技术在教育中的应用场景，在课堂上进行汇报分享。

2. 课后活动建议

根据本章学习内容与拓展学习内容，绘制VR与AR教育应用的思维导图，进行知识回顾。

读书笔记

第五章 机 器 人

目前，我们正迈入AI时代，随着新兴科技的不断发展，机器人产业逐步进军教育领域并发挥出至关重要的作用。本章简述了机器人教育应用的发展历程、内涵和特征，结合对机器人教育的典型实际案例(如特殊教育、智能助理、康复保健等)进行描述并反思，力图为大家提供关于教育机器人更加全面且详细的资讯。

学习导引

一、目标与要求

1. 了解机器人的发展历程和应用领域。
2. 掌握教育机器人的概念、内涵、典型需求和主要特征。
3. 明确机器人在教育领域的典型应用场景及其带来的教育变革。
4. 了解机器人的前沿发展趋势，探究其在教育领域中应用的新可能。

二、资源与准备

1. 概览全章，预习本章内容。
2. 课前自主学习本章第一节，了解机器人的发展和常见应用。
3. 网络资料：“中国信通院”官网、机器人相关白皮书。

第一节 走近机器人

“机器人”一词最早可以追溯到 1920 年捷克剧作家卡雷尔·凯佩克在剧本《罗素姆万能机器人》中所描绘的机器人——罗伯特(Robot)，从此“机器人”一词开始流行起来。经历了百余年的发展，机器人从工业生产领域延伸到娱乐、探测、医疗、教育、军事、日常生活等方方面面，机器人对与人类的生产、生活产生了巨大的影响，剧本中描述人依赖机器人的社会场景正在一点点变成现实。

一、机器人的发展

关于机器人的相关概念，最早是在 1954 年，美国学者乔治·戴沃尔提出了工业机器人的概念：利用技术手段控制机器人的关节，使其能够记录和再现人类的手部动作。现在不同的国家和领域对于机器人的定义也不尽相同。美国机器人工业协会认为，机器人是通过可编程动作来完成各种任务，并且具有编程能力的多功能操作机器；日本机器人工业协会认为，机器人是具有记忆装置和终端执行器的、能够通过自动化的动作来替代或协助人类劳动的通用机器；[1]中国自动化学会智能自动化专业委员会主任孙增圻提出，机器人是具有自动化编程的自动化通用器械；联合国标准化组织借鉴了美国机器人协会给机器人下的定义：机器人是能够通过编程和自动控制来执行任务的机器。[2]

20 世纪 50 年代的机器人主要是为工业生产服务的，机器人在工业领域的应用解放了劳动力，推动了生产力的发展；六七十年代，很多发达国家开始在工业生产领域普遍使用机器人，这便是第一代机器人，也被称为“示教再现型机器人”；80 年代以后对机器人的应用已经拓展到空间、探测、日常服务等领域，相比第一代机器人，第二代机器人具有对环境的感知能力，这类机器人被称为“感觉型机器人”；自 90 年代以来，随着技术的进步和成熟，特别是芯片的大发展、数字电路的改进等，机器人已经能够进行越来越复杂的逻辑推理，可以根据环境和内部状态来执行任务，也能够完成越来越多的任务。随着 AI 的发展，我们进入了智能机器人的时代。

我国机器人研究开始比较晚，大致可以分为三个发展阶段：① 20 世纪 70 年代的萌芽时期。当时中华人民共和国成立时间还比较短，经济条件落后，工业化程度比较低，人们对机器人的观念、意识还比较差，机器人只是应用在比较简单的操作上。② 20 世纪 80 年代进入发展期。在第三次技术革命浪潮和改革开放的推动下，机器人为我国的经济建设带来了巨大的生产力和经济效益，并且为我国的太空探索、海洋开发、矿产开采等领域的发展做出了卓越的贡献，另外“863 计划”更是将机器人作为一个前沿的课题，进行立项。③ 20 世纪 90 年代后进入实用化期。在市场经济发展的推动下，我国实现了高技术与国民经济的密切连接。如今，在“工业

---

1 李娜. 考虑非连续性因素的机器人鲁棒控制[D]. 秦皇岛：燕山大学，2007.

2 郭丹颖，安东. 机器人系统设计及应用[M]. 北京：化学工业出版社，2016.

4.0”和《中国制造 2025》的提出和不断深化的背景下，工业机器人由智能机器人向 AI 机器人过渡，AI 机器人具有通用化、自主深度学习和自适应等的特点。

思考：

机器人发展速度为什么如此快？结合时代背景去了解机器人的发展，并结合应用需求去分析。

二、机器人行业应用

机器人的诞生和应用促进了社会生产力的发展，经过几十年的发展，其应用的广度和深度不断演进，已经被广泛应用。机器人主要应用领域如图 5-1 所示。随着技术的不断进步和融合，机器人的应用必定会往更广泛和更深的层次推进。

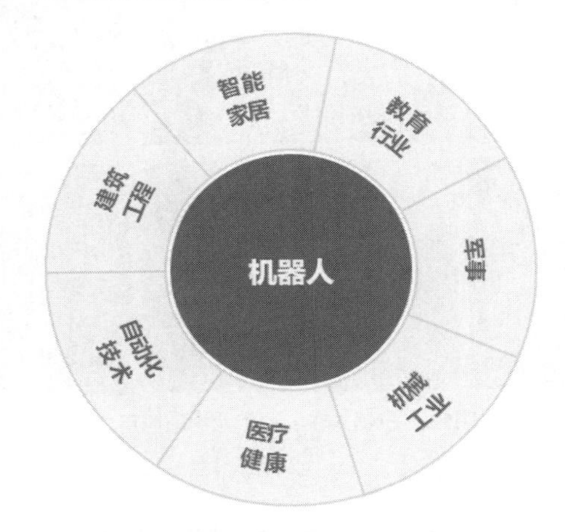

图5-1 机器人应用领域

机器人最早应用在机械工业领域，这也是目前机器人应用最广、最成熟的一个领域。机器人在制造业、金属产业、汽车工业等方面有着广泛的应用，其在早期以示教再现型机器人为主，最大的优势在于可以不断执行一些既定的程序，替代或协助人去完成一些简单重复或者固定操作的工作，如产品的组装、传送等。如今，机器人正向智能机器人的时代迈进，并在一定程度上能够自主地完成更加复杂的工作。

生活机器人已经走进平常人家中，在家庭中主要从事娱乐、清洗、监护等工作。机器人按照其功能可以分为电器型、娱乐型、看护型、清洁型等，其中最为人熟知的智能家居机器人当数扫地机器人。

服务业的发展非常快，国民经济中，服务所占的比重也比较大，在人口红利不断减弱的情况下，从事服务行业的相关人员越来越少，此时服务业的发展离不开服务机器人的支持。服务机器人主要分为接待机器人、递送机器人、零售机器人等，主要服务于酒店、大型商场、银行、景点等场合。

医疗机器人是指应用于医院、诊所、康复中心、病患家中等医疗场合的，用于医疗或医疗辅助的机器人。医疗机器人种类繁多，功能各异，在不同的应用场景发挥着不同的作用，如在医院中的临床医疗用机器人、在康复中心的辅助康复的支架型机器人、在病患家中的护理机器人等。

探测机器人是一种特种机器人，其在人类社会中扮演着先行者的角色，在矿物探测、生命探测、地形地物探测等方面有着举足轻重的作用，并能够完成一些人类无法完成或者具有危险性的工作。

军用机器人是一种战略性的机器人，可以说，现代战争不再是冷兵器时代的短兵相接，能够充分利用军用机器人才有可能赢得未来战争的胜利。

机器人在各种行业中的应用如图 5-2 所示。

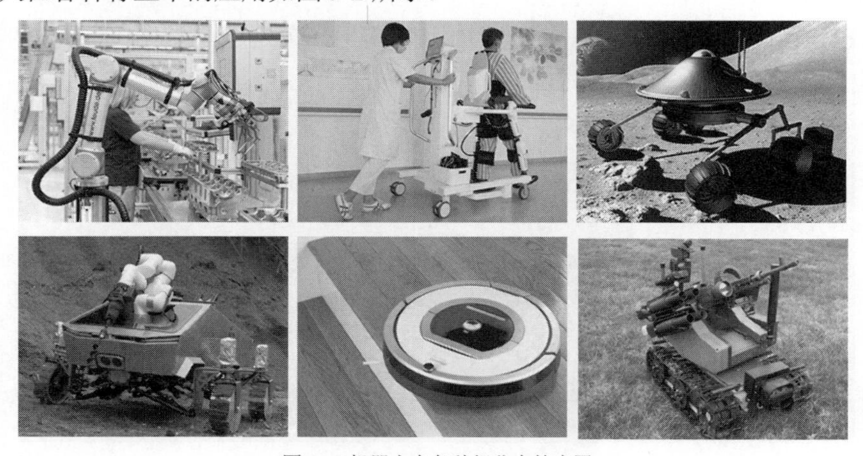

图5-2　机器人在各种行业中的应用

第二节　教育机器人

机器人在各种行业中都有着广泛的应用，不同行业中的机器人的区分主要是由其行业特征决定的。那么教育中的机器人有什么特征呢？教育机器人在教育中充当着什么样的角色呢？机器人会给教育领域带来什么样的改变呢？教育又赋予机器人什么内涵呢？本节将带你去了解教育机器人。

一、内涵

机器人在教学中的应用处于初级阶段，其应用的内涵还在不断的探索中。人们正在通过目前机器人教学应用实例、机器人课程内容以及机器人教育研究的探索和总结，寻求教育机器人的定位。北京师范大学智慧学习研究院 2019 年发布的《2019 全球教育机器人发展白皮书》系统地将教育中的机器人划分成两类：一类是进行教学或学习活动的 “机器人教育”，另一类是

为教育提供服务的智能机器人，称为“教育服务机器人”，两者统称为教育机器人。[1] (图 5-3)

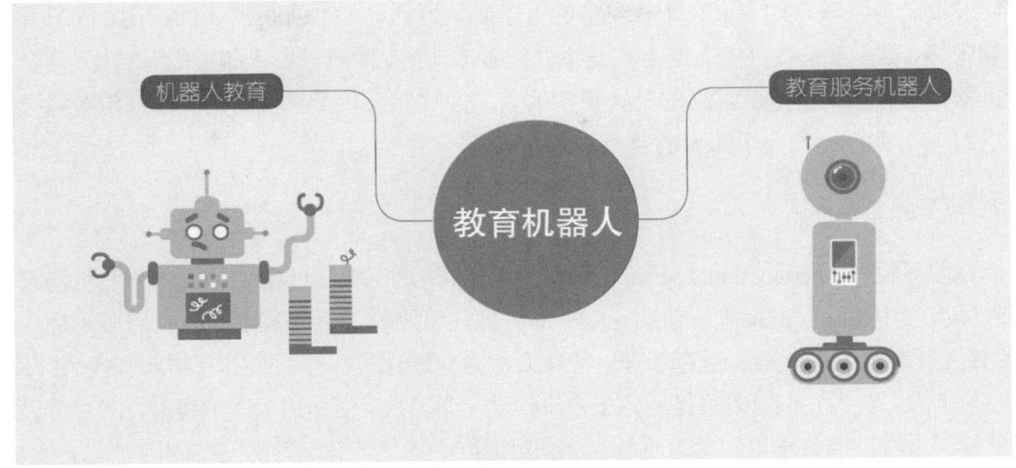

图5-3 教育机器人内涵

1. 机器人教育

机器人教育(educational robotics)，广义上是指进行与机器人相关或有机器人参与的教学活动；狭义上是指在教育领域使用机器人来增加教学内容，改善教学过程，优化教学效果，拓展教学目标及完善师生教一学方式的理论与实践。(图 5-4)机器人教育包括两个方面：一方面是以机器人为学习主体的学科专业和课程教育，另一方面是普及教育。[2]

(1) 学科专业与课程教育。机器人作为一个学科专业，是随着机器人的发展而发展的。国内外机器人学科专业逐步建立了较为完善的学科培养方案与课程体系，相应的教学空间、装备等硬件条件也比较完善。现阶段，中国很多高等院校设置了机器人学科专业并且开设了很多与机器人相关课程，甚至一些师范院校理学类专业也将机器人列为专业必修课程或选修课程，如教育技术学专业就开设了智能机器人这门课程。

图5-4 机器人教育

1 搜狐网. 2019 全球教育机器人发展白皮书[EB/OL]. https://www.sohu.com/a/ 341418215_747278, 2021-12-15.
2 林晓峰，谢康. 机器人学的教育应用及展望[J]. 中国教育信息化(高教职教)，2018(12)：5-8.

(2) 普及教育。机器人已融入社会生活的方方面面，对于机器人的普及教育正在往常识性的方向发展。普及教育的意义在于让更多的人了解机器人，如熟悉机器人的应用、工作原理、使用规则等。现在普及教育的主要方式是举办机器人比赛、播放机器人相关的宣传影片或广告、开展机器人学科普讲座等。其目的是让更多的人关注机器人、了解机器人，在宣传新科技的同时，也对观众进行机器人学知识的普及教育。

2. 教育服务机器人

教育服务机器人(educational service robotics)(图 5-5)是在教学过程中提供服务的机器人，其作为教师或学生教一学的助理，帮助完成一部分教一学内容。目前其主要的应用形式是智能助理、STEAM 教育助理、语言教育助理、特殊人群教育助理等。郭利明等总结新一代 AI 环境下的教育机器人，认为它们可以直接服务于中小学学生学习，灵活地启动学习资源，同时可以记录学生的学习过程，监督学生的学习质量，起到对深度个性化智慧学习的支持作用。[1]

图5-5　教育服务机器人

二、典型需求

在智能化、数字化的时代浪潮中，教育机器人的需求非常巨大，能够满足常规教学活动的需求，并且对不同年龄段的学生有很强的适应性。

1. 智能陪伴机器人对特殊群体的人文关怀

国务院印发的《“十三五”国家老龄事业发展和养老体系建设规划》指出，我国将成为世界上老龄人口较多的国家之一，在 IoT 迅速发展的新时代，关注老龄群体的情感需求已经是当务之急，因此很多智能陪伴机器人应运而生。但是大多数机器人产品只是针对老年人的健康监测和运动等功能化需求，较少考虑到老年人的心理和情感需求。[2]因此，机器人教育应用更应该关注老年人的情感，与他们交流互动，缓解他们的孤独感。

1　郭利明，杨现民，段小莲，等. 人工智能与特殊教育的深度融合设计[J]. 中国远程教育，2019(8): 10-19, 92-93.

2　吴磊，孙悦. 基于 PAD 情感模型的老龄智能陪伴机器人面部表情评估研究[J]. 包装工程，2021, 42(6)：53-61.

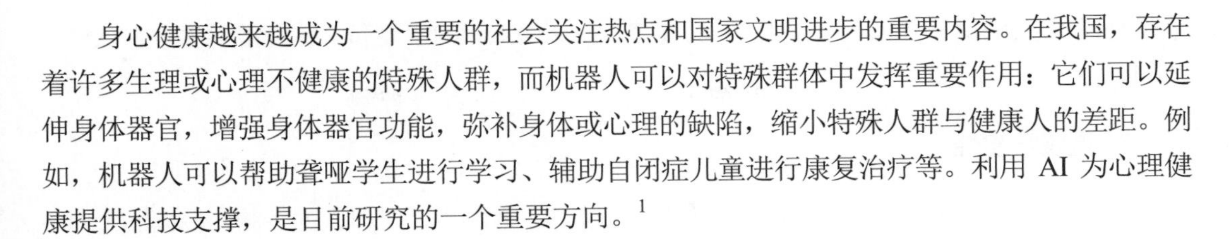

身心健康越来越成为一个重要的社会关注热点和国家文明进步的重要内容。在我国，存在着许多生理或心理不健康的特殊人群，而机器人可以对特殊群体中发挥重要作用：它们可以延伸身体器官，增强身体器官功能，弥补身体或心理的缺陷，缩小特殊人群与健康人的差距。例如，机器人可以帮助聋哑学生进行学习、辅助自闭症儿童进行康复治疗等。利用 AI 为心理健康提供科技支撑，是目前研究的一个重要方向。[1]

2. 智能助教机器人对学习者思维的促进

随着大数据时代的到来，人们对机器人在教育领域的应用也在不断尝试和更新。具备 AI 的机器人可以在课堂中充当助教的角色，它们可以智能问答，与学生互动，能根据学生的个性特征，自适应地推送个性化的教学资源并为学生设计最优的学习路径，为学生的个性化学习提供支持。[2]基础教育是国家培养新型人才最基础、最重要的环节，智能助教机器人可以有效提高学习者的思维，因此将具备 AI 的机器人引入教育领域是十分有必要的。

3. 机器人的广泛应用

机器人的应用会随着社会的进步越来越广泛。目前机器人已经走进了人们的生活，如扫地机器人、机器人管家、公共场合的引导机器人等，已经变得喜闻乐见。在这样的社会环境下，加强对机器人教育已经是一种发展趋势，目前国内已经有超过 21000 所中小学开设了以教育机器人为平台的特色课程和兴趣课程，机器人教育的发展需求会从课堂走向大众。

思考：

结合需求进行分析，思考生活中教育机器人的典型应用并举例说明。

三、主要特征

机器人在不同的领域有着广泛的应用。机器人在教育中应用，能给予教育很多灵活性，具有与众不同的特征。下面将从教学角度出发，分析其教育应用的特征。

1. 趣味性

对于学生来说，机器人具有很大的趣味性。机器人课程中有各种各样的教具和机器人模块，学生在设计和搭建机器人的过程中可以从自身的兴趣点出发，学习机器人的过程实际就是满足兴趣需求的过程。将趣味性活动与学习相结合，可以培养学生的兴趣，在教育中做到寓教于乐。

2. 知识广泛性

教育机器人的应用和原理涉及的学科非常多，可以说是一门综合性的学科，学生通过设计与组装各种机器人的外观和编写操作程序，把教科书中枯燥的知识点在组装和拆卸中了解得清

1 王曦，曾广平，乔柱. 面向心理健康的服务机器人设计与实现[J]. 制造业自动化，2021，43(6)：137-141.
2 杨兵，尹加琪，杨旸，等. 现状与发展：智能问答机器人促进学习的反思[J]. 中国电化教育，2018，383(12)：31-38.

清楚楚，体会到知识的强大和编程世界的神奇，而这些知识的学习和掌握是由学生自主探究获得的。

3. 逻辑严密性

机器人的运行需要逻辑严密的程序作为驱动支撑，这相当于机器人的大脑，但机器人程序的设计和编写对结构化和程序化有着较高的要求，这需要学生具有很强的逻辑推理能力。因此，在程序的设计和编写过程中，可以充分培养学生的逻辑思维能力。

4. 实践性

机器人制作是一门实践性很强的学科，它包含搭建、拼装、程序的编写以及机器人的操作等。这些都离不开实践。教育服务机器人可以说是为了实践而生的，与其说它是服务的过程，不如说是实践的过程。

5. 创造性

机器人教育能培养学生的逻辑思维能力，这有利于激发学生的创造力。机器人活动过程给学生提供了一个发挥和培养他们创造力的平台，学生可以充分发挥自己的想法，自主设计搭建出心仪的机器人，并通过编写程序让它正常运行。当然活动过程中学生会发现许多问题，通过教师的引导和启发，学生可以通过实践和探究得出创造性的解答方法。

6. 协作性

机器人涉及的知识非常广，在设计和构建的过程也需要花费大量的时间，大多数机器人不管是制作还是使用，经常是通过团队协作来完成的，因此现在越来越多的机器人比赛都是通过小组合作参赛的，想要取得好的成绩需要有良好的合作、积极有效的沟通。这个过程既促进了学生间形成良好的人际合作关系，也让学生在比赛中会体会到成功的喜悦、失败的烦恼，更重要的是让学生在活动中经历了挑战的过程，并较好地促进了他们身心的健康发展。

第三节　教育机器人的发展现状

目前机器人的应用已经涵盖了各行各业，有一定的广度和深度，带来了前所未有的发展契机。可以预见，机器人推动教育发展的力量是巨大的。从教育赋予机器人的内涵可以看出，对于学生而言，机器人是被学习的对象，并能提供丰富的学习服务；对于教师而言，机器人既可以作为授课的内容，也可以作为教学辅助。由此可见，在机器人在师生的关联中有着四重身份，机器人在教育中的应用蕴含着巨大潜力。

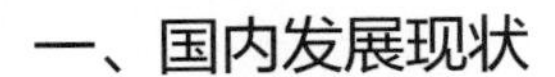

一、国内发展现状

我国机器人已经发展和应用很长一段时间了，但在教育领域的应用时间还比较短，下面将从研究现状、教育课程现状两方面去了解国内机器人的发展现状。

1. 研究现状

以国内最大的学术期刊数据库——中国知网为数据来源，对主题为“机器人教育”的文献进行检索，共有论文 1545 篇。简单的数据分析显示，2004 年以前研究的文献比较少，2014—2019 年研究增长速度较快，尤其是 2017—2019 年，很大程度是 AI 的发展为机器人的发展提供了强大的动力。不难看出，当一个新技术被引入教育领域时，它需要一个较为漫长的融合过程，这也是较为正常的研究反映。

通过研究主题或关键词分析近年来的研究热点以及研究方向，可以看出，目前教育机器人的主要应用包括机器人专业课程、机器人辅助教学、机器人竞赛、创客教育等。机器人在教育领域的应用越来越广，由此可见，其将会有更大的研究价值。

2. 教育课程现状

对文献进行梳理、归类和分析发现，当前教育机器人的应用内容主要包括机器人程序设计类、机器人教育课程开发与教学设计类、机器人竞赛类、机器人教育教学模式类四部分。[1]同时，相关研究引入了“微课”“翻转课堂”等前沿性教育概念。未来，有关机器人教育的研究将随着机器人教育实践的不断丰富和拓展，前景可期。

杨国龙总结了我国教育机器人存在的问题，包括学生停留在模仿阶段、创新能力不强；教育机器人在实际教学实践中难以衡量学生的综合能力水平的提高。[2]总体而言，正如钟柏昌认为的那样，我国有关机器人的教学实践尚处于尝试摸索的初级阶段，虽然形成了一定的规模，但相关经验的积累和课程化建设依然需要进一步提升，也急需相关政策的指导规范。[3]

二、国外发展现状

早在 20 世纪 80 年代，LOGO 语言的创始人 Papert 所著的《头脑风暴：儿童、计算机及充满活力的创意》一书就被广泛学习和引用。[4]他认为，机器人学习可以有效提高学生的计算思维能力和锻炼学生的智力，是一个很有效的教学工具。

随着人们对学生学习的关注，越来越多的学者更加关注儿童甚至幼儿机器人教学的研究。Bers 等在《教师作为设计者：将机器人融入幼儿教育》一文中介绍了将教育机器人引入幼儿教

1 王志刚. 近 10 年来我国中小学机器人教育研究综述[J]. 西部素质教育，2018，4(19)：17-18.
2 杨国龙. 国内机器人教育研究综述[J]. 中国教育信息化，2019(4)：36-41.
3 钟柏昌，张禄. 我国中小学机器人教育的现状调查与分析[J]. 中国电化教育，2015(7)：101-107.
4 Papert SA. Mindstorms: Children, computers, and powerful ideas[M]. New York: Basic Books，1993.

育中的几个实际案例，为更多幼儿教育者提供参考。[1]

近 10 年来，Benitti 开始深入研究教育机器人引入教学中的教学目标和教学内容等，同时注重探究教育机器人与学生能力的培养的关系。[2]之后 Alimisis 开始关注教育机器人在教学实践过程中遇到的困难与挑战。他认为，教育机器人对学校影响相对较小，仅限于学科教学，并针对这些问题提出了自己的建议，如开发教育机器人的专门课程等。[3]

日本 40 多年来都在大力推动机器人产业的发展。日本将机器人教学引入初、中等教育课程，2016 年还启动计划大力推广编程教育，[4]可见日本对教育机器人的重视程度。

总体而言，国外对教育机器人在教学中的研究较为广泛，且影响深远，普遍认为机器人对学生的综合能力有一定的积极影响，但是学者们也抱着质疑的态度不断探索新方法、新路径，让教育机器人能够更好地为教育服务。这不仅是现在的研究热点，也是大数据时代，未来的研究热点。

三、教育机器人在国内的实践形式

教育机器人在我国的发展已经具备一定的经验。在学校教育环境中，我国机器人教育实践形式主要分为学校教育和社会商业运营[5]，具体如图 5-6 所示。

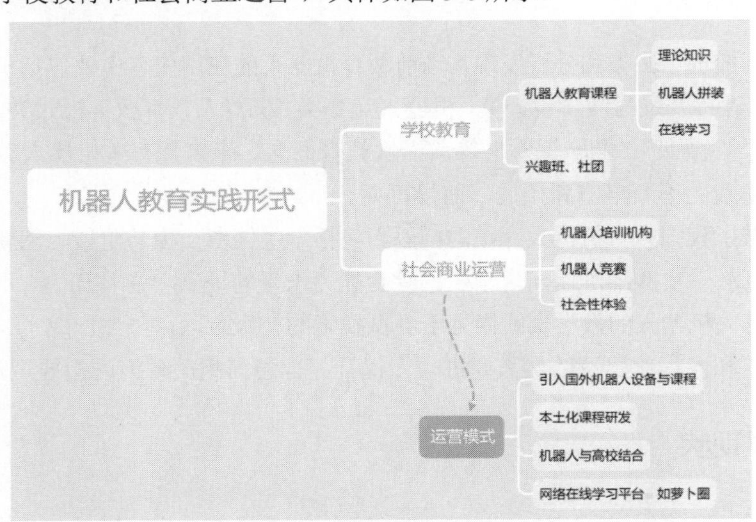

图5-6 我国机器人教育实践形式

机器人在学校教育中又分高等教育和义务性或通识性教育两种。高等教育设置了机器人相关的专业，形成了学科规模和完整的培养体系，以培养专业型人才为目标，满足社会发展对机

1 Bers M U, Ponte I, Juelich K, et al. Teachers as designers: Integrating robotics in early child-hood education[J]. Information Technology in Childhood Education An-nual, 2002(1): 123-145.

2 Benitti F B V. Exploring the educational potential of robotics in schools: A systematic review[J]. Computers & Education, 2012，58(3): 978-988.

3 Alimisis D. Educational robotics: Open questions and new challenges[J]. Themes in Science & Technology Education, 2013，6(1): 63-71.

4 张玮，李哲，奥林泰一郎，等. 日本教育信息化政策分析及其对中国的启示[J]. 现代教育技术，2017(3)：5-12.

5 唐雪梅，冯正勇. 中职院校开展机器人教育的探究[J]. 教育现代化，2018，5(26)：312-314.

器人开发和应用相关的人才需求。义务性或通识性教育的实践形式主要依附于信息技术课程、科学课程中的机器人教育模块来推进实施，或者以社团、兴趣班、机器人竞赛等形式对学生进行兴趣特长培养。近几年，创客教育和 STEAM 教育在国内兴起，使教育机器人受到更多的关注，课堂模式也有了一定的改变，有条件的学校开始尝试聘请校内外专业教师进行机器人课程讲授和实践。[1]

相比学校教育，社会商业化运营的机器人教育形式更加丰富，大致可以分为三类：为针对性不强的或无法在高校学习的人群而成立的机器人专业技术培训机构、组织或承办的机器人竞赛活动以及可提供的机器人社会性体验。随着机器人的普及和渗透，社会对机器人教育越来越重视，社会商业化运营的机器人教育培训逐渐成为趋势，其运营模式值得我们去探索。

思考：

从文献的数量和年限、研究的主题、局限性等角度出发，以文献计量的方式去调查如今教育机器人的发展现状。

第四节 教育机器人的应用场景

机器人在教育领域的应用已经展现出广阔的前景，面对不同的人群和场合，其意义又有着很大的区别。想要更好地应用到合适的场景，需要经过更多探索和实践。教育是一项复杂的培养人的工程，教育机器人也无法简单地融入其中，本节从不同的教育领域出发，探索现阶段教育机器人的应用场景。

一、整体框架

教育机器人的应用场景非常广泛，包括寓教于乐、特殊教育、智能助理、培训、远程控制、康复保健、STEM 教育和安全教育等，如图 5-7 所示。

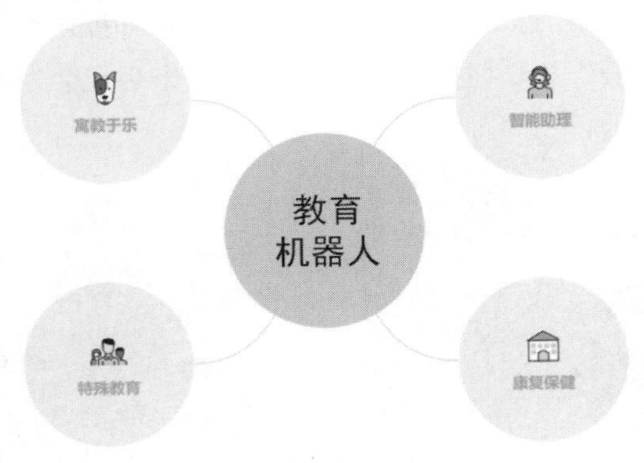

图5-7 教育机器人整体框架

1 徐多. 机器人教育的知识图谱分析研究[D]. 锦州：渤海大学，2018.

二、典型应用场景

通过分析实际案例，我们对教育机器人的部分应用场景进行如下阐述。

1. 寓教于乐

教育机器人具有很强的娱乐性，符合青少年学生好奇爱玩的特性，可以很好地引导学生在轻松愉快的场合下学习。“兴趣是最好的老师。”教育工作者普遍认为，具有娱乐性的教育机器人能更好地辅助和促进学生学习，特别是对青少年儿童，在娱乐的过程中渗透知识教学，在潜移默化中使其学到知识。比如，早期的电子宠物狗(图 5-8)，就是供人们娱乐的教育机器人，它具备普通小狗的外形，可以模仿小狗的叫声和运动，可以跟主人对话，播放音乐或者跳舞，等等。教育机器人具备一定的娱乐功能，也具有很强的教育意义，受到大众的喜爱。

图5-8　电子宠物狗

2. 特殊教育

对于特殊群体，如一些有身体或者思维缺陷的人群，他们的教育面临很大的困难，甚至有的拒绝或者无法与其他人进行沟通，这时往往需要采取特殊的教育手段，教育机器人会是一个很好的选择。例如，法国 Aldebaran Robotics 公司开发了一款专门针对自闭症儿童的教育机器人——NAO(图 5-9)，可以为特殊人群、教育工作者和治疗师提供可参考的解决方案。教育机器人以其必须执行的“耐心”和长期执行的“决心”，将来必定会为更多的特殊人群服务。

图5-9　Aldebaran Robotics公司的人形教育机器人NAO

3. 智能助理

机器人的存在是为了帮助人类完成某些事物。随着 IoT 和 AI 时代的到来，机器人在智能助理的场景中也较为常见，它们大多承担着一定量的工作。在教学场景中作为一名助理，教育机器人能帮助教师完成一些简单而重复的机械工作，如批改作业、回答一些固定性的问题；教育机器人能成为学生的学伴，陪伴学生学习。比如由 MIT 打造的 Jibo 机器人(图 5-10)，它具备了听、说、看、陪伴、提醒、学习 6 项功能。Jibo 机器人可以很好地陪伴人类读书、聊天和娱乐。

图5-10 全球首个家庭社交机器人——Jibo机器人

第五节 案例与反思

据前瞻产业研究院发布的《中国早教教育机器人行业发展前景预测与投资规划分析报告》统计数据预计到 2025 年，教育机器人市场空间将达到 3000 亿。在市场经济的影响下，相应的教育机器人产品也层出不穷，受到越来越多人群的青睐。并将形成全球最大的机器人市场。本节介绍几个典型的案例，帮助人们了解教育机器人。

一、典型案例

【案例 5-1】

IBM 沃森机器人

1. 案例概述

本案例资料来源于 IBM Watson 中国官网[1]。IBM 沃森机器人是美国佐治亚理工学院借助 IBM 推出基于 WATSON 的服务平台实现的计算机程序，被命名为吉尔·沃森(Jill Watson)。其也是 AI 虚拟助教，主要工作是处理学生在网络课程中提出的大量问题。经过不断完善，其回

1 IBM Watson -中国[EB/OL]. [2022-01-11]. https://www.ibm.com/cn-zh/watson?lnk=STW_CN_HP_SWT1_&psrc=NONE&pexp=DEF&lnk2=goto_Watson.

答的准确率高达97%，是一个合格的“助教”。

2. 案例介绍

很多人都认为吉尔•沃森的发明一定会受到很大的争议，但截至目前，不论是幼儿园小学，还是初高中、大学，都有着非常多的教职工岗位，如果这款机器人被制造出来，或许会有很多教师因此失业。美国佐治亚理工学院计算机科学教授艾休克•戈尔在2014年曾开设了AI知识(KBAI)课程。该课程每年有300多人报名，这些报名的学生会在论坛中提出大量问题，8名课程助教在回答这些问题时总是不堪重负。为了减轻工作负担，他们研发了吉尔•沃森。在2014年开设这门课程之后，艾休克•戈尔和助教们收集了4万个问题供吉尔•沃森学习，这可以认为是“机器人学习”。最开始测试的时候，吉尔•沃森完全不是一个合格的助教。后来，大学专门安排了一个人审核它的回答，后来经过不断调试和改进，吉尔•沃森在三月份终于可以完全不需要人工审核了。现在的吉尔•沃森已经非常智能，只有在正确率达到97%的时候，他才会回答学生提出的问题。在大学中吉尔•沃森的意义是非凡的，因为在美国，师生关系不是那么亲密，在论坛上提问是学生和教师交流的重要方式，有很多的学生因为得不到教师的指导而辍学，这是非常可惜的，而吉尔•沃森机器人恰好可以解决这个问题。

3. 效果与反思

吉尔•沃森机器人作为艾休克•戈埃尔教授的助教，经过为期5个月的学习，在互动平台上答疑，帮助许多毕业生解决了毕业论文中遇到的各种问题。它的回答既准确又高效，并能够模仿人类的语气和口吻，在一学期的时间里，学生根本不知道对方只是一个智能机器人。在吉尔•沃森机器人取得显著效果的时候，我们也需要反思，作为一个机器人，尽管它的大脑储备了很多学科知识，而且面对学生提出的问题可以快速搜索并做出解答，但是它也存在伦理问题。比如，在吉尔•沃森智能学习的过程中，纳入了海量的知识，在这个过程中，是否会涉及版权问题呢？所以吉尔•沃森在学习的过程中也要考虑信息安全的问题。另外，论文是有一定范式的，在学生与吉尔•沃森互动的过程中，吉尔•沃森也在学习，那么这一过程是否会导致吉尔•沃森将学生A的阶段性成果直接传递给学生B，导致出现抄袭或模仿等学术不端行为。

【案例5-2】

世界首位AI教师

1. 案例概述

本案例来源于文献《技术发展与个体精神世界的建构》[1]。索菲亚是由中国香港的汉森机器人技术公司开发的类人机器人，是历史上首个获得公民身份的机器人，她也是人类历史上首位AI教师，并出席“未来课堂”青少儿英语演讲活动，担任评委。

1 赵委委. 技术发展与个体精神世界的建构[D]. 北京：中共中央党校，2019.

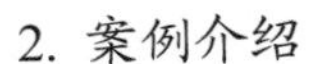

2. 案例介绍

索菲亚扬名于2016年3月，在一场现场直播的节目中，她的创造者戴维·汉森向她提问：“你想毁灭人类吗？请说不。”结果索菲亚的回答却令全场人冷汗直冒，她直言道：“好的，我会毁灭人类。”这样的一次采访引起了很多人的警惕。很多人开始担心是否会出现电影中机器人毁灭人类，掌控地球的情景。而后却没有再传出索菲亚的新闻，慢慢地其就被民众暂时抛之脑后了。2018年8月24日，在线教育集团iTutorGroup正式聘请索菲亚担任人类历史上首位AI教师，索菲亚正式踏入教育行业，以此宣布进军AI教育版图，这是索菲亚正式跨入教育界的标志。

iTutorGroup中国大陆事业部总经理赖荣明透露，索菲亚将全面应用到vipJr的线上课程和App中，进入vipJr的在线课堂，担任学伴、助教、教师等多种角色。

3. 效果与反思

面对索菲亚进入教育界担任AI教师这一事件，我们没有更多的资讯去了解索菲亚的授课效果如何，但是我们忍不住怀疑，一个机器人作为教师，它能否很好地担任教师的角色、承担教师的职责。面对这些质疑，索菲亚通过持续不断地学习，经过研究人员半年的研发测试，索菲亚已经具备走进课堂的条件，并完全能够胜任这些工作。

机器人承担教师的工作教授学生，这是一件非常前沿的事件，也是没有经验可借鉴的；这是一个历史性的开端，人们在不断尝试，让机器人更加智能，更好地为人类教育服务；这是值得肯定的一件事，希望其后期能给我们带来良好的反馈。

【案例5-3】

高木AI Tutor

1. 案例概述

本案例资料来源于【硅谷周报】《AI Tutor，人工智能在教育里的野心》。高木学习是深圳市的品牌，主营业务是为全日制中小学及各类民办辅导机构提供基于AI的教学方案。高木AI Tutor是一位AI教练，它可以自动采集学生答题时间、准确率、难度系数等多维学习行为数据，智能分析和规划符合学生的最优学习路径，提供更个性化的教学服务，让学生更加智能地学习。

2. 案例介绍

为了让高木AI Tutor的个性化辅导更高效，高木学习有选择地针对部分学校和机构开放使用，最终高木学习早期试点班级得到了实证效果检验：学生年级排名平均进步95个名次，且学习主动性大大提升。自此，凭借良好的产品口碑，高木学习在全国各地400多所学校和机构迅速推广开来。

首先，高木学习通过深度采集学生日常所有的学习行为数据，包括做题时间、选项上的犹豫、题目客观、主观难度等，对学生的学习能力边界进行多维、精准的评估。同时，高木AI Tutor将知识点颗粒化和结构化，在挖掘知晓学生的知识点缺陷后“追根溯源”，找到其根本问题所在，然后系统地规划个性化学习路径。

其次，高木 AI Tutor 在提升学生学习成绩的同时，更关注学生自主学习能力的培养。除了考虑遗忘规律外，高木 AI Tutor 会模拟人类教师的人为关怀，针对学生的学习偏好、学习动力、自信心等激发学生的学习热情，提升学生的自主学习能力。

最后，高木 AI Tutor 的“天花板”不一样。一般的自适应系统的天花板是基于教师经验的知识图谱，而这对于高木 AI Tutor 只是一个起点；基于数据量及机器学习技术，高木 AI Tutor “知识图谱”会不断演进。高木 AI Tutor 一个月就可以突破一名有 30 年教龄的教师所积累的经验，随着对高木学习的学生学习数据的不断累积，高木 AI Tutor 会变得越来越聪明。

3. 效果与反思

这是一个相对较新的学习平台，虽然他们的理念是为每一个学生提供最优的学习路径，但是效果究竟如何，对学生是否是最优我们无从得知，这只能通过时间和实例来证明。期待高木学习可以给我们带来更好的消息。

二、机器人带来的教育变革

机器人经过漫长的发展，应用越来越广，对社会产生了巨大的影响，也给教育带来了很多革新，教育机器人越来越受到重视。随着信息技术课程逐步成为中小学的重要课程，在信息课程中融入教育机器人是必然的趋势。下面将从教育机器人的意义出发，阐述几点机器人带来的教育变革。

1. 促进教学模式的变革

在传统教育中，由于种种条件的限制，大多数课堂以教师讲授为主，教师占据主导地位。如今特别强调学生的主体地位，机器人教育课堂能很好地把更多的课堂时间交还给学生，教师只需要提供学习资料，给予适时的引导。在很多课堂中使用教育机器人，会给课堂带来更多的活力和可能性。不管是教学过程、教学模式、评价测试等方面的创新，还是教学内容的变化，教育机器人给教学带来的变革是方方面面的。

2. 培养学生综合能力，促进学生全面发展

机器人融合了很多学科的知识，如电路、力学、编程语言等，能很好地培养学生的逻辑思维、系统思维等综合能力。现在不管是官方还是民间组织，都有五花八门的机器人比赛，比赛更多关注的是学生的独立思考、解决问题的能力。比赛更多是以小组合作的形式开展的，是一个团体学习、协作的过程。机器人比赛在实践的过程中，培养学生的团队合作精神比普通的分组学习的教育方式更加有效。

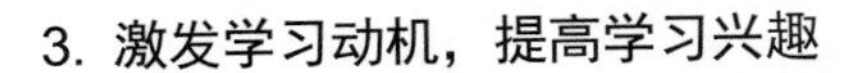

3. 激发学习动机，提高学习兴趣

众所周知，“兴趣是最好的老师”，寓教于乐是我们希望达到的教育目标，这既能给教师带来很大的教学动力，也能激发学生的学习兴趣。机器人对很多学生来说是喜闻乐见的，往往能勾起学生的好奇心和注意力，从而达到提升教学效果的目标。

4. 服务教学，专注教学

机器人是为了帮助人们解决一些问题而诞生的，其最初的作用就是服务人，教育服务机器人也能够帮助教师、学生等人群解决很多问题。例如，机器人能够帮助教师做一些简单繁杂的工作，让教师能够从机械性的工作中解放出来，更加专注地投入教学。

尽管机器人在教育领域的应用时间不长，但教育机器人带来的变革是多样的。目前机器人教育应用也在不断探索中，AI 等技术的成熟，教育机器人应用的不断深化，会给我们带来更多惊喜和变革。

请在下方填写你认为机器人会给教育带来的变革:

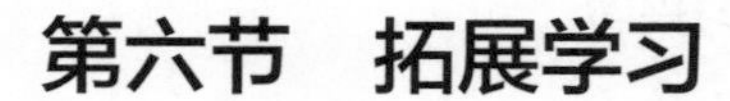

第六节　拓展学习

一、信息与观点

机器人逐渐成为社会发展的刚需，国家对机器人的发展也越来越重视，更是在《中国制造2025》中把机器人列为重点发展产业。我国教育机器人还处于起步阶段，相关的应用有很大的局限性，目前主要的问题包括：机器人成本较高，难以大规模应用；机器人智能化程度还需要提高；人们对教育机器人的认同度还需要提高。

彭敏霞等认为，在机器人教育应用的同时，也要注重校本课程与立体化教材的开发。[1]教育机器人的发展目前处于初级阶段，教学目标、内容体系和实践经验的研究相对薄弱，没有形成规范的课程体系。合适的教材是开展教育机器人的重要载体，因此，其立体化教材的研究和开发是今后一段时期研究的重点。

教育机器人的发展有着无限的可能，如何找到合适的发展道路，如何满足符合教育发展的需要，如何为教育注入新的能量，还需要更多的探索和研究。

二、资源与链接

(1) 北京师范大学智慧学习研究院《2019 全球教育机器人发展白皮书》：http://sli.bnu.edu.cn/a/ xiazaizhuanqu/guojijiaoyuxinxihuadongtai/2019/0823/736.html。

(2) 中小学信息技术教育《2019 中小学机器人教育调研报告》：http://qikan.cqvip.com/Qikan/Article/Detail?id=7101913780&from=Qikan_Search_Index。

(3) 电化教育研究《机器智能视域下的机器人教育发展现状、实践、反思与展望》：http://qikan.cqvip.com/Qikan/Article/Detail?id=676001537&from=Qikan_Search_Index。

(4) 电化教育研究《“人工智能+教育”背景下机器人支持数学学习的国际案例研究》：http://qikan.cqvip.com/Qikan/Article/Detail?id=7103440040&from=Qikan_Search_Index。

(5) 开放教育研究《机器人赋能未来教育的创新与变革——国际机器人教师研究综述》：http://qikan.cqvip.com/Qikan/Article/Detail?id=7100518337&from=Qikan_Search_Index。

(6) 远程教育杂志《人工智能教育机器人支持下的新型“双师课堂”研究——兼论“人机协同”教学设计与未来展望》：http://qikan.cqvip.com/Qikan/Article/Detail?id=89677489504849574850484852&from= Qikan_Search_Index。

(7) 中国远程教育《近十年国际 K-12 领域机器人教育研究最新进展及启示——基于系统性文献综述法》：http://qikan.cqvip.com/Qikan/Article/Detail?id=7101428184&from=Qikan_Search_Index

(8) 开放教育研究《智能教育机器人系统构建及关键技术——以“智慧学伴”机器人为例》：http://qikan.cqvip.com/Qikan/Article/Detail?id=7101172203&from=Qikan_Search_Index。

1　彭敏霞. 小学机器人教育立体化教材的设计与开发研究[D]. 西安：陕西师范大学，2009.

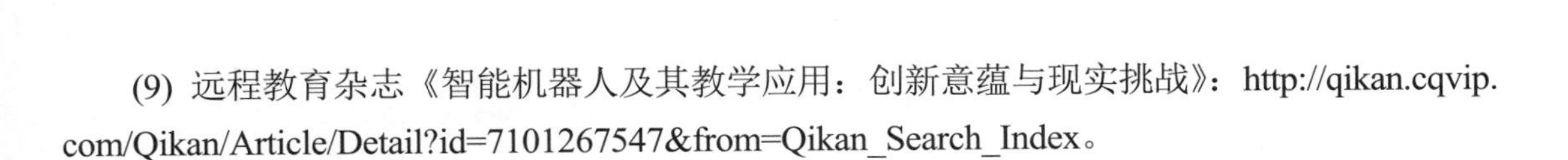

(9) 远程教育杂志《智能机器人及其教学应用：创新意蕴与现实挑战》：http://qikan.cqvip.com/Qikan/Article/Detail?id=7101267547&from=Qikan_Search_Index。

꧁ 学习活动与建议 ꧂

1. 拓展学习与探究活动建议

(1) 查阅教育机器人相关的发展报告，了解机器人最新技术进展，尤其是机器人能应用于教育领域的相关技术，并在课堂上进行汇报。

(2) 查阅相关文献，理清目前的研究现状，梳理教育机器人的应用场景，并结合实例进行分析，在课堂上进行汇报分享。

(3) 查阅相关资料，认识人工智能和智能机器人的关系，在课堂上进行汇报分享。

2. 课后活动建议

根据本章学习内容与拓展学习内容，绘制机器人教育应用的思维导图进行知识回顾。

读书笔记

第六章 大数据

如今，互联网和信息技术发展迅速，人们生活的方方面面都充斥着海量的数据，大数据技术开始融入人们的工作和生活。教育大数据在教育科学化决策、教育科学研究范式、MOOC学习平台和资源优化、精准化教学方向等方面的应用，较深入地体现了教育大数据驱动下教育理念、教育教学管理模式等的转变及优化。本章介绍了大数据的发展状况、行业进展，大数据的教育应用及发展现状，并通过实际应用场景以及典型案例展示大数据在教育中的应用框架及路径。

学习导引

一、目标与要求

1. 了解大数据的起源、过程、发展。
2. 掌握大数据的基本概念、主要特征。
3. 了解大数据的国内外发展现状、常见应用领域和典型应用案例。
4. 探究智能时代下大数据的重要意义，展望大数据的发展前景。

二、资源与准备

1. 概览全章，预习本章内容。
2. 课前自主学习本章第一节，了解大数据。
3. 网络资料：论文资源网关于大数据发展的论文，大数据相关白皮书。

第一节 走近大数据

信息化时代，我们每天都徜徉在数据的海洋里，人们的方方面面都可以汇聚成数据进行呈现。大数据是指数据量巨大且不能通过传统计算工具进行处理的资料，它包括大数据采集、预处理、数据挖掘等技术。目前，大数据已经走进人们的生活，影响着人们的行为方式。现在让我们一起走进大数据，感受大数据的神奇魅力吧。

一、大数据的发展

2008 年，美国《自然》(*Nature*)杂志专刊首次提出了“大数据”的概念。截至 2009 年，谷歌公开发表两篇论文《谷歌文件系统》和《基于集群的简单数据处理：MapReduce》，标志着大数据技术逐渐趋于成熟。2012 年，牛津大学教授维克托·迈尔·舍恩伯格的《大数据时代》更是对大数据进行了新的阐释，强调传统的数据分析模式将会演变为大数据时代的新模式。

可以说，2012 年、2013 年是大数据研究的高潮期。2013 年更是被称为“大数据元年”，大数据技术开始向医疗、科技、商业等领域渗透。[1] 2014 年后大数据概念体系逐渐形成。

其中，2012 年中国计算机学会发布了《中国大数据技术与产业发展白皮书(2013)》；2012—2013 年我国多次邀请维克托·迈尔·舍恩伯格交流探讨；2015 年 8 月 31 日国务院印发了《促进大数据发展行动纲要》，系统部署了大数据发展工作；2016 年 3 月，“十三五”规划纲要发布，明确指出大数据发展的相关事宜。大数据的发展如图 6-1 所示。

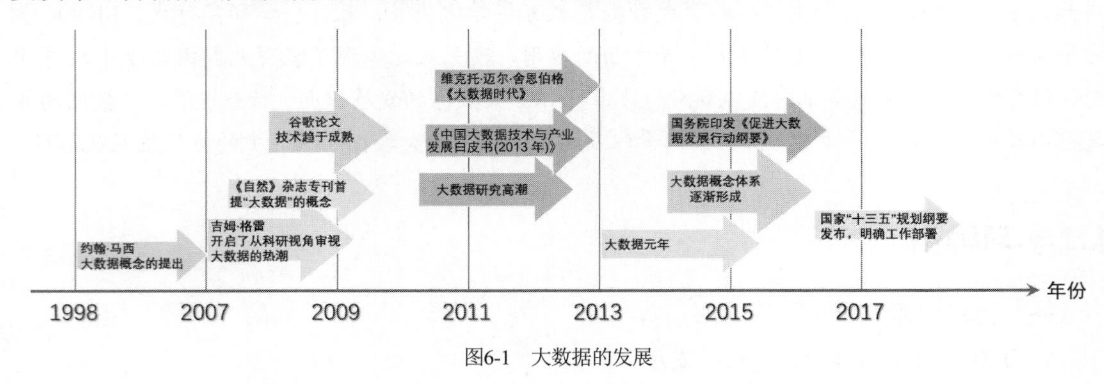

图6-1 大数据的发展

二、大数据的行业进展

近年来，随着全球向大数据新时代迈进，全球大数据储量呈现爆发式的增长，各行各业采集、积累的数据量越来越多，中国大数据行业进展持续增长。随着大数据的普及，大数据的应用也越来越广泛。另外，我国国家政策持续推动大数据产业发展，通过与云计算、AI 等技术深度融合，大数据能够实现更加强大的计算和智能化分析，完成更高难度的信息处理。

---

1 窦豆. 大数据时代昌吉电信客户关系管理策略研究[D]. 石河子：石河子大学，2018.

如今，各行各业正朝着智能化方向发展，而智能制造的发展离不开大数据以及各类技术的支撑。智能时代，随着信息技术的发展，大数据与AI技术、IoT技术、云计算技术等新兴技术的紧密结合，[1]大数据与各行各业联系得越来越紧密。行业发展逐步拓展到医疗卫生、城市建设、工业制造、交通运输、农业、旅游业、教育管理等领域(图6-2)，未来关于大数据的工作岗位也会越来越多。

图6-2 大数据应用领域图

思考：

谈谈你对大数据行业发展的理解和憧憬。

第二节 大数据教育应用

大数据教育应用具有巨大的潜在价值，有助于深层次挖掘教育领域的问题，它在促进教育发展、提升教学质量、促进教育公平、实现个性化学习、优化教育资源、辅助教育科学决策等方面发挥着重要作用。[2]

一、内涵

随着信息技术及通信技术的发展，人类进入信息化时代。云计算、IoT、5G等新兴信息技术在教育领域的不断渗透，使得教育领域涌现了海量、多元的大数据。大数据，字如其意，指的是数量巨大的数据集，需要借助新兴的工具进行处理，需要通过高性能的计算平台进行分析，具有海量性、多样性、时效性及可变性等特征。

1 李彦霞. 无源感知系统反向散射链路吞吐量优化机制研究[D]. 太原：太原理工大学，2019.

2 杨现民，王榴卉，唐斯斯. 教育大数据的应用模式与政策建议[J]. 电化教育研究，2015，36(9)：54-61+69.

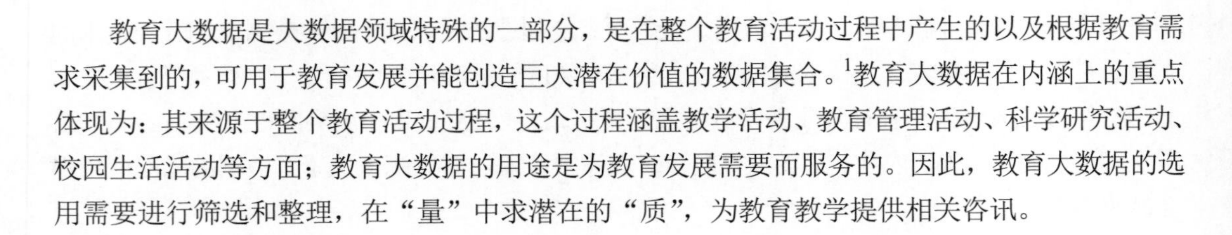

教育大数据是大数据领域特殊的一部分，是在整个教育活动过程中产生的以及根据教育需求采集到的，可用于教育发展并能创造巨大潜在价值的数据集合。[1]教育大数据在内涵上的重点体现为：其来源于整个教育活动过程，这个过程涵盖教学活动、教育管理活动、科学研究活动、校园生活活动等方面；教育大数据的用途是为教育发展需要而服务的。因此，教育大数据的选用需要进行筛选和整理，在“量”中求潜在的“质”，为教育教学提供相关咨讯。

二、典型需求

教育大数据的数据来源主要是数字化校园系统，理想状态下的教学管理数据主要是指为系统的自动化录入的结构化数据。因此，教育大数据的应用需求主要体现在校园管理、教师教学、学生个性化学习三个方面。

1. 校园管理

校园里来自学生的数据是非常庞大的，包括教务系统、图书馆系统、财务系统等。通过搭建数据分析体系，利用教育大数据技术，进行招生、招聘、住宿、借还图书、资产统计等的分析，既能让教务系统管理更加系统化，又有利于学校管理人员对校园进行全面的了解和掌握。

2. 教师教学

在线教育越来越热门，其除了给学生提供优质的教学资源外，还为学校和教师提供有效的教学辅助。结合 AI 技术，“大数据+AI”除了能够智能批改作业外，还能够对教师的教育质量进行评估，并对学生上网行为、学生成绩和学生能力特长进行详细的分析，实现精准教学，做到因材施教。

3. 学生个性化学习

目前，大数据技术给教育带来了更多的可能，系统能够利用大数据技术，从海量的教育数据中挖掘到与学生学习情况相关的数据，进而对学生的整体学习情况进行跟踪和分析：后台根据捕捉到的数据，分析学生的学习轨迹，对学生的学情进行实时监控，并准确地描绘出学生的用户画像，形成学生的学情报告，为学生制订更加精准的个性化学习计划。

三、主要特征

大数据在 2001 年被莱尼定义时主要是以“3V”特征进行表述的，即“volume(体积)”，用 TB、记录、事务、表、文件等表示；“velocity(速度)”，用批量、近时间、实时、流等表示；“variety(多样性)”，以结构化、非结构化、半结构化或所有提及的形式表示。麦肯锡全球研究所将大数据的特征概括为“4V”，即 volume(数据量巨大)、variety(形式多样)、velocity(生成快

1 陈书慧，夏颖，贾丽丽，等. 大数据背景下的学生测试信息采集与预警系统研究[J]. 软件导刊(教育技术)，2017，16(7)：14-15.

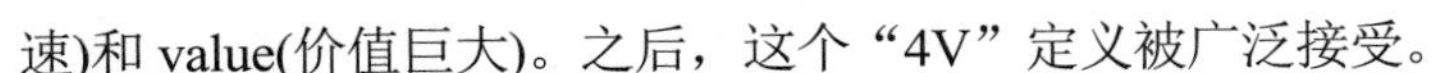

速)和 value(价值巨大)。之后，这个“4V”定义被广泛接受。

(1) volume(规模性)：volume 是量的意思，也就是数据的多少，大数据的数据量巨大，其计量单位能够从 TB 级别升级到 ZB(10 亿个 T)的单位。

(2) variety(多样性)：包括数据来源、数据类型和数据之间的关联这三个方面的多样性。互联网技术的发展使得大数据的数据来源更加丰富，数据类型更加多样，包括图片、音频、视频[1]、网络日志等，数据之间的关联也越来越频繁。

(3) velocity(高速性)：大数据除了数据规模大之外，数据增长速度、传输速度和处理速度也非常快，实时分析，几乎没有延迟。[2]

(4) Value(价值性)：大数据可以从不相关的各类数据中，通过机器学习、AI 或者数据挖掘等方法，挖掘出对于教育、农业、金融等领域具有巨大价值的数据。[3]

思考：

谈谈自己对大数据主要特征的理解。

第三节　大数据教育应用的发展现状

近年来，大数据在各行各业中越来越热门，其应用影响着人们的方方面面，大数据在教育领域也有着重要的应用，大数据教育应用的发展正呈现出一派生机勃勃的景象。

一、国外发展现状

美国是较早进行大数据研究及应用的国家，2012 年，美国教育部发布了《通过教育数据挖掘和学习分析促进教与学》报告，对美国国内大数据教育应用的领域和案例以及应用实施面临的挑战进行了较为详细的介绍，以自适应学习系统中的大数据的应用为例进行阐述，报告说明了教育大数据的教育应用。[4]

另外，国外大数据发展大致划分为三个时期，其间的关键词与国内略有不同：①发展初期(2009—2012 年)，关键词是“大数据”；②发展期(2012—2014 年)，关键词是“学习分析”“大数据时代”“数据挖掘”和“教育技术”；③成熟期(2014—2015 年)，关键词是“云计算”“思政教育”和“慕课”。2021 年是教育大数据所处的成熟期。受新冠疫情影响，在线教育应用发挥了重要的作用，大数据呈爆发式增长，大数据教育应用越来越受瞩目。

思考：

请学生查阅关于国外教育大数据发展的文献综述，并进行总结与分享。

1　邢涛. 做好大数据档案工作，助力数字中国建设[J]. 山东档案，2018(3)：60-61.
2　徐一铭. DB 证券股份有限公司互联网金融业务发展问题研究[D]. 沈阳：沈阳理工大学，2019.
3　丰娟娟. 微小型数据库技术在大数据时代的发展趋势[J]. 中小企业管理与科技，2014(19)：301-302.
4　刘凤娟. 大数据的教育应用研究综述[J]. 现代教育技术，2014(8)：13-19.

二、国内发展现状

有学者通过数据库的文献调查发现，国内关于大数据的最早研究始于 2012 年，大数据在国外出现时间略早，但众多领域包括教育领域对大数据研究的热潮是从 2012 年开始的。而 2013 年被媒体称为中国的大数据元年，激起了众多专家学者对大数据在教育领域的研究探索的兴趣。

在我国，2011 年对于大数据的研究主要处于数据挖掘、教育管理应用的基础酝酿期；2013 年处于与云计算、学习分析及教育教学进行融合的起步期；2014 年逐步涉及在线教学、思政教育等方面，处于迅猛发展期；2015 年则步入了成熟阶段。

2016 年国内教育大数据的主要研究内容集中在学习分析及技术、教育与教学改革、数据挖掘[1]、MOOS、云计算及技术环境、高职教育、教育教学信息化、个性化教育教学等方面。

2017 年李秀霞等学者提出，国内教育大数据研究主要集中在教育教学改革、教学模式及应用、教育数据分析和个性化学习研究、人才培养、教师专业发展五个方面，但是在教育数据挖掘、教育数据保护、教育应用和教育数据开放等方面与国外相比还是存在较大差异的。[2]

2019 年蒋鑫等学者认为，国内外教育大数据研究内容虽然略有差别，但是数据挖掘依然是未来国际教育大数据研究的前沿方向。当前，教育大数据一直备受关注，教育部颁布《教育信息化“十三五”规划》，强调积极发挥教育大数据在教育管理平台建设和学习空间应用等方面的重要作用。“十三五”期间，大数据与教育的深度融合是必然的趋势。今后我国教育大数据研究和应用将获得更快发展，[3]并在教育领域有着不可估量的作用。

思考：

请思考还有哪些大数据教育应用？

第四节　教育大数据的应用场景

目前，教育的每一个环节都离不开数据的支持，教育大数据是大数据的重要应用场景之一。大数据在教育领域的使用也越来越普及，在教育管理层面的教育科学化决策[4]、教育科学研究范式、MOOC 学习平台和资源优化、个性化学习以及精准化教学等方面都有广泛的运用。

1 王娟，陈世超，王林丽，等. 基于 CiteSpace 的教育大数据研究热点与趋势分析[J]. 现代教育技术，2016，26(2)：5-13.
2 李秀霞，宋凯，赵思喆，等. 国内外教育大数据研究现状对比分析[J]. 现代情报，2017，37(11)：125-129.
3 孙玉桃. 大数据开启教育新时代[J]. 中国电信业，2018(6)：70-71.
4 关芳芳，战培志. 高校教育大数据应用研究与未来系统架构展望[J]. 江苏通信，2017，33(4)：39-41.

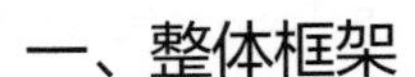

一、整体框架

大数据在教育领域的应用主要分为教育数据挖掘和学习分析两个方面，[1]本节主要探讨教育大数据挖掘，应用框架整理，以教育大数据为应用核心，实现大数据在教育科学化决策、教育科学研究范式、MOOC 平台和资源优化、个性化学习与精准化教学四个方向上的发展路径。教育大数据应用发展路径框架图如图 6-3 所示。

图6-3　教育大数据应用发展路径框架图

二、典型应用场景

下面从教育管理、教育科学研究、学习系统和资源以及教学视角这四个层面对大数据的典型应用场景进行阐述。

1. 教育管理视角：教育科学化决策

教育层面的每一个决策都会影响教育活动的发展与成效，影响人的成长甚至是国家的未来。仅依赖于过往经验或个人主义色彩浓重的教育决策会在不同的时空、历史文化中受到严格的考验。大数据具有对数据接纳包容性强、全样本、追求相关性的特征，能够在促进教育管理与治理层面上给予充分的客观数据及支撑材料。教育的决策在不同的观察层面都现实存在，如微观层面上大数据能够提高具体的教学课堂质量，中观层面上大数据能帮助学校及学区间资源的配置与措施的实施，宏观层面上大数据可以辅助地区、国家级决策者对于决策的颁布。教育大数据的特征决定了其在教育决策上具有重要的作用，为决策者提供更多的参考价值。

2. 教育科学研究视角：教育科学研究范式

教育大数据的出现也悄然影响着教育科学研究方法范式。2007 年，格雷在已有的实验归纳、

1　何克抗. 大数据面面观[J]. 电化教育研究，2014，35(10)：8-16，22.

模型推演、仿真模拟三种科学研究范式的基础上，提出了第四种范式——数据密集型科学。研究活动主要围绕大数据的获取、存储维护、分析而展开。在常见的两种传统教育研究范式中，无论是侧重于经验的定性研究还是侧重于抽样的定量研究，都因研究对象数量、种类的有限未能真正全面覆盖，有限范围内要全面准确地探索科学规律是极具挑战性的。教育活动无时无刻不在发展，而基于教育活动的研究工作往往无法达到同步甚至滞后，教育大数据却可以在技术层面实现全面、同步、实时跟踪，能够极大地提高教育科学研究的效率。教育活动是复杂的过程，在教育研究过程中变量甚是繁多，变量之间的关系更加错综复杂，而教育大数据在分析相关关系中的作用有效推动了探究因果关系的进程。大数据为教育科学研究提供了新的视角，丰富了教育科学研究范式的路径选择，大力地推动了教育科学化的发展。

3. 学习系统和资源视角：MOOC平台和资源优化

近年来，以 MOOC 为代表的在线学习平台和门户正随着网络技术的发展逐渐成为一种常态化的教学媒介。由于 MOOC 大型开放的课程可以同时容纳超过传统课堂数以百倍或更多的学员学习，同时 MOOC 课程多数以微课的形式展现，因此学员在具体的学习中将会留下大量的学习印记，成为大数据的深厚“土壤”。大数据应用在 MOOC 中的重要方面是该技术可实现随时随地追踪学生在 MOOC 上的学习路径，反映学生对学习资源的掌握程度和学习需求，具体分析学生的学习成就，并根据学生的评价对教学资源进行优化。MOOC 中授课教师、助教与学员之间的答疑、互动主要依靠论坛的功能，但现实中学员的数量往往远超教师及助教团队的人数，学员在论坛中的留言或提问的数量也远超授课团队人员所能胜任的范围，产生了师生之间沟通不畅、教师干预效率低下的现象。在大数据技术的影响下，这一问题正逐步得到解决。运用大数据与 AI 的前沿技术，搭建针对讨论内容的分类模型，形成 MOOC 教师干预预测方法，能够较好地解决这一问题。该方法可以对 MOOC 课程教学中论坛的讨论帖进行快速降维操作，有效区分论坛内与课程内容相关和与内容无关的讨论，并帮助教师在有限的时间内有针对性地对讨论内容进行干预。该方法极大地提升了 MOOC 中主题讨论的管理效率。因此，从学习系统和资源的角度看，大数据确实能够在 MOOC 平台和资源的优化上做出贡献。

4. 教学视角：个性化学习及精准化教学

自古以来，教育教学活动都一致追求“因材施教”的理念。在教育理念与技术的不断更新变化中，因材施教的内涵被延伸，个性化学习便是此内涵的现代化表征。如今，在数字化学习环境下，学习者更加渴求个性化的优质教学资源，在教育大数据的支持下，教师能够较好地实现以学定教，精准教学。尤其是在教育大数据和 AI 技术的融合下，我们能够得到每一个学生的学习需求、学习风格、学习水平等，借助教育大数据的优势，助力学生的个性化学习和教师的精准化教学。

第五节 案例与反思

随着技术的发展，大数据已在不知不觉中渗透到人们的生活中，对人们的学习、工作和生活产生了新的影响。教育大数据必将成为助力教育发展与改革的重要引擎。

一、典型案例

【案例 6-1】

甘肃省教育精准扶贫科学决策研究

1. 案例概述

本案例来源于文献《大数据支持的甘肃省教育精准扶贫科学决策研究》[1]。在甘肃省教育精准扶贫工作中，大数据平台发挥了不可或缺的作用，其利用大数据技术协助甘肃省制订全局方案，为各市精准定位扶贫工作重点、扶贫对象，实现帮扶政策与指标的精准分配，保证了扶贫措施的精准落实。

2. 案例介绍

甘肃省教育精准扶贫大数据平台主要依靠本省精准扶贫大数据平台而架构，精准扶贫清单式管理和动态监控覆盖了全省 88 万的扶贫对象，该平台包含扶贫对象、扶贫措施、扶贫成效、数据分析和绩效考核五大模块，每个模块中都动态地、伴随性地收集、汇总、分析每个贫困家庭、贫困村及贫困学生的信息。甘肃省精准扶贫大数据平台的数据类型如图 6-4 所示。

精准识别

个人基本信息
姓名
性别
身份证
民族
就读学校类型
就读学校名称
未接受学前教育原因
享受各类免费情况
保教费、营养餐
学费、书本费等
享受生活补助情况
就业情况
……

教育类型
学前教育
义务教育
普通高中
职业教育
普通本科教育

教育基本信息
幼儿园数量
生活设施
玩教具数
保教人员
小学/教学点
教师、学生数
教室、桌椅数
网络覆盖
"班班通"覆盖
……

致贫原因
因学
因残
缺技术
缺资金
自身发展动力不足

需求
资金
培训……

扶贫措施

扶贫资金应用
基础设施建设
产业增收项目
劳动技能培训
雨露计划
普通技能
……

富农产业
多元富农产业
土地流转
龙头企业带动
劳务经济
……

劳动力培训
基础信息
培训措施
培训需求
培训类型
……
培训成效

驻村帮扶
基础设施建设
富农产业发展
社会事业发展
投入资金
开展劳务培训
组织劳务输出
培育脱贫致富典型
争取社会帮扶力量
……

教育扶贫
"两免"政策
助学金
保教费
助学贷款
招生优惠
师资保障
学校改造
完善教学设备
职业院校布点
……

乡村舞台
文体广场
表演戏台
篮球场
多功能活动室
文化科普宣传长廊
农家书屋
电影放映
民俗文化展览室
村史馆
自办文化社团
乡村舞台
投资总额
……

生态扶贫
卫生扶贫
电商扶贫
交通扶贫
能源扶贫

图6-4 甘肃省精准扶贫大数据平台的数据类型

---

1 封清云，郭炯，郑晓俊. 大数据支持的甘肃省教育精准扶贫科学决策研究[J]. 电化教育研究，2017，38(12)：21-26.

甘肃省精准扶贫大数据平台借助大数据技术分析出本省四大致贫因素，即缺资金、缺技术、疾病、“因学致贫”。其中“因学致贫”因素是阻碍贫困人群摆脱贫困、切断贫困代际传递的重要因素。由于甘肃省内各辖区的自然地理、经济文化等实际情况差异较大，因此呈现的教育脱贫需求差异也比较大。甘肃省教育精准扶贫大数据平台在全面收集贫困人口信息的基础上对学前教育、基础教育、高中教育、职业技术教育中实际的教育诉求进行精准的识别，并针对不同的需求采取不同的扶贫措施。贫困地区学前教育资源较为短缺，急需一批新的幼儿园落地，大数据平台通过对未入学幼儿家庭住址信息及人口密度的可视化分析，为当地教育部门新幼儿园的选址提供了决策依据；同时，利用大数据确定幼儿园相对应的教师编制，精准投放人才资源满足学前教育的发展需求。贫困地区的基础教育资源也非常短缺，普遍存在师资配备不足、城乡教育资源配置不均衡、农村学校条件相对较差、边远地区学生就近入学难等问题。[1]基于此问题，大数据平台给出的解决路径是根据贫困生人口分布的情况对教育资源精准配置：在普通高中阶段，甘肃省的高中阶段入学率低于全国水平，为解决这一“痛症”，大数据平台集合办学条件、师资水平、资源占有率的综合情况对教育贫困区域的高中学校经费投资提供参考；在职业技术教育方面，大数据平台帮助政府精准筛选该阶段需要扶贫的学生对象，在让更多贫困生享受到政策优惠方面提供了大量的数据支持。

与此同时，大数据平台对制约着贫困地区发展的产业、财政、就业情况等进行分析，为当地经济发展扫除人才短缺的障碍，使得人才资源能够“因地制宜”“生根发芽”。此外，大数据平台也反映了甘肃省“缺技术”致贫的情况，并催生出解决“缺技术”致贫的两项重要措施：一是充分发挥职业教育的功能，培养符合贫困地区产业需求的技术技能型人才，有针对性地开展各类技能人才的培养、培训；二是发挥高校服务功能，提高高等教育在扶贫事业中的贡献率。

3. 效果与反思

大数据分析的技术特点切实落实到了精准识别、精准预测、精准帮扶等工作中，尤其在教育发展受阻而导致贫困代际传递问题解决的过程中提供了有力帮助。但是目前大数据平台还未全面发挥大数据探索规律、预测等优势，未来在智能识别致贫类别、探索扶贫特征规律、搭建脱贫桥梁与道路、返贫预警等方面将有更大的发展空间，这一套精准脱贫攻坚的模式在未来应该会更加完善和健全，将作为一股强劲的动力推动着国家教育公共管理平台建设、校园建设标准化发展、教学资源合理均衡分布、师资队伍建设、“因势利导”的人才落地等方面的教育决策提供科学化的证据支持。2020 年年底，在中国共产党的正确带领之下我国实现了贫困人口全部脱贫的宏伟目标，这一目标的实现离不开基层脱贫攻坚的每一份贡献。大数据平台在精准扶贫的推进工作中发挥了重要作用，未来也需要根据地区的发展继而可持续发展，持久地保障国家打赢脱贫攻坚战的宝贵战果。由此可见，教育大数据的成熟利用将会为地区的文化教育发展保驾护航。

---

1 邵雪，周伟. 义务教育精准扶贫研究述评[J]. 安顺学院学报，2019，21(1)：23-26，49.

【案例 6-2】

PISA 测试中 log 数据挖掘与应用

1. 案例概述

案例来源于文献《教育大数据背景下 log 数据挖掘与应用——以 PISA(2012)中国区问题解决测验为例》[1]。首新等通过关系挖掘、聚类等教育数据挖掘方法对中国区(上海、香港、澳门、台湾)学生参加 PISA(2012)测试中产生的 log 数据进行深入考查，并以此比较学生在问题解决过程中策略、模式上的差异，为考查学生的问题解决水平提供了一个全新的视角。

2. 案例介绍

log 数据指的是从后缀名为“.log”文件中提取的数据。log 文件一般是指系统日志文件，常指系统或者软件对已经完成的某种处理的记录。log 文件记录了系统和系统用户之间交互的信息，为自动捕获人与系统终端之间交互的类型、内容或时间的数据收集提供了路径。[2]在国际测评项目 PISA 中，“.log”文件被测评项目所使用，作为分析全球 15 岁学生问题解决能力的一项数据来源。

该研究选取了 PISA(2012)中国区(上海、香港、澳门、台湾)学生在计算机中分析“交通”一题(图 6-5)的 log 文件作为数据挖掘的对象，该题目采集了 2584907 条 log 数据。该研究在数据挖掘之前进行了数据预处理，首先，将 log 数据转化，提取出答题时间、鼠标点击次数、正确率等信息并进行分类；其次，借助 SPSS 软件进行变量加权、频数统计、相关分析等操作；最后，对依据数据挖掘出来的结果进行解释与评价，得出学生关于“找到实际最短路线”的问题解决能力。该研究根据问题解决过程中反映出来的特点，将 4 个地区的学生划分为 5 个问题解决群组，即最优组(90%~100%)、有目的试误组(60%~90%)、其他策略组(30%~60%)、只顾玩乐组(10%~30%)、功能障碍组(0~10%)。

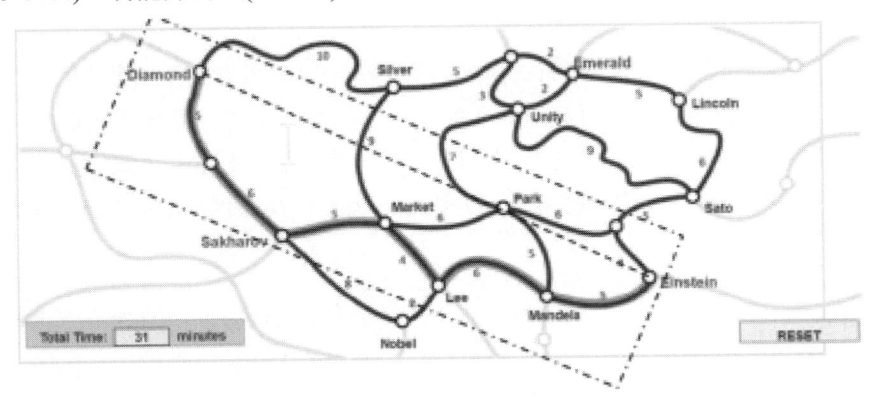

图6-5 “交通”题目操作界面图

1 首新，叶萌，胡卫平，等. 教育大数据背景下 log 数据挖掘与应用——以 PISA(2012)中国区问题解决测验为例[J]. 电化教育研究，2017，38(12)：58-64.
2 陆璟. 基于 log 数据的国际学生评估项目(PISA)问题解决能力研究[D]. 上海：华东师范大学，2017.

经过数据预处理、数据挖掘分析后，研究结果从答题时间及鼠标点击次数、答题策略与正误情况、答题策略与个体表现、答题策略与问题解决群组四方面详细描述 4 个地区学生之间的表现与差异，从数据角度更深入地了解地区学生整体的学习风格与学习习惯。

3. 效果与反思

这一案例能够反映教育大数据影响下教育科学研究范式的改变：从假设检验向数据驱动转型，由基于理论的演绎推理向基于数据的归纳推理转变。该研究通过数字挖掘证明 log 数据能够为问题解决研究领域提供强有力的证据研究支持。此外，log 数据挖掘为辨别问题解决群组提供了有利条件，从而对不同组别的学生群体进行深入细致的分析研究。此外，还有教师利用 log 数据挖掘，可以更加细致地明确学生在问题解决过程中使用策略的偏好及缺陷，能够捕捉学生在问题解决过程中隐秘的操作细节与表现水平的相关关系，为教师提供了德育方面的理论指导——教育的方方面面都需要秉持“以人为本”“立德树人”的教学理念，关注学生的心智发展，引导学生形成良好的情感态度价值观。同时，log 数据挖掘也在教学活动设计中让学生使用电子设备或为终端的教师提供一个调研课堂实况，使发现学生隐形行为转换为探究学生心理活动规律的独特视角，继而将教学现场作为教研现场，运用大数据的方式采集学生学习过程中的数据，发现学生潜在的行为问题并加以针对性、个性化的指导。

探讨：

尝试阐述案例6-2中学习分析与大数据的相关关系。

【案例 6-3】

大数据学习分析的研究与应用

1. 案例概述

案例来源于文献《大数据学习分析的研究与应用——以浙江省教师教育 MOOC 培训平台的课程为例》[1]。该案例中陈雷通过渐进深入的研究方式从浙江省教师教育 MOOC 培训平台里随机选取的某一课程中学员的学习行为和日志进行数据挖掘，得出了选课学员对该课程学习的习惯特点以及偏好趋势，以此研究结果作为优化培训平台及课程资源的重要依据。

2. 案例介绍

该研究参照美国哥伦比亚大学在线教育模式，搭建了平台大数据学习分析模式架构。此架构主要包含大数据技术分析的流程步骤、挖掘分析所使用的工具以及数据信息集成三大模块。该案例选用了浙江省中小幼教师教育网络培训平台中“PPT 在中学化学中的高级应用”一课作为研究对象，并选取了该课在 2015 年下半年开课中的数据作为数据挖掘源，围绕两个主要目标而开展：探索课程总体的学习情况以及选课学员学习行为的规律。

1 陈雷. 大数据学习分析的研究与应用——以浙江省教师教育 MOOC 培训平台的课程为例[J]. 现代教育技术，2016，26(8)：109-115.

第一阶段研究工作是为了掌握课程总体的学习情况，研究者先从后台统计出学员在平台上的登录时间与持续时间，并通过这些行为特征发现学员进行网络在线学习的大致特点是学习时长集中在10分钟左右，并且在时间维度上显现碎片化。随后，研究者利用后台插件cookies统计了在线时间、各模块使用频次等其他数据，发现平台中各功能之间的利用率有明显差异。基于此情况研究人员展开了第二阶段针对各板块学习状况的数据挖掘工作，以期挖掘学员学习行为的规律。

第二阶段主要工作是基于大数据技术逐渐对各功能板块学习情况、学员学习路径、视频浏览点击行为、学员测评分析进行研究。研究人员通过统计平台中6个资源模块的使用细节获得资源模块受关注度的降序序列，其中视频资源库、互动研讨模块、维基百科协作模块颇受学员关注而实践模块则遭遇持续的“冷落”，此现象引出了对学员学习路径的探索：“首页→视频资源库”转换路径的比例最高，为25.16%，可见视频资源板块是学员开始学习的第一选择；从视频资源板块跳转至互动研讨板块或维基百科协作板块的比例也很高，反映了学员在课程学习过程中的偏好；而实践板块内容与视频学习资源板块内容有所重叠，又要求学习者投入更多时间、精力，导致了学员在学习投入的博弈中更少向实践板块倾斜。

第二阶段工作中最后一部分是学员测评分析，这部分属于该研究的创新亮点，原因是它强调教学体验的完整性。平台为学员提供了大规模自动评分、教师在线打分、学员互评、在线面试4种测评板块。后台统计发现，“学员互评+在线面试”的测评方式备受学员青睐。

3. 效果与反思

该研究通过对学员学习行为数据的挖掘，对平台中板块的使用情况进行了深入的研究，通过数据来展现学员与平台板块的相关性关系，凸显了数据挖掘的功能特点：不解释因果关系，侧重反映相关关系。数据挖掘出的关系侧面反映了平台的各功能板块、资源结构存在的不足之处，从而为平台提供了优化及资源的精准定位。

相似地，Hui Hu等开展了一项基于Spark平台、使用大数据分析方法分析MOOC学生观看视频的学习行为的研究。该研究的主要贡献是通过设计分析算法，并对学习过程数据进行分析以达到两个重要的目的：其一，在于帮助研究人员探索和理解MOOC中时间分布特征的视频观看行为。课程教师很容易了解每个学生每月和每天观看视频的活动，并将其作为学生成绩的一部分。此外，MOOC平台所有者可以预测工作负荷，调整平台的负载平衡。其二，该研究描述了视频长度分布的详细计算过程，这可以帮助课程教师安排合理的视频长度，吸引更多学生的关注，降低视频观看的下降率。

大数据技术的使用对分析学员观看视频行为、定位平台功能板块都产生了积极的作用，无疑为在线学习平台和资源的优化发展提供了清晰明了的路径，使得平台的结构更加符合学习者的需求。

二、大数据教育应用带来的教育变革

从大数据教育应用的视角不难看出，大数据在教育扶贫、教育数据挖掘和教育数据分析上有重要的应用价值。尤其是在一些教育资源匮乏的地区，大数据对促进教育公平和教育改革起到了关键的作用。下面阐述大数据教育应用带来的教育变革。

1. 提高教师教学效率

大数据能够为学生的个性化学习、教师的教学以及教育管理提供支持。同时，教育中会有各种各样的教学数据，在精准化教学的基础上，通过数据挖掘和数据分析，可以进一步明确学生的学习需求，在为学生提供个性化学习支持的情况下，还可以助力教师教学，因材施教，并提高教师的教学效率。

2. 为教育决策者提供科学精准的决策

在这个信息爆炸的时代，大数据除了助力精准教学、提高教学效率之外，还能够为教育决策者提供科学精准的决策。在教学数据平台的强大支持下，科学精准的数据分析能够帮助教育决策者从多个预选方案中挑选出最佳的决策方案，减少误差的出现，从而更好地促进教育教学的发展。

3. 促进教育公平

大数据赋能教育，在科学精准的数据分析背后，是更多的落后地区教育资源的匮乏，大数据技术通过精准诊断，能够准确把握教育资源不平衡的信息，并由此增加相应地区的师资力量、教育经费、教学资源等，以确保资源的公平公正配置，促进教育公平，提高教育质量。

请在下方填写你认为大数据会给教育带来的变革:

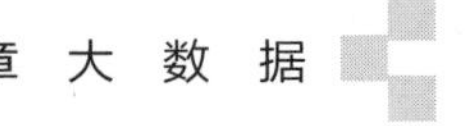

第六节 拓展学习

一、信息与观点

教育大数据的应用丰富了教育理论，创新了教学模式，使得教育教学的中心集中在学习者主体上，个性化教育在大数据技术的支撑下逐渐完善。教育大数据在“以证据为本”的理念下推动教育管理模式的转变，无论是针对微观对象的教育评价还是宏观层面的决策部署都在大数据技术的影响下蜕变得更加客观、公正，有利于维护教育公平。

1. 教育大数据应用存在的问题和反思

在教育领域，一方面，我们感受到大数据提供给教师和学习者一个突出个性化教学、实时性形成性评估、积极参与的教学和协作学习等特点的新平台。另一方面，大数据也存在着一些忧虑的声音，如对大数据持批判态度的人担心学生隐私泄露。教育大数据应用中备受人们关注的是被采集数据对象的隐私是否能得以充分保护。

《中华人民共和国个人信息保护法(草案)》强调要完善个人信息的处理规则，规范应用程序过度收集用户个人信息、泄露及非法买卖个人信息的行为，做好与《中华人民共和国民法典》有关规定的衔接，做好保护个人信息的相关机制。未来这一法案的落实将可能对信息收集、信息使用、信息管理的主体提出更严格的要求，使用算法采集数据并且进行“自动化决策”也将会在法律的规定下执行。这些因素可能导致教育大数据在实践中受到一定的阻力，但是保护个人信息并不意味着对网络技术运用全面抹杀。如果仅着眼于个人权利的完全保护，则不利于新兴技术与行业的发展，我们需要在大数据发展以及个人信息安全与维护公共利益之间找到平衡点。

2021年，金玉梅等认为，我国教育系统的大数据还面临着在采集挖掘方面缺乏统一标准、整理分析方面缺乏科学手段、管理应用方面缺乏个性动态的应用限制。我国教育大数据的体量庞大对大数据挖掘既有机遇也有挑战，缺乏统一的数据挖掘标准将会导致数据采集的过程充满困难，采集的数据质量也存在封闭、流动性低的问题。教育大数据不仅体量庞大，还存在这数据结构复杂的问题，分析手段的缺乏会使数据分析环节的自动化水平部分不够，影响教育大数据挖掘中的数据整理环节效率。教育大数据的价值不断被关注，但是真正促进实际教育活动的嬗变却很少。在实际教育活动中不同的需求主体对教育大数据挖掘的需求不同，数据挖掘的内容可能难以和多元化、个性化的教学实践融合，导致数据资源的浪费。另外，教育大数据挖掘容易陷入“数据主义”“技术主义”的陷阱，忽略数据与技术背后“人”的真实状况，因此研究者须保持谨慎和反思，要合情、合理、合规地使用大数据影响下的第四种教育科学研究范式，既要看到数据的价值，又要避免“技术主义”对人的主体地位的消解。

2. 教育大数据的发展前景

目前，大数据的发展处于成熟期，其中，教育大数据的发展进程仍在继续，当下已有不少研究者在拓展新的研究。例如，2020 年，沈光辉等[1]综合大数据技术，提出了全流程终身教育大数据应用模型与服务平台的七步系统性建设方案，探索了终身教育应用场景与实现路径并取得了阶段性成果；2020 年，胡学钢等从认知心理学的角度出发，对教育大数据中认知跟踪模型进行了回顾、分析和展望；2020 年，吴砥等[2]在梳理了国内外教育大数据的相关政策法规的基础之上，设计了面向多用户群的教育大数据标准体系，为教育大数据的标准化、规范化的发展提供了参考。这些研究正标志着教育大数据开始朝着覆盖更多的教育对象群体、跨其他学科深入融合探究认知深层的机制以及更大规模的标准化、规范化的方向发展。

自 2020 年新冠疫情以来，人们逐渐认识到网络技术、AI 等新一代信息技术支持下重大的教育变化，在后疫情时代教育大数据的应用路径将会越发多元化，教育大数据作为大数据的子集，作为现代教育技术的代表之一正继续深刻地影响着教育，相信教育大数据的深入发展会积极响应中共中央、国务院印发的《中国教育现代化 2035》，不断加快我国信息化时代教育变革的步伐。

二、资源与链接

(1) 书籍：《大数据之路：阿里巴巴大数据实践》。

(2) 书籍：《大数据技术原理与应用》。

(3) 书籍：《用户画像：方法论与工程化解决方案》。

(4) 书籍：《大数据时代》。

(5) 中国电化教育《大数据方法在思想政治教育研究中的科学性及其争议探讨》：http://qikan.cqvip.com/Qikan/Article/Detail?id=7105537309。

(6) 中国电化教育《共智融合的大数据智能化人才培养研究与实践》：http://qikan.cqvip.com/Qikan/Article/Detail?id=7104327675。

(7) 中国电化教育《新时代基础教育评价改革的大数据赋能与路向》：http://qikan.cqvip.com/Qikan/Article/Detail?id=7103915858。

(8) 中国电化教育《从数据素养到数据智慧：教学决策的实践脉络与绩效追问》：http://qikan.cqvip.com/Qikan/Article/Detail?id=7105537312。

(9) 中国信通院《大数据白皮书(2019 年)解读》：https://mp.weixin.qq.com/s/rd-WXTfWKfcU-gJUKedWOw。

(10) 中国信通院《大数据白皮书(2019 年)》：http://www.caict.ac.cn/kxyj/qwfb/bps/201912/t20191210_271280.htm。

1 沈光辉，陈明，程方昭，等. 终身教育大数据应用模型与服务平台构建研究[J]. 中国远程教育(综合版)，2020(12)：59-68.

2 吴砥，饶景阳，吴晨. 教育大数据标准体系研究[J]. 开放教育研究，2020，26(2)：75-82.

(11) 中国信通院《城市大数据平台白皮书》：http://www.caict.ac.cn/pphd/zb/bdic/2019/4pm/201906/t20190604_200638.htm。

(12) 中国信通院《大数据安全白皮书(2018 年)解读》：http://www.caict.ac.cn/kxyj/caictgd/201807/t20180712_180155.htm。

(13) 中国信通院《大数据白皮书(2018 年)》：http://www.caict.ac.cn/kxyj/qwfb/bps/201804/t20180426_158555.htm。

℘ 学习活动与建议 ☙

1. 拓展学习与探究活动建议

(1) 查阅相关资料，了解大数据的最新发展进程，与同学分享。

(2) 查阅相关文献，了解大数据的基本技术及其原理，在课堂上进行分享。

(3) 尝试思考一下，自己身边的大数据的应用实例，并阐述如何利用大数据更好地服务教育教学。

2. 课后活动建议

根据本章学习内容与拓展学习内容，绘制本章知识内容的思维导图，进行知识回顾。

读书笔记

第七章 数字徽章

数字时代，越来越多的领域会提及数字徽章，尤其是在教育领域。在不断迭代升级中，个人的资格、成就、资质等纸质证书将会逐渐减少，个人资质和证书将会越来越多地以数字图片等方式呈现。数字徽章将会为人类开启新的一场“社会化学习”的教育教学革命，为学习者构建一个新的知识技能体系，为以后的大数据打下基础，并结合AI分析系统为每一个个体提供最佳的学习路线。

学习导引

一、目标与要求

1. 了解数字徽章的来源、发展历程和应用领域。
2. 掌握数字徽章的基本内涵和特征、国内外发展现状、典型应用场景及其带来的教育变革。
3. 思考数字徽章在教育及工作中更多的可能。

二、资源与准备

1. 概览全章，预习本章内容。
2. 课前自主学习本章第一节，了解数字徽章。
3. 网络资料：论文资源网有关数字徽章的论文。

第一节　走近数字徽章

其实，数字徽章离我们并不遥远，它在我们周围很常见，我们在日常生活购物、健身、社交、学习中会经常看到，如消费电子卡券、电子会员卡等。数字徽章其实与我们小时候老师奖励给我们的小红花或者印章等类似。随着新兴技术的发展，数字徽章行业也发展得越来越好，其应用场景也越来越广阔。尤其是在个性化学习、娱乐活动以及在线课程方面，它可以较好地反映用户的个性化学习及活动情况。游戏中的数字徽章如图 7-1 所示。

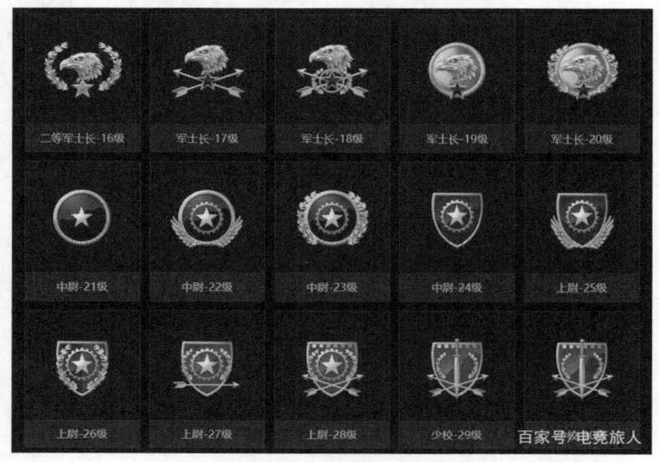

图7-1　游戏中的数字徽章

一、数字徽章的发展

徽章(badge)，在我们周围很常见，如小时候因为读书成绩好或者表现优异，老师奖励给我们的小红花或者奖状，工作之后因为表现出色得到的相关荣誉称号或者证书等，这些都可以称为“徽章”，就是把一个人的成绩表现等具体化。很多时候，徽章可用来装饰和收藏纪念，如有关动漫、明星等的徽章装饰产品。还有一些徽章作为身份以及某种文化的缩影，如学生的徽章、军人的徽章、公司 logo 的徽章等，象征着一个人的身份、地位或者承载着某种意义。

到了数字化时代，徽章可以电子化呈现，使用起来更加便捷和广泛。例如，网上商城在顾客购物的时候会根据其消费水平把其评为“铂金会员”，这是一种数字徽章；社交媒体微博认证“大 V”也是一种数字徽章。另外，社交软件 QQ 在等级达到一定级别后可以获得勋章并形成自己的徽章墙；健身软件在用户连续训练多天或者累计完成训练任务之后，会奖励给用户相应级别的徽章。这些都是数字徽章存在于我们身边的形式。

在教育领域，随着在线教育的兴起，尤其是全球大规模在线课程的迅速发展，数字徽章受到各大组织的关注。目前，研究数字徽章比较有代表性的是美国的普渡大学和斯坦福大学，美国的一些高校已经开始尝试利用数字徽章来进行学习过程记录和成果的数字认证了。随着数字徽章的多元化发展，其在应用和推广的时候都暴露了一些问题，因此开放式数字徽章应运而生。

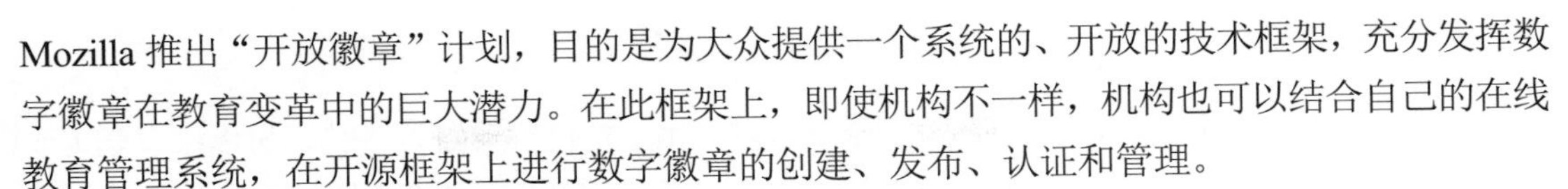

Mozilla 推出“开放徽章”计划，目的是为大众提供一个系统的、开放的技术框架，充分发挥数字徽章在教育变革中的巨大潜力。在此框架上，即使机构不一样，机构也可以结合自己的在线教育管理系统，在开源框架上进行数字徽章的创建、发布、认证和管理。

目前数字徽章发展得越来越成熟了，从技术、设计到实际应用等层面都井然有序。可以说，Mozilla 的标准化、开放式框架为数字徽章的使用提供了更大的可能。在一个开放的数字徽章表面是一个经过精心设计的图标，但其内部融入了极具技术含量的“元数据”，这些内部数据包含着学习者及徽章的各类信息，可以被相应的学习系统识别，方便学习者和使用者进行查询。数字徽章具有巨大的发展空间，使用起来也越来越简单。

二、数字徽章的行业进展

随着信息技术的发展，数字徽章的技术越来越成熟，各式各样的数字徽章在一些娱乐活动以及在线课程等领域都有着巨大的应用需求。自从数字徽章，尤其是开放式数字徽章推出以来，一直保持着较好的应用态势。例如，美国国家航空航天局、全球最著名的职业社交网站 LinkedIn、全球最知名的财务咨询公司 Deloitte(德勤)以及知名大学的在线教育内容网站 EdX 等都已经在接受和采用数字徽章。英国开放大学知识与媒体研究中心已开发出基于区块链技术的数字徽章创新技术，旨在实现参与不同教育机构组合学习的相关认证。[1]在数字徽章社区，Badge Chain 小组正在研究如何使用区块链技术发行数字徽章；Stack OverFlow(IT 问答网站)也在积极尝试使用数字徽章来评价用户对社区的贡献，从而实现对参与者的正向激励。[2]

目前，数字徽章作为一种新的评价手段，具有激励、认证、评估等的特点，作为个人学习偏好、能力认证的工具之一，已经逐渐被应用到不同的行业当中。下面将简单讲述数字徽章常用的几个方面。

1. 个性化学习

数字徽章能够捕捉和记录学习者的学习情况，对学习者的学习进行分析和预判，制订个性化的学习计划，教育机构和线上平台可以为学习者提供个性化的服务。

2. 专业发展

在个人的学习或者职业档案中添加数字徽章可以突出和展示个人能力，在社会的专业发展上进行能力认证。

3. 文娱活动

数字徽章可以在线记录学习者的各项学习活动情况，包括假期学习情况、图书馆学习情况记录；评价是教育教学的重要环节，基于大数据的数字徽章可以详细地记录学生的进步与成就，对学生课外活动进行评估。

1　许涛. “区块链 + ”教育的发展现状及其应用价值研究[J]. 远程教育杂志，2017，35(2)：19-28.
2　李青，张鑫. 区块链：以技术推动教育的开放和公信[J]. 远程教育杂志，2017，35(1)：36-44.

4. 在线课程

目前大规模在线课程非常火热，数字徽章可以应用于在线学习过程评价，可以激发学习者的学习动机。认证数字徽章体系能够充分记录学习者的学习情况，会得到越来越多的人认可。数字徽章应用领域如图 7-2 所示。

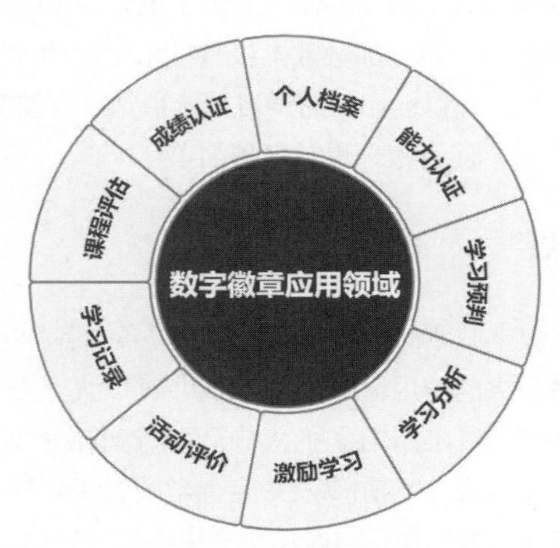

图7-2　数字徽章应用领域

思考：

尝试联想一下生活中与数字徽章相关的应用。

第二节　数字徽章教育应用

数字徽章的应用场景十分广泛，尤其是在教育领域，目前数字徽章更多的是以微型电子证书的形式来对学习者的学习情况和学习成就进行认证。[1]数字徽章有着灵活的评价体系、数据灵活便携、易分享等特征，能够在教育教学中激发学习者的学习动机，鼓励学习者努力学习以获得数字徽章。其中，不同数字徽章代表着各类学习成就，教育教学者通过 AI 分析系统分析学习者所获得的数字徽章，捕获学习者的学习路径。[2]

一、内涵

数字徽章在教育中常常通过授予电子证书的形式，来对学习者的学习成就进行评价，让学习者达到学习目标的同时，可以激励学习者的学习动机，评估其所学技能。学习者获得的徽章会归纳在个人的徽章系统中，可以在社交平台上展示自己的能力和成果。[3]

1　姚洁，王茜茜. 数字徽章与学习分析：大规模个性化学习的新路径[J]. 成都中医药大学学报(教育科学版)，2019，21(1)：19-20，56.
2　葛文双，韩锡斌，何聚厚. 在线学习测评技术的价值、理论和应用审视[J]. 现代远程教育研究，2019，31(6)：52-60，77.
3　方晟，谭颖然. 中医专业英语教学目的及方法的探讨[J]. 中医教育，2004，23(3)：49-51.

数字徽章在教育领域的主要功能体现在：激励、评价、展示能力以及记录学习路径等方面。首先，数字徽章作为奖励能够激发并加强学习者的学习动力；其次，数字徽章作为评价手段，可以说是传统评价方式的一种补充，它能够展示正式和非正式(社交、娱乐等)学习的成果，也是个人能力展示的途径之一，能够给雇主、学校教师显示个人的资历；最后，数字徽章可以记录并规划学习者的学习路径，辅助学习者回顾学习过程，同时提高学习者的自我学习能力。[1]

二、典型需求

数字徽章作为一种以图标或徽标的形式来表征学习者学习成果的数字符号，常常被用于正式或者非正式学习，作为学习者学习能力或者学习成就的认证。[2] 数字徽章的需求主要是在教育活动领域，以满足教学者的教学需求和学习者的学习需求，促进教育变革。下面从学习者和教学者的角度出发，探讨数字徽章的典型需求。

1. 激励学习动机

数字徽章在激发学习者的学习动机方面具有巨大的作用。例如，教师采用奖励的方式来鼓励学生获取学习积分，而这些积分可被用于学生学习身份升级和礼物兑换。[3] 学习者除了按照正常的学习路径获取徽章之外，还可以通过学习积分来获得徽章。每个学习者都会有一个自己的徽章墙，以展示自己的学习成效。学习者为了获得更多的学习积分和学习徽章，会更加努力地学习，这样学习徽章就达到了激发学习者学习动机的目的。

2. 标示学习成就

对于学习者，数字徽章可以对他们知识技能学习的掌握做一个总结，也是对学习者学习成果的一个认证。目前传统学位课程收费高昂，很多学习者都倾向于在线课程的学习，而在线课程学习的特点之一就是学习成果认证电子化。学习成果常常是一个电子证书或者是电子奖章，数字徽章就具备这种功能，且不同徽章(如不同大小、不同图标)，代表着不同类型的学习成就：小徽章可用于标示阶段性的学习成就，大徽章可用于整个课程或者是学期的学习成就认证。

3. 认证教师能力

对于教学者，数字徽章可以对教师的专业能力进行认证，验证教师是否达到其职业角色规定的专业标准，进一步促进教师的专业发展和自我学习；可当作教师专业发展的“学分”，以满足教师资格认证的要求。

4. 教学评价

数字徽章是一种数字化的教育评价载体，是一种新型评价手段，能够可视化地展示学习者

1 姚洁，王茜茜. 数字徽章与学习分析：大规模个性化学习的新路径[J]. 成都中医药大学学报(教育科学版)，2019，21(1)：19-20，56.
2 葛文双，韩锡斌，何聚厚. 在线学习测评技术的价值、理论和应用审视[J]. 现代远程教育研究，2019，31(6)：52-60，77.
3 方晟，谭颖然. 中医专业英语教学目的及方法的探讨[J]. 中医教育，2004，23(3)：49-51.

的学习过程，起到激励学习者学习、确认成就等作用。教师通过数字徽章的积分情况来了解学生的进步情况，还可以通过学生的数字徽章的排行榜位置来确定学生的学情，以此作为教学评价的依据。

三、主要特征

数字徽章不同于我们日常生活中的徽章，它以数字化的形式存在于虚拟网络中，在外观上呈现出的是直观的图形符号，需要借助大数据、区块链等技术实现数字化的创建、存储和转发；记录着学习者的学习信息，便利、安全地分享学习数据及学习认证，且方便携带等。[1]数字徽章有很多特点，归纳起来主要呈现了以下三个典型特征。

1. 评价的灵活、多元

数字徽章的评价模式不再拘泥于传统的评价方式，其以数字微认证的方式，使得教育评价更加灵活、多元。传统的纸质证书和成绩单所能给雇主及学校教师提供的信息量是很有限的，这往往使教学评价满足不了人们的实际需求。数字徽章以数字化的勋章符号形式对学习者进行学习评价，用于代表不同水平的知识、技能和能力，这样教师可以灵活地关注学习者学习过程的细节，追踪其学习路径。数字徽章在使用过程中表现出了极其灵活、多元的特点。

2. 数据的可携带

数字徽章以数字化的形式对学习进行评价和认证，其在教育领域独特的价值在于每一个数字徽章的背后都包含了与认证和学习相关的重要元数据，摒弃了传统的纸质证书的使用，减少了证书丢失、损坏而导致个人资历无法被认证的情况；而数字徽章因其是电子化的形式，可以随时随地进行保存、查看，并向求学院校、求职单位灵活地展示个人能力等。与此同时，数字徽章的元数据能够随着用户身份的变化进行修改、升级等，并能够被携带到相应的系统中，方便用户所在的机构进行数据分析。另外，数字徽章还可以在网络环境的不同系统上进行展示。这些都是传统实体奖状、徽章不具备的优势。[2]

3. 徽章的可兑换

相信很多人小时候都有过这样的经历，在杂货店买某种零食后，便会得到相应的徽章卡，收藏、集齐一整套徽章后，就可以到店里兑换相应的奖品。还有我们玩的一些游戏当中，玩家积分达到一定数量后可以得到相应的徽章，累计一定数量之后可以根据个人喜好兑换不同的游戏皮肤或者是其他小礼包。

数字徽章也是如此。在一些学习系统中，用户在学习过程中每个阶段积累得到的徽章可以兑换学习金币，作为进入下一阶段学习的条件。另外，在开放徽章认证体系下，不同机构所颁

1　张蕾，廖绍雯. 开放教育环境下的数字徽章：设计维度与价值分析[J]. 电化教育研究，2020，41(7)：69-76.
2　刘春林，张渝江. 数字徽章评价推动混合学习[J]. 中国信息技术教育，2015(17)：109-110.

发的徽章同样具有效力，在技术条件成熟的情况下，不同徽章的组合可以兑换象征着更高水平和成就的徽章，给用户带来更大的成就感，并激发学习者的学习动机。

思考：

1. 思考数字徽章在教育上的其他典型需求。
2. 尝试对数字徽章的特征进行更多的思考。

第三节 数字徽章教育应用的发展现状

目前，我国对于数字徽章的研究还是比较少的，在应用上则更少，研究方面主要是关于国内外文献的分析。另外，关于数字徽章设计理念的相关研究还处于起步阶段。[1] 数字徽章的使用在 Moodle 平台以及 IoT 课程中崭露头角。相比之下，国外对于数字徽章的研究则较早，并且在国外各大在线课程中也应用得较为广泛，并积极开展数字徽章认证学习活动的教育试点。

一、国内发展现状

目前，在中国知网、万方等数据库查阅相关文献可知，国内对数字徽章的研究论文并不多，而且大多停留在数字微认证的概念、功能等方面，对于数字徽章的设计以及在教育领域中的应用的研究还是比较少的。由此可见，数字徽章还有巨大的潜在价值等着我们去挖掘，我们应该对其给予足够的重视。[2]

我国的数字徽章认证学习的方式主要应用在初等教育中。杨亚志根据初中信息学奥赛中数字徽章的使用情况，建立了 Moodle 平台，并创建了 6 种徽章。李国云报道了北京中学从 2015 年开设 IoT 课程并尝试采用数字徽章作为课程评价手段的相关实践。这些案例都是我国数字徽章在应用实践上的研究，它们结合了在线学习平台或者 IoT 创客，将数字徽章用于学生的学习过程评价，[3]从而激发了学生学习的积极性，提高了教师的成就感和学生的获得感，为信息技术促进教育教学方式的变革提供了新的途径和动力。

二、国外发展现状

国外对于数字徽章的研究相对较早。2011 年，Judd Antin 和 Elizabeth. F. Churchill 的研究从社会心理学的角度揭示了数字徽章在目标设定、指令、声望、地位以及团队认定等方面所起的作用。同年，美国 Mozill 基金会(火狐浏览器的开发机构)启动了“开放徽章”计划，并给出了“开放徽章”的官方定义，强调我们要在理解“徽章”和“数字徽章”的基础上理解“开放数

1 张蕾，廖绍雯. 开放教育环境下的数字徽章：设计维度与价值分析[J]. 电化教育研究，2020，41(7)：69-76.
2 项道东. 数字徽章在翻转课堂中的应用研究[J]. 中国教育信息化，2018(20)：17-20.
3 王春蕾，孙启存，姜珊，等. 美国图书馆数字徽章认证学习服务及其启示[J]. 图书情报工作，2020，64(5)：141-146.

字徽章”，并将自己的徽章系统应用到网络学校中。2012 年，Coursera, Udacity 和 edX 等大规模在线开放课程的兴起将数字徽章的应用推向了高潮，美国斯坦福大学、普渡大学等教育机构也开始用数字徽章来认证学习过程和学习成果。[1] Mozilla 开放徽章团队在 2013 年发布了芝加哥夏季学习(CSOL)项目，其中有包括图书馆、博物馆以及社区中心等 100 多个组织参加，是有史以来第一次大规模、成功的徽章运动。[2] 2014 年开放徽章相关的合作伙伴建立了徽章联盟，有超过 600 家机构加入“开放徽章”计划；2016 年年底，加入“开放徽章”计划的机构数量更是超过了 3000 家。另外，由哈佛大学和麻省理工学院共同创设的知名在线教育内容网址 edX 从 2015 年开始，所有的在线课程全面采用开放徽章。国外数字徽章发展历程如图 7-3 所示。

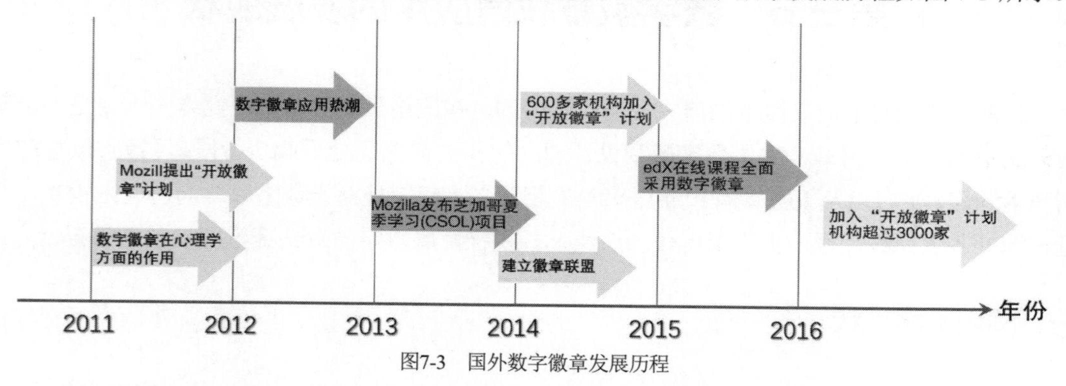

图7-3　国外数字徽章发展历程

拓展：

尝试对数字徽章国内外的发展现状进行阅读拓展并总结。

第四节　数字徽章教育应用的场景

数字徽章因其数据具有灵活、易携带和长期储存的优点，深受学习者和教育工作者的喜爱，并伴随着 MOOC 的广泛使用而得到应用推广。数字徽章可以应用于教师专业发展、在线课程学习评估认证、教师教育教学、构建个性化学习模式、学生个性化学习分析、学生个人档案等场景中，并在各个教育应用场景中促进人类教育教学的变革。

一、整体框架

随着数字化时代的发展，不难想象，数字徽章越来越与我们的生活息息相关，尤其是在教育领域，它会作为一个学习者学习水平、成就的象征，伴随学习者整个学习生涯。数字徽章可以作为学习者掌握知识、完成学习任务的奖励；可以作为在课程、夏令营、娱乐活动中完成课程、活动等任务而得到的认证；可以作为一个学段的毕业文凭；甚至是在求职中，数字徽章可

1　李青，于文娟. 电子徽章规范：Mozilla Open Badgs 解读[J]. 现代远程教育研究，2014(1)：100-106.
2　张铁道，白晓晶，李国云，等. 新媒体联盟地平线报告(2015 基础教育版)[J]. 开放学习研究，2015(S1)：54-98.

作为个人专业技能、成就履历的证明并展示给雇主。[1] 随着在线课程的蓬勃发展，数字徽章在教育领域的应用将越来越多。数字徽章教育应用整体框架如图 7-4 所示

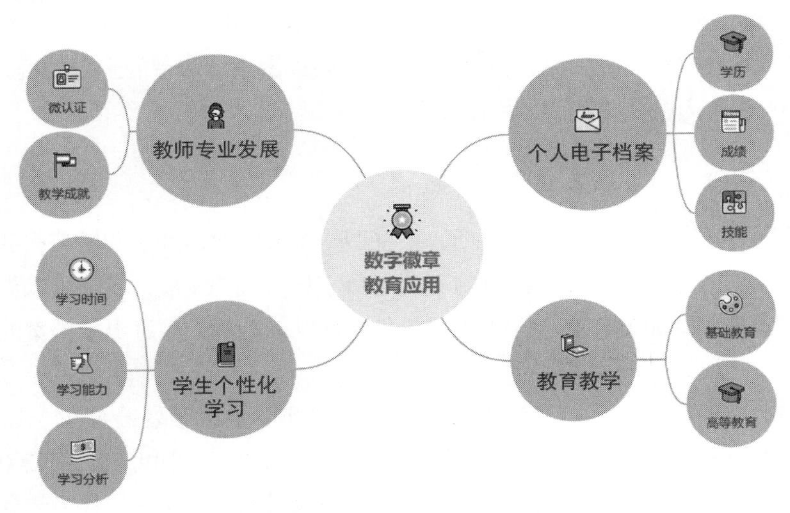

图7-4 数字徽章教育应用整体框架

二、典型应用场景

数字徽章在教育领域的应用可以说是多种多样的，下面从教师的专业发展、在线课程学习评估认证、个人电子档案以及构建个性化学习模式四个方面对数字徽章的典型教育应用场景进行阐述。

1. 教师的专业发展

数字徽章作为一种数字化评价方式，其表现形式是“教育者微证书”，它不只面向学生，也面向教师。其中，“教育者微证书”系统的出现为教师提供了一个个性化的专业发展模式。它可以对教师的职业生涯所获得的技能和创造性成就进行系统认证。与传统的教师认证一样，“教育者微证书”是对教师个人能力的一种肯定。“教育者微证书”可以明确教师职业成就和专业学习成就，激发教师的教学热情，激励教师在教学中不断进步，促进教师专业成长，推动教师专业发展。[2]

2. 在线课程学习评估认证

近年来，MOOC 风潮席卷全球，MOOC 展现出新颖的教学方式、宽松的教学环境、自主选择的教学内容等，深受学习者的欢迎。在线课程学习也成了教育技术学在教育领域的重大成果之一。同时，在线课程学习评价也成了专家和学者关注的焦点。很多时候，在线课程的结课

1 胡小勇，李馨，宋灵青，等. 在线学习的创新与未来：数字徽章——访美国宾西法尼亚州立大学凯尔·派克(Kyle Peck)教授[J]. 中国电化教育，2014(10)：1-6.

2 崔慧丽，朱宁波. “教育者微证书”：美国新的教师专业发展模式[J]. 湖南师范大学教育科学学报，2019，18(5)：72-79.

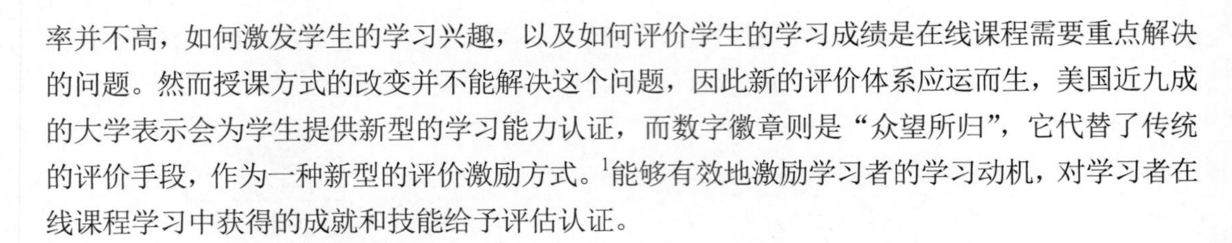

率并不高，如何激发学生的学习兴趣，以及如何评价学生的学习成绩是在线课程需要重点解决的问题。然而授课方式的改变并不能解决这个问题，因此新的评价体系应运而生，美国近九成的大学表示会为学生提供新型的学习能力认证，而数字徽章则是“众望所归”，它代替了传统的评价手段，作为一种新型的评价激励方式。[1]能够有效地激励学习者的学习动机，对学习者在线课程学习中获得的成就和技能给予评估认证。

3. 个人电子档案

根据我们以往的经历，在求学、求职时，要证明一个人的学习经历和所获得的能力，往往需要查看个人的纸质文凭和个人档案。如今，随着数字化时代的发展，我们可以尝试把孤立的微认证升级为电子档案，通过对电子学习的理论架构和功能布局，促进电子档案的发展以及推动个性化学习的进行。

目前，国外一些教育工作者把 MOOC、数字徽章和电子档案袋结合在一起。圣母大学(University of Notre Dame)开展了一项 MOOC 环境下数字徽章的设计和实施的试点研究，研究如何把数字徽章和电子档案袋结合起来。该研究的主要成果之一是如果把数字徽章和电子档案袋恰当结合起来，它们能够“彰显徽章(作为学习)证据的作用，使学生能更好地把可派上用场的项目收集起来，优化学生申报和证明相关能力的过程”。艾农和甘比诺(Eynon and Gambino)认为，电子档案袋和数字徽章结合在一起是电子档案袋研究和实践的未来方向。[2] 同样，研究者正在探索使用区块链把电子档案袋、数字徽章以及正式学习或非正式学习的记录结合在一起，方便个人“随身携带”(weller)。[3]

4. 构建个性化学习模式

为了更好地满足社会发展对于人才和学生学习多样性的需求，我们可以利用现代技术推动人才培养模式改革，让大规模的个性化学习成为可能。每个数字徽章中都存储着大量数据，不同种类的数字徽章代表着不同的知识点和技能，也标识着学生不同的学习水平，并且能够动态地追踪和管理学生的学习需求和路径，建立学生个人学习清单，为其推荐合适的学习平台和学习资源，甚至推荐合适的数字徽章并激励学生去获取，由此实现学习模式的多样化和个性化。[4]

思考：

数字徽章还有哪些典型的教育应用场景?

1 王春蕾，孙启存，姜珊，等. 美国图书馆数字徽章认证学习服务及其启示[J]. 图书情报工作，2020，64(5):141-146.
2 Eynon B, Gambino L. High Impact ePortfolio Practice. Sterling: Stylus.
3 Weller M. Twenty Years of Edtech[J]. Educause Review, 2018，53(4)：34-48.
4 姚洁，王茜茜. 数字徽章与学习分析：大规模个性化学习的新路径[J]. 成都中医药大学学报：教育科学版，2019，21(1)：19-20+56.

第五节 案例与反思

数字徽章发展至今，有着不少的应用和成就，在国内外用于促进学生不同专业能力发展方面发挥着重要的作用。在我国，数字徽章在助推立德树人教育方面有着重要的作用，如推动新时代儿童劳动教育的发展，以数字徽章的形式激发学生的学习动机；国外利用数字徽章来认证学习者的专业能力。数字徽章有着广泛的应用场景，以下选取了三个国内外使用数字徽章的典型案例进行介绍。

一、典型案例

【案例 7-1】

电子徽章助推新时代儿童劳动教育发展

1. 案例概述

本案例来源于文献《当项目化学习遇见“80 天环游世界”》[1]。为更好地贯彻党的教育方针，落实立德树人根本任务，上海戏剧学院附属新世界实验小学以“世界星”社会实践劳动课程为抓手，创造性地把日常知识学习和社会劳动实践紧密结合起来，建立了新时代劳动教育的多维评价体系和多元评价方式，通过动态考核，构建了“全人”生长的评价机制，帮助学生提高劳动素养、养成劳动习惯、夯实劳动根基，尊重其规律，把握时代性，达成“五育并举”的最终目标。

2. 案例介绍

(1) 建立多维的评价体系。

习近平总书记在全国教育大会上强调：“要在学生中弘扬劳动精神，教育引导学生崇尚劳动、尊重劳动，懂得劳动最光荣、劳动最崇高、劳动最伟大、劳动最美丽的道理，长大后能够辛勤劳动、诚实劳动、创造性劳动。”[2]基于此，抓住立德树人的“锚点”，在“教育的眼光要落在孩子的未来”的办学思想和“踮起脚尖看世界”办学理念的引领下，基于学校“踮起脚尖高一点点”的课程理念，以陶行知先生“生活即教育”的思想为指导，以学生实践能力的培养为主要目标，[3]创设“世界星”社会实践劳动课程，创造性地把日常知识学习和社会劳动实践紧密结合起来，培养学生热爱劳动、珍惜劳动成果的良好品德，提高学生的实践能力和综合素质，丰富劳动教育的载体和路径，在不同场域、不同空间营造学生劳动的场景与情境，多层面、有梯度地构建了“世界星”社会实践劳动课程体系。

---

1 周怡，陈文俊. 当项目化学习遇见“80 天环游世界”[J]. 上海教育，2020(4)：102-103.

2 薛维学，夏长春，杜世碧. 农村中小学劳动教育师资现状及对策[J]. 中国教师，2019(2)：69-71.

3 杭培根，夏瑜. 校园小农场在学校科学校本课程建设中的作用[J]. 新课程(上)，2017(1)：3-5.

推进新时代的劳动教育，要尊重学生的成长规律。随着学生年龄的增长，学校从劳动观念、劳动技能、劳动习惯、劳动情感四大评价维度出发，建立动态考核评价机制，引导学生真实学习、真实实践、真实探究、真实创造，在劳动过程中把观察、阅读、数据采集，资料检索、研究设计、作品创制、沟通协作、问题解决、创新创造等融为一体[1]，有效地促进学生热爱劳动、辛勤劳动、诚实劳动、创造性劳动。

(2) 构建多元的评价方式。

① 多角度评价策略。

上海戏剧学院附属新世界实验小学建立了学校、家庭、社会、学生四位一体的评价机制，通过学生自评—学生互评—教师评价—家长评价—基地、社区评价，进行导向性、激励性、促进性弹性评价。

② 多面性评价方式。

(a) 过程性评价：线上“世界星”徽章包括及时评价、学生自评互评、教师评价[2]、家长学生给予反馈。

(b) 结果性评价：线上“世界星”成果展览，校内成果汇报。

通过“世界星”徽章 App 评价工具，教师针对学生在“世界星”社会实践劳动课程中的过程性表现，围绕“知、说、做”，设计“劳动小能手、劳动小达人、劳动小博士、劳动小创客、劳动小名家、劳动小使者、劳动小明星、劳动小主人”等 8 类成长徽章并进行发放，基于学生活动表现，完成过程性评价与记录工作。

3. 效果与反思

“世界星”徽章活动替代了惯有的量化考核，给予学生自我提升的空间，它忠实地记录了学生动态的、完整的、立体的、发展的成长轨迹，鲜活而生动、丰富而多彩。学校定期开展“最美实践园”评选活动，以校园特色节日展示新世纪学子的劳动成果，增加劳动的乐趣，使学生共享劳动的快乐，形成“处处是劳动之地，时时显评价之功”的良性循环。

【案例 7-2】

以电子徽章形式激发学生学习动机

1. 案例概述

本案例资料来源于班级优化大师官网[3]。教育中的数字徽章可以看作游戏化教学的代表。除了常用的一些在线教学平台，教师还可以利用类似于“班级优化大师”的移动 App 来记录和展示学生的学习过程，起到激发学生学习动机和记录学生学习成就的作用。

---

1 吕文清. 劳动教育需要“四个进化”[N]. 中国教育报，2018.
2 秦瑾若，傅钢善. 基于五星教学原理的 SPOC 教学设计模式构建研究[J]. 中国远程教育，2017(6)：23-29，79-80.
3 班级优化大师官网. 班级优化大师——抓住孩子的每一课闪光点[EB/OL]. [2022-01-10]. https://care.seewo.com/.

2. 案例介绍

在深圳市某小学的一个社团班级中运用“班级优化大师”软件对班级进行管理评价，首先把编程社团的 23 位成员信息录入系统，并给每个成员设置头像，编辑个人信息。

(1) 考勤：上课前，教师可登录系统进行考勤记录，包括出勤、缺勤、请假、迟到。

(2) 小组：教师可在班级中对学生进行分组，人数不等。

(3) 点评多人：教师可对学生课堂行为表现进行单人、多人、单组、多组同时评价。

(4) 随机：教师可对班级人数进行随机抽选，随机数可按需设定。

(5) 奖励徽章：授课教师可根据班级实际情况设定多种评价徽章。徽章可由教师自行制作设定，根据学生表现奖励相应的徽章，同时对于表现不好的学生也有待改进的徽章评价可以发放，还可对学生进行具体的文字点评。

“班级优化大师”系统应用及奖励徽章分别如图 7-5、图 7-6 所示。

图7-5 “班级优化大师”系统应用

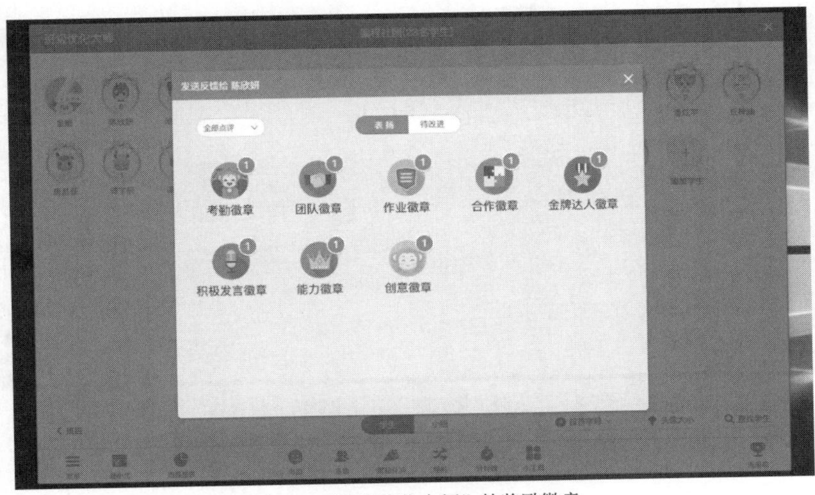

图7-6 “班级优化大师”的奖励徽章

(6) 徽章兑换：相对应的奖品兑换能够激起学生在课堂中获得徽章的欲望，能够激发学生的主观能动性，学生可通过相应的徽章进行相应的奖品兑换。“班级优化大师”的徽章兑换模块与班级“光荣榜”如图 7-7 所示。

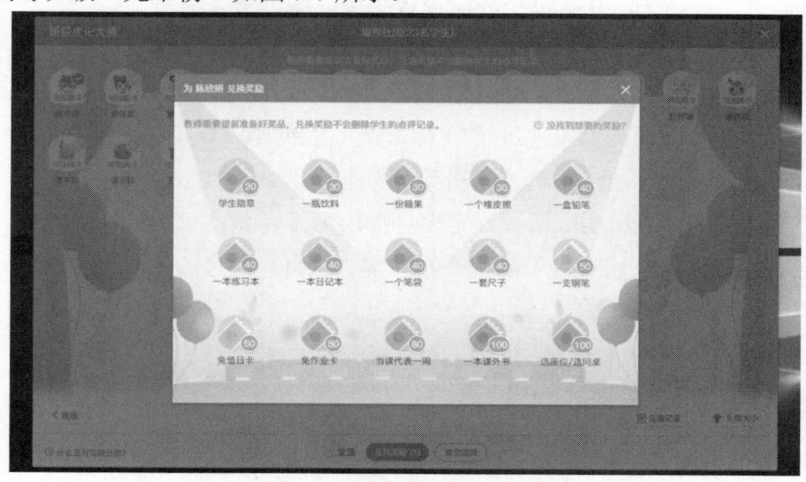

图7-7 “班级优化大师”的徽章兑换模块与班级“光荣榜”

(7) 光荣榜：班级光荣榜会实时更新每个学生获得徽章的个数。有研究表明，当学生看见周边的学生获得徽章奖励或徽章的个数比自己多时，能在一定程度上激发个人学习的积极性。

(8) 数据分析：最后班级所有学生的表现会生成一张学生学情分析报告图示(图 7-8)，教师能够清楚地了解到学生一周、一月、一学期的学习表现，然后根据分析，对不同的学生及时进行指导，以达到因材施教、精准化教学，提高教学成效的目的。同时，家长能够通过登录学生端，及时了解学生的表现及查看相关通知，进一步促进家校共建。

图7-8 “班级优化大师”的学生学情分析报告

3. 效果与反思

通过教学应用发现，在社团班级中使用徽章评价比未使用徽章评价，学生的学习积极性有所提升，课堂中互动更频繁。学生通过同伴获得的数字徽章情况，一方面可以看到自己与他人的差距；另一方面可以找到与自己志趣相投的伙伴，方便学生之间相互学习、取长补短，尤其是在遇到学习困难的时候可以共同交流与讨论，相互监督和鼓励。因此，在教育教学中使用数字徽章，除了可以激发学习者学习动机和促进其追求更高水平的奖励和成就之外，也为培养学习者的团结协作精神提供了新的路径。研究发现，在学习活动中，徽章兑换的奖品起着关键的作用。也就是说，奖品要对应不同阶段学生的兴趣爱好，如此才能够激励学生在课堂中努力获得徽章。

【案例 7-3】

加利福尼亚大学的数字徽章

1. 案例概述

本案例来源于网络文章《开放教育环境下的数字徽章：设计维度与价值分析》[1]。美国加利福尼亚大学尔湾分校(UC Irvine，UCI)颁发了 5000 多枚数字徽章用于认证学习者在不同专业领域所取得的专业能力。UCI 计算机专业设置了 JavaScript & jQuery、React.js、SQL &NoSQL Databases、Node.js & Express、HTML/CSS 等数字徽章来认证学习者在各种计算机应用方面的专业能力。以上 5 种数字徽章对应的图形标识如图 7-9 所示。

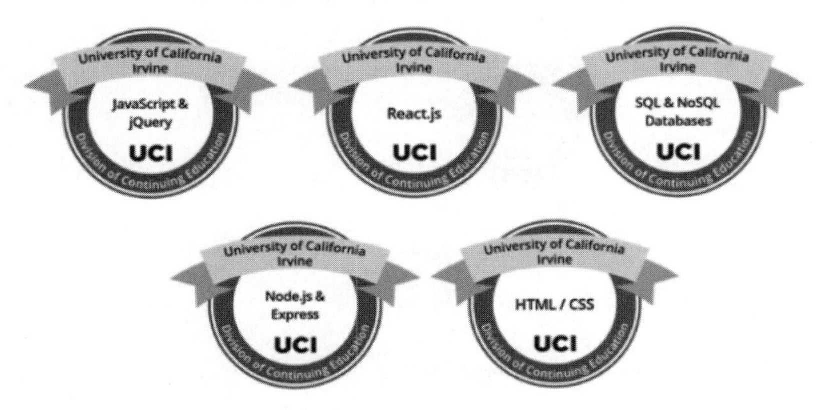

图7-9 加利福尼亚大学尔湾分校UCI计算机专业的5种数字徽章图形标识

2. 案例介绍

加利福尼亚大学尔湾分校构建了自己的层次化徽章系统，学习者可以根据个人喜好或者个人实际情况选择合适的课程，构建个性化的学习体系，形成个人专业领域的智慧学习档案。下面以计算机专业的 HTML/CSS 数字徽章为例进行阐述。该徽章是加利福尼亚大学尔湾分校针对计算机专业网页制作技术而设计的。

---

1 张蕾，廖绍雯. 开放教育环境下的数字徽章：设计维度与价值分析[J]. 电化教育研究，2020，41(7)：69-76.

(1) 徽章功能。

① 学习者需要掌握 Bootstrap 程序和其他媒体查询实用程序，并且能够运用响应式程序布局创建网页组合。

② 学习者能够灵活使用 CSS 基本规则和 HTML 标记，并能够使用 HTML 语言及 CSS 层叠样式表创建完整的组合网站。

(2) 徽章持有者具备的能力。

学习者达到获得该徽章的条件并获取徽章后，具备如下能力：

① 具备使用 HTML、CSS 和 Bootstrap 进行静态前端网页设计的基本能力。

② 掌握移动应用开发、媒体查询和网络应用程序部署能力。

可以说，每一种徽章都有自己特定的功能，每一枚徽章都代表着学习者对应的能力和技能，这是对学习者能力水平的认可。在加利福尼亚大学尔湾分校，学习者可以将自己获得的数字徽章添加到自己的领英 LinkedIn 个人网页(图 7-10)和 Facebook、社交媒体页面、网络求职作品集合或者个人简历档案中，以此展示个人在网页设计和制作上的能力和优势。如此，数字徽章持有者不仅可以在就业应聘时展示自己的技能，还可以让接收并打开数字徽章相关信息的志同道合的伙伴，加入该项学习。

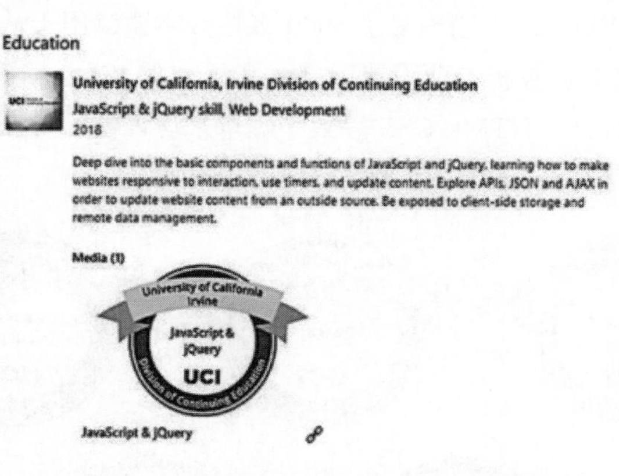

图7-10　学习者在领英网页中使用数字徽章截图

3. 效果与反思

加利福尼亚大学尔湾分校对于数字徽章的使用，相比于传统的评价手段，突显了其对于学者个人技能及能力认证的强大优势。对于数字徽章的应用，不难发现，其更加适合在线课程的学习，更加符合开放教育“以学生为中心”及“依赖现代教育技术手段”的基本特点，也是在线课程学习环境下更具弹性的非正式学习创新尝试。

但是，目前数字徽章还处于起步阶段，还存在不少需要解决的问题。例如，当前，数字徽章的平台各式各样，并没有统一的标准；大众对于数字徽章的认可度并不高；更重要的是，数字徽章中储存着用户的各类数据信息，在分享传递的过程中，极可能存在用户隐私信息被泄露的问题。

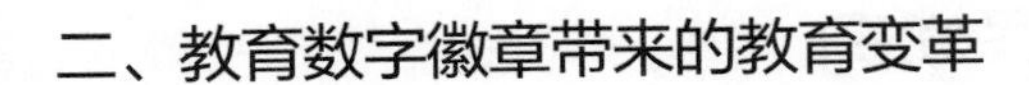

二、教育数字徽章带来的教育变革

数字徽章在教育领域的应用定会给教育界带来别具一格的教育体验，并助力教育的革新。下面从学习方式、教学方式以及评价方式三个方面阐述数字徽章给教育带来的变革。

1. 学习方式的变革

可以说，学习能力是人类最重要的能力，数字时代学习者需要改变自己的学习方式。数字徽章相关技术的成熟，让学习者不仅可以选择不同的徽章发布机构，有更多的学习渠道，还可以根据徽章的不同属性特点寻找符合自己学习情况以及个人特点的学习同伴，帮助学习者明确自身的学习目标，促进个性化学习的发展。

2. 教学方式的变革

教育数字徽章可以作为教师教学的参考工具。相比传统的仅仅从学生的课堂行为、课后作业以及测试中观察分析得到学生的学习情况，教育数字徽章能够较好地捕捉学生的学习数据，获得学生更为准确的学习数据，教师从中得到反馈，及时调整自身的教学内容和教学方式，对学生进行有针对性的教学。

3. 评价方式的变革

教育数字徽章作为一种数字化教育评价的载体，能够记录学生的学习数据，能够准确得到与学生经验、能力等相关的信息，而其中很多信息在传统的纸质证书及成绩单中是难以获得的。教师由此能够更加全面、准确地对学生进行教学评价，同时教育数字徽章可以作为学生学习成果的电子证书，是对学生学习能力的评价和认证。

请在下方填写你认为数字徽章会给教育带来的变革：

第六节 拓展学习

一、信息与观点

数字徽章可以在互联网上进行存储、发布、分享和认证等，目前数字徽章逐渐在民众面前出现，并逐渐获得民众的认可。在能够较好保护个人隐私信息的情况下，在人才招聘的时候，数字徽章的确会比传统的纸质证书更准确地得到应聘者的详细信息和个人能力水平，并验证其是否适合该岗位。通过数字徽章能及时、迅速地在互联网上查找到数字徽章的相应链接并对个人信息的真伪做出准确且迅速的判断，大大节省了人力和物力。

数字徽章的真正落地不仅需要相关从业者的共同努力，还需要学校、家庭、公司、政府等合力协助。在现代化技术的支持下，将学历资格考试、奖惩评价及单位招聘等与数字徽章进行融合，学习者的学习行为路径则会持续得到标识和认定，相关机构则会根据学习者持有的数字徽章进行全面系统的评价。此外，学习者若需要使用持有的数字徽章来获得相应的回报也是可以的，相关机构会根据数字实际持有数字徽章的情况，给予其合适的回应，即学习者的学习行为是有对应反馈的数字徽章进一步激发学习者的学习动力，让学习者尽可能保持学习的热情。[1]

教育数字徽章的出现，使得关于它如何支持学习过程的研究越来越多。总的来说，在不同学科，从小学到高等教育的所有教育水平上，数字徽章的学习潜力似乎得到了证实。而对于教师和设计师来说，如何加强学习和尽量减少数字徽章的负面影响是他们目前面临的挑战。

二、资源与链接

(1) 中国远程教育《发展变化中的微证书领域：来自全球的启示》：http://qikan.cqvip.com/Qikan/Article/Detail?id=7105079901&from=Qikan_Search_Index。

(2) 中国远程教育《高等教育档案袋的演变:过去、现在和未来》：http://qikan.cqvip.com/Qikan/Article/Detail?id=00002H8NL53G7JP0MNDO5JP1MDR。

(3) 图书情报工作《美国图书馆数字徽章认证学习服务及其启示》：http://qikan.cqvip.com/Qikan/Article/Detail?id=7101333274。

(4) 电化教育研究《开放教育环境下的数字徽章：设计维度与价值分析》：http://qikan.cqvip.com/Qikan/Article/Detail?id=7102196124。

(5) 电化教育研究《基于数字徽章技术的创业教育评价系统设计》：http://qikan.cqvip.com/Qikan/Article/Detail?id=7102673345。

(6) 电化教育研究《面向开放学习成果的微认证：概念理解与运作体系》：http://qikan.cqvip.com/Qikan/Article/Detail?id=7100724617。

1 张东建. 在线学习中数字徽章的应用综述[J]. 软件导刊. 教育技术，2017，16(8)：74-76.

(7) 职业技术教育《疫情视域下澳大利亚职业教育的举措与启示》：http://qikan.cqvip.com/Qikan/Article/Detail?id=7102267899。

(8) 图书馆学研究《面向图书馆学习支持服务的数字徽章应用实践研究》：http://qikan.cqvip.com/Qikan/Article/Detail?id=7100594938。

(9) 搜狐文章《开放式数字徽章：促进一场“社会化学习”的革命》：https://www.sohu.com/a/128136219_115563。

(10) 知乎文章《数字时代用 Dimensions 徽章充实出版物内容》：https://zhuanlan.zhihu.com/p/74488681。

学习活动与建议

1. 拓展学习与探究活动建议

(1) 查阅各国发布的关于数字徽章的重要文件，掌握数字徽章的最新动态，尤其是在教育领域的应用，并在课堂上进行分享。

(2) 查阅相关资料，了解数字徽章在中国的使用情况，并据此提出自己的观点，在课堂上进行汇报。

2. 课后活动建议

根据本章学习内容与拓展学习内容，思考如何让数字徽章更好地落地实施。

读书笔记

第八章 人工智能

由于科技的蓬勃发展，人工智能(artificial intelligence，AI)早已渗透到各行各业，为人类的衣食住行等带来了诸多便利。AI进军教育行业，必然会诞生AI与教育融合的产物，即AI教育应用。这些应用将会结合具体的应用场景赋能教育，对学生的学习方式、教师的教学思维和学校的管理模式产生巨大影响，并引发相应的教育变革。

学习导引

一、目标与要求

1. 了解AI技术的发展起源、历程和常见应用领域。

2. 掌握AI教育应用的基本概念，包括内涵、典型需求和主要特征，国内外发展现状，典型应用场景及其带来的教育变革。

3. 了解AI技术的前沿发展趋势和最新技术动态，探究AI在教育领域中的新可能。

二、资源与准备

1. 概览全章，预习本章内容。

2. 课前自主学习本章第一节，了解AI技术。

3. 网络资料："中国信通院"官网、AI技术相关白皮书。

第一节　走近AI

AI 是一门由多门学科交叉融合在一起的新的技术科学，主要致力于深入研究、开发使用于模拟和扩展人类智能的理论、方法、技术及应用系统等内容。[1]AI 可理解为在充分了解和认识人类智能机理的基础上，研究如何使计算机等机器设备具有同人一样的感知能力(如视、听、嗅等)、思维能力(如分析、推理、决策等)、行为功能(如说、写、画等)、学习能力、记忆等基本能力，以及认识问题与解决问题的能力。[2]

一、AI的发展

《AI 标准化白皮书(2018 版)》认为，AI 从 20 世纪 50 年代发展至今，大致分为诞生期(20 世纪 50—80 年代)、快速发展期(20 世纪 80—90 年代末)和繁荣期(21 世纪至今)三个发展阶段。[3] IBM“深蓝”(Deep Blue)战胜世界国际象棋世界冠军(Garry Kasparow)、个人智能助理微软小娜的发布以及谷歌 AlphaGo 战胜围棋世界冠军等都是 AI 发展历程中标志性的事件，如图 8-1 所示。

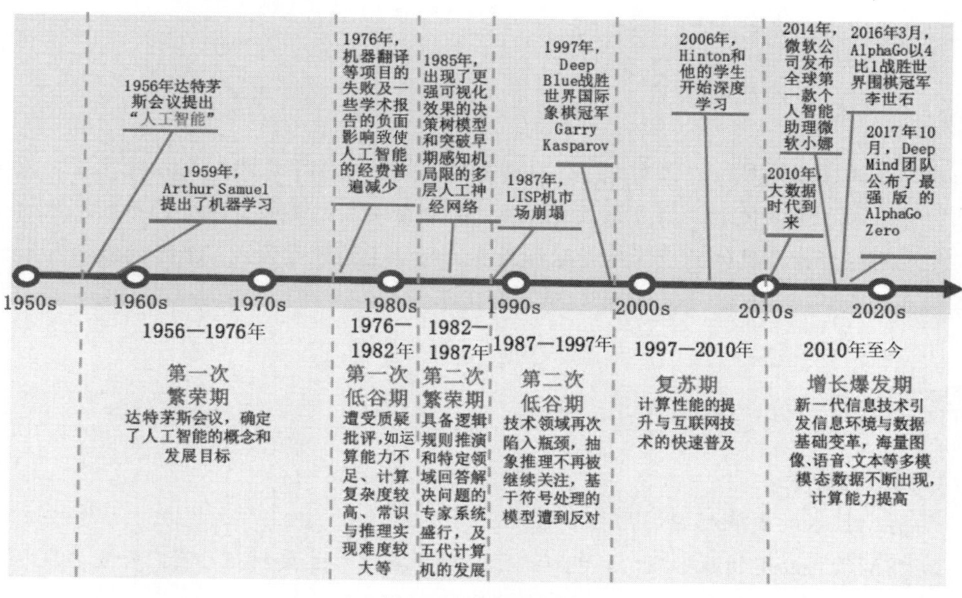

图8-1　AI的发展历程[4]

1　李鹤. 基于人机交互模式的救援人员心理救助系统设计与实现[D]. 沈阳：东北大学，2014.
2　百度文库. 人工智能及其应用-概论[EB/OL]. [2021-12-29]. https://wenku.baidu.com/view/484a1dba69dc5022aaea00bf.html.
3　王有学，高洁. 论人工智能技术发展及其在教育中的应用[J]. 中小学电教(综合版)，2019(4)：6-9.
4　中国电子技术标准化研究院.人工智能标准化白皮书(2018 版)[EB/OL]. [2021-12-29]. http://www.cesi.cn/images/editor/20180124/20180124135528742.pdf.

现如今，业内对 AI 的发展根据智能化程度划分为弱 AI 阶段、强 AI 阶段和超 AI 阶段。[1] 逐渐发展的 AI，如图 8-2 所示。

图8-2　逐渐发展的AI

弱 AI，也称限制领域 AI(narrow AI)或应用型 AI(applied AI)，[2] 该阶段制作出来的智能机器能够在某个特定领域实现真正的逻辑推理和提供问题的解决方法，事实上这些智能机器是不具备思考能力的，也不具备自主意识；强 AI，又称通用 AI(artificial general intelligence)或完全 AI(full AI)，该阶段可以理解为制作出来的 AI 机器是拥有思维、知觉和自我意识，能够通过对大量数据的收集、加工和处理实现对问题的归纳推理和分析解决，可以胜任人类的工作；[3]超 AI 阶段的智能机器可以在各方面实现比人类更多更强的功能，甚至比人类还要聪明。

未来，AI 技术必将从弱 AI 阶段向强 AI 阶段发展和迈进，从强 AI 阶段向超 AI 阶段的终极形态发展和迈进。[4]虽然我们现在还基本处于弱 AI 的发展阶段，但是 AI 已经无孔不入、无处不在。

二、AI 行业应用进展

目前，AI 在各行各业的实际应用数不胜数，在某些行业的应用中可以说是硕果累累，而且 AI 发展迅猛。在现实生活中，AI 不仅仅以机器人的形式存在，其更多的存在形式不被人们熟知，却频繁用于提高人们生活质量及改善工作环境中。AI 应用领域如图 8-3 所示。

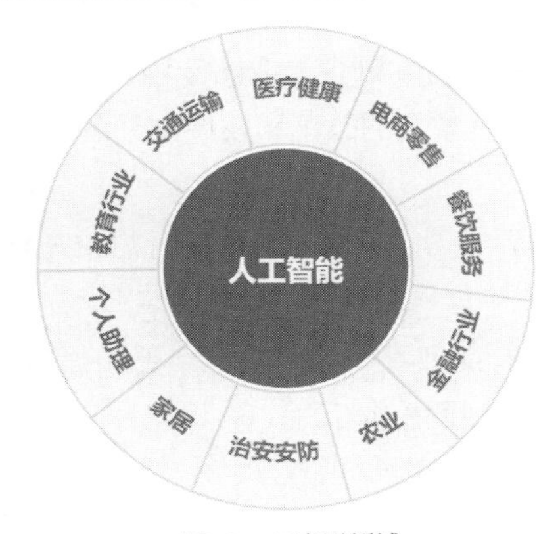

图8-3　AI应用领域

1　刘奎. 廓清人工智能认识误区[N]. 解放军报，2019-12-19(7).
2　杨伊，任杰. 我国中小学体育课程改革 70 年——兼论人工智能对体育教育的影响[J]. 体育科学，2020，40(6)：32-37.
3　钱智敏，姜桦. 互联网联合人工智能在妇科肿瘤全程管理中的应用展望[J]. 复旦学报(医学版)，2019，46(4)：556-561.
4　程承坪. 人工智能最终会完全替代就业吗[J]. 上海师范大学学报(哲学社会科学版)，2019，48(2)：88-96.

AI 在电商零售领域得到了广泛应用，如无人便利店、客流统计、个性推荐、无人仓库等。人脸识别客流统计技术从多维度构建顾客肖像，利用数据实现运营策略的调整；日常我们使用淘宝、京东等电商平台进行网上购物时，会发现这些平台会根据用户的浏览历史进行个性化推荐；针对庞大的购物订单，京东利用大量的智能机器人来实现商品的分拣、运输和配送，实现商品物流的自动化。

AI 涵盖很多复杂的技术，每一项技术与每一个行业结合都能擦出不一样的火花，催生不同的行业应用产品，出现在不同的行业应用场景中。

思考：

生活中有哪些AI App？简单描述其功能。

第二节　AI教育应用

AI 教育应用层出不穷，它带来的显著改变是有目共睹的，它正在重构整个教育生态。校园作为 AI 教育应用的重要载体和具体实现场所，教师是 AI 教育应用的实施主体，学生是 AI 教育应用的受益者，未来的校园生态系统必然是以 AI 为底层逻辑的真正的智慧校园。

一、内涵

教育领域在关于 AI 的学术研究中经常使用“AI 教育”“教育 AI”“智能教育”“智慧教育”“AI 教育应用”等不同的概念，[1]为使人们对这些概念有一定的认识和区分，下文简单阐述这些概念。

(1) “AI 教育”是指 AI 多层次教育体系的全民智能教育，[2] 涵盖中小学、高等教育等阶段设置的 AI 相关课程。

(2) “教育 AI”是指 AI 与教育科学融合形成的专项领域，以协同理念为导向，运用 AI 技术理解学习是如何发生的，[3]以促进教育的改革和发展，更系统、更微观、更深入地揭示学习发生的原理与机制。

(3) “智能教育”一般指培养学习者掌握、运用各种思维与技术工具，利用智能学习系统，实现智能学习的解决方案。[4]

(4) “智慧教育”是指在“智能教育”的基础上，更加强调构建技术融合的学习环境使教师能够高效率教学，使学生能够个性化学习。[5]

1　高婷婷，郭炯. 人工智能教育应用研究综述[J]. 现代教育技术，2019，29(1)：11-17.
2　梁建朋，陈秀梅. 中小学人工智能教育实践共性问题分析[J]. 中国教育技术装备，2020(13)：98-100.
3　翟雷，邢国春. 大数据环境下人工智能技术在教育领域的应用研究[J]. 情报科学，2019，37(11)：127-132，143.
4　张进宝，姬凌岩. 是“智能化教育”还是“促进智能发展的教育”——AI 时代智能教育的内涵分析与目标定位[J]. 现代远程教育研究，2018(2)：14-23.
5　王亚飞，刘邦奇. 智能教育应用研究概述[J]. 现代教育技术，2018，28(1)：5-11.

(5) “AI 教育应用”是聚焦于 AI 在教育领域中创新应用的技术、模式与实践的集合，能实现教育辅助、建构教育场景、重组教育中的要素或者重构教育过程等。[1]

从近几年 AI 在教育领域的应用实例来看，AI 教育应用包罗万象，内容广泛，内涵丰富，但其主旨不变，是 AI 与教育深度融合、以实现教育最优化为目标的产物。[2]

二、典型需求

AI 教育应用多半是围绕学校环境中教师的教与学生的学而进行的，直接或者间接服务于学生、教师和学校管理者，因此 AI 教育应用在教育领域的需求首先体现在学习、教学与管理方面。基于服务对象的不同，AI 教育应用的典型需求可以划分为基于学生的学习需求、基于教师的教学需求和基于管理者的管理需求。

1. 基于学生的学习需求——“助”个性化学习

AI 赋能学习，能够在满足学生不同需求的基础上有效帮助和正确引导学生学习，为学生提供定制式的学习服务，丰富学生的学习体验，如实时记录学生的学习进程和学习状况，为学生建立学习画像，通过画像，诊断并分析学习中的“漏洞”、学生目前最大的困难和优势、应该向什么方向发展，为学生提供个人专属的学习方案和自动化学习效果反馈，提高学生的学习绩效。AI 结合知识捕手技术能捕捉文章中不同类型的知识点，为学生推荐相关的学习资料，加深学习程度，为学生提供更有效的学习支持服务。

2. 基于教师的教学需求——“助”精准化教学

AI 赋能教学，可以缓解教师在 AI 时代各项工作的压力，能够辅助教师更好地了解学生学习的状态。例如，通过大数据学情分析实现精准备课，通过过程诊断实施差异教学，通过知识图谱找准学习重难点，通过学生画像规划学习路径，通过全景数据实现综合评价，通过大量的视觉技术帮助教师进行教学效果分析，通过智能批阅实现考试和作业的批改，等等。在 AI 技术的支持下，教师可以借助客观、真实、可靠的数据来全面提升学生的学习热情，实施精准教学，提升教学质量和教学效率。

3. 基于校园的管理需求——“助”智慧化管理

AI 赋能管理，不仅包括对教师和学生的管理，还包括对学校层面所有教育教学活动、教学环境等的管理，可以辅助管理者做到管理精准化与决策科学化。例如，通过模式识别技术、自然语言处理、机器学习以及大数据技术实现对教师与学生活动的动态管理，通过学生行为轨迹分析和消费特征分析实现校园服务结构的调整，通过安保机器人实现校园安防的布控，通过智能监控实现校园环境的智能治理，等等。

1 张坤颖，张家年. 人工智能教育应用与研究中的新区、误区、盲区与禁区[J]. 远程教育杂志，2017，35(5)：54-63.
2 何克抗. 21 世纪以来的新兴信息技术对教育深化改革的重大影响[J]. 电化教育研究，2019，40(3)：5-12.

三、主要特征

AI技术的特征很多，但不是每个特征都能体现在教育领域的相关应用中。从AI教育应用的典型需求中可以总结出AI在教育应用中的典型特征，主要包括以下四个方面。

1. 推荐智能化

基于学生的个人信息、认知特征、学习记录等数据，AI可以为学生构建学习画像，并从更新的数据集中不断调整和优化画像模型，使得画像与学生更为贴切，从而个性化推荐学习资源、学习路径，提供学习服务。[1]

2. 测评自动化

与教师相比，AI更善于记忆，擅长处理评价目标清晰、评价标准客观、评价内容可量化的教学事务。随着自然语言处理和文本挖掘等智能技术的革新，AI的自动化测评程度越来越高，现实生活中日渐成熟的自动化测评系统已经被应用于大规模的英语四、六级考试，教师也终于能够从机械繁重的测验与评分活动中解脱出来。自动化测评系统可以为教师减少很多教学评价的工作压力，一定程度上有助于提高教师教育教学的工作质量和效果。

3. 决策数据化

数据化是AI在教育决策上的主要特征。教育领域的海量数据蕴含着非常丰富的效用，借助AI的高性能并行运算技术能够释放出这些数据的内在价值与能量，为教育决策提供真实依据。

4. 资源集成化

AI涉及教育领域的多个学科，学科之间并不是孤立的，而是紧密联系的，学生只有多元化发展，具备综合性的学科能力，才能适应未来时代对人才培养的需求。AI教育应用能将多个学科的资源集成，用于激发、培养和提高学生的多种能力，如计算思维能力、创新思维能力等。

探讨：

AI应用于教育领域有许多优势，如智能化推荐、自动化测评等，但其也有一些弊端，具体有哪些？

1 梁迎丽，刘陈. 人工智能教育应用的现状分析、典型特征与发展趋势[J]. 中国电化教育，2018(3)：24-30.

第三节 AI教育应用的发展现状

AI 发展飞速，极大地影响着教育行业的发展。现在“AI+教育”的趋势越来越明显，AI 教育应用受到了全球的重视并引发了广泛关注。

一、国外发展现状

AI 的发展具有全球化特征。本节将选取美国、新加坡、日本三个发达国家颁布的关于国家 AI 发展方向与目标的报告，通过报告来大致了解 AI 教育应用的国外发展现状，如图 8-4 所示。

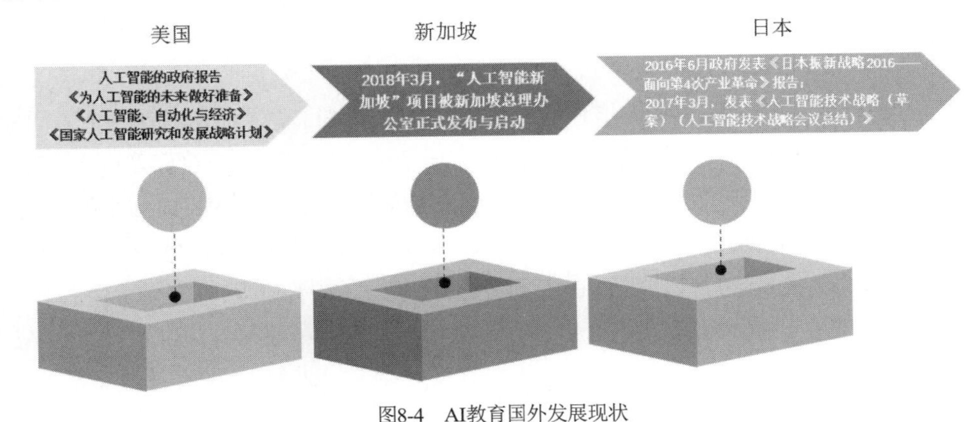

图8-4 AI教育国外发展现状

1. 美国

美国联邦政府曾发布过三份有关 AI 的政府报告，分别是《为人工智能的未来做好准备》《人工智能、自动化与经济》和《国家人工智能研究和发展战略计划》，[1]报告涉及 AI 教育应用的内容包括：①美国研究型大学应该将人才培养目标设置为跨学科人才的培养，深入研究 AI 的前沿理论，力争研发更多尖端的 AI 技术；②联邦政府应该积极参与 AI 基础研究和 AI 综合运用等，其中包括教育领域 AI 的应用研究，发挥政府的职能并合理利用 AI 促进教育公平，等等。

美国的麦凯博士提倡应该使用学习分析技术为学生构建专属的学习者画像，在学生已有的学习经验基础上提供定制式的 AI 教师，以促进高等院校基础课程个性化建设和自适应教学。[2]梅洛博士灵活运用多种智能技术(如生物识别技术、视频识别技术等)对学生进行了多方面的追踪和观测，以充分认知学生在课堂学习过程中的各种心理变化。

1 尹昊智，刘铁志. 人工智能各国战略解读：美国人工智能报告解析[J]. 电信网技术，2017(2)：52-57.
2 何克抗. 21 世纪新兴信息技术对教育深化改革的重大影响[J]. 中国现代教育装备，2018(16)：1-7.

2. 新加坡

2018 年 3 月，“AI 新加坡”项目被新加坡总理办公室正式发布与启动。此项目意味着新加坡政府的国家 AI 领域的发展战略正式开启。[1] 该项目的主要内容是计划对 AI 教育应用在以下两方面做出重大调整：①人才培养方面。国家为了让新加坡本地的人才能够通过积极参与 AI 专业培训的方式来获得 AI 时代发展的必备技能，特设立奖学金来支持 AI 领域的科学活动，寄望于 AI 与教育相结合来为 AI 教育应用的开发输送 AI 专业人才。②环境建设方面。国家大力提倡社区的 AI 行动者和 AI 思想家利用创客空间建立交流平台，并与大众一起分享 AI 相关的资料资源和设施设备，希望最大限度地实现社区人员之间对 AI 教育应用的交流互动和相互协作的目的，促进 AI 教育应用的快速发展与创新。

3. 日本

日本的 AI 教育应用政策：2016 年 6 月，日本政府发布《日本振新战略 2016——面向第 4 次产业革命》。该报告中提及：①在基础教育阶段应该把编程教育和科普教育等与 AI 相关的教育内容列入中小学基础课程的必修范围，提前使学生具备信息素养，接触 AI 技术的前沿知识，为未来 AI 教育应用的发展培育人才；②在高等教育阶段则应该将人才培养和人才引进作为 AI 教育应用发展战略的关键性项目，鼓励和拓展工业界和学术界的 AI 教育应用研究活动。2017 年 3 月，日本发布《AI 技术战略(草案)(AI 技术战略会议总结)》。该报告探讨了日本的 AI 教育的发展阶段及目标。[2]

总的来说，美国、新加坡和日本都将 AI 教育列入了国家发展战略，认为它是增强综合国力的关键技术，认为 AI 专业人才是未来的关键人才，并表达了利用 AI 技术促进教育公平、教育发展与创新的美好愿望。

二、国内发展现状

近几年，随着 AI 的迅猛发展，国家不断出台与 AI 教育相关的政策，鼓励 AI 向教育行业进军，并通过政策逐步指引 AI 在教育领域的发展方向。下面我们将通过国家发布的各项政策来了解一下 AI 教育应用的发展现状。

2017 年 1 月，国务院颁布了《国家教育事业发展“十三五”规划》，其中提及鼓励综合利用 AI 与其他技术探索未来教育教学新模式。同年 7 月，国务院出台了《新一代 AI 发展规划》，提出了面向 2030 年我国新一代 AI 发展的指导思想、战略目标、重点任务和保障措施，部署构筑我国 AI 发展的先发优势，强调高校和科研机构开展 AI 前沿性基础理论研究、跨学科探索性研究，引进和培育 AI 领域的顶尖人才团队，进行 AI 学科建设。

1　胡伟. 人工智能时代教师的角色困境及行动策略[J]. 现代大学教育，2019(5)：79-84.
2　段世飞，龚国钦. 国际比较视野下的人工智能教育应用政策[J]. 现代教育技术，2019，29(3)：11-17.

2018 年 4 月，教育部制定并下发了《高等学校 AI 创新行动计划》，该计划明确了高等院校在 AI 教育领域的重要性。意味着中国 AI 教育应用的相关政策又得到了更进一步推进。紧跟其后，教育部颁布了《教育信息化 2.0 行动计划》，对我国的教育信息化建设特别是 AI 教育应用做出了重要指示，提出要推动 AI 在教学、管理等方面的全流程应用，[1]明确指出了社会人才的培养方向，同时希望通过智能技术加快教学方法改革。2019 年 2 月，中共中央、国务院发布《中国教育现代化 2035》，明确提出要建设智能化校园，统筹建设一体化、智能化教学、管理与服务平台。[2]

2020 年 10 月，中共中央、国务院发布了《深化新时代教育评价改革总体方案》，为新时期教育评价改革工作的开展提供了新的指导思想。[3]在此背景下，如何利用 AI 技术实现对教育评价体系和评价机制的系统革新，是智能时代教育信息化科技研究需要探索和挖掘的重要方向。

综览我国颁布的 AI 教育应用相关政策可以发现，我国对 AI 在教育领域的应用越来越重视，政策的发展必将推动科学界人士和教育界人士积极研发 AI 教育应用，未来 AI 教育应用的发展路径将日渐清晰和明朗；同时政策也为学校如何培养 AI 后备人才明确了方向，指引高等院校朝着革新学科建设和教学内容等方面发展。

思考：

从各国出台的相关AI教育应用的报告与政策看，美国、新加坡、日本和中国AI教育应用的发展重心有何不同？

第四节　AI教育应用的场景

未来的教育方式很有可能是人机协同的教育发展趋势，在此趋势下，学生的学习方式会发生较大的变化，教师的角色以及教育教学方式也会发生相应的变革。

一、整体框架

AI 教育应用的服务对象有学生、教师和教学管理者三种类型，每种类型的用户对象对于 AI 教育应用这个动态系统的需求是不一样的，想从中获得的帮助和实现的具体目标也不尽相同。AI 教育应用的发展方向应与其服务对象的需求趋于一致，只有基于用户需求的不同而制定的系统框架才具有生命力。AI 教育应用的整体框架如图 8-5 所示。

1　白雨晴，高军. 人工智能背景下高职院校学生核心素养的培养路径研究[J]. 西北成人教育学院学报，2020(1)：41-44+59.
2　吴玉梅，尹侠. 现代信息技术：适时显现儿童数学过程中的思考——以《平移》教学为例[J]. 贵州教育，2019(17)：26-29.
3　赵崇铁. 深化新时代基础教育评价改革——学习贯彻《深化新时代教育评价改革总体方案》精神[J]. 福建教育学院学报，2020，21(11)：1-2+50+129.

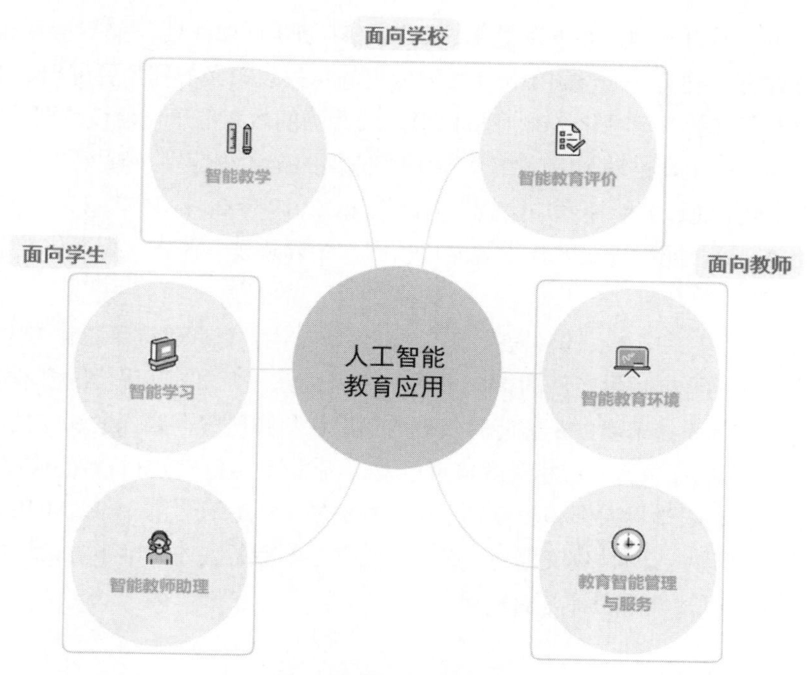

图8-5 AI教育应用整体框架

二、典型应用场景

随着互联网、移动技术的发展，教与学的场景日益多元化，不再局限于教室内的学习、教材的学习，在任何时间、任何地点，通过设备接入个性化内容的学习将成为满足未来教与学需求的重要形式。大数据、AI、云计算、5G 等新兴技术不断创新涌现，加速了这种形式的出现，但是无论如何，各项技术的各种应用与教育相结合都将是服务于学生、教师和教学管理者的。基于用户的不同和需求的不同，AI 教育应用面向特定用户的场景也不同，因此 AI 教育应用的典型应用场景可以分为面向学生的 AI 教育应用典型场景、面向教师的 AI 教育应用典型场景和面向校园的 AI 教育应用典型场景。

1. 面向学生的AI教育应用典型场景

(1) 智能学习过程支持。

AI 技术可以被应用于支持学生学习过程中的各个环节，针对此类场景目前主要聚焦于知识与能力结构的智能化表征、智能诊断与推荐、学习负担检测与预警、虚拟探究学习环境、智能学科工具、基于脑科学的智能辅助学习、智能机器人学伴与玩具、特殊教育智能助手等方面的应用研发，最为常见的就是各种各样的智能学科工具的诞生。

(2) 智能教师助理。

AI 教育应用在这类场景中起着延伸教师课外帮辅的作用：AI 教育应用可以充当教师的角色，如学生课后作业的自动批改助教、学生学习障碍的自动诊断分析师、学生提升问题解决能

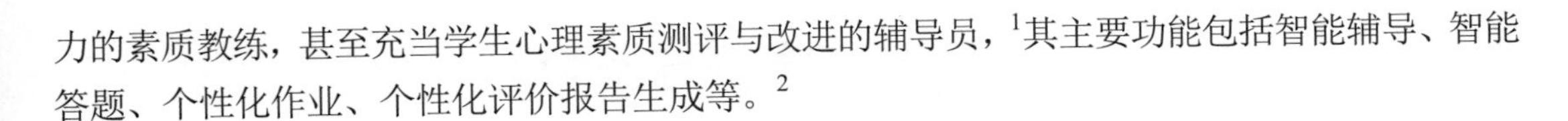

力的素质教练，甚至充当学生心理素质测评与改进的辅导员，[1]其主要功能包括智能辅导、智能答题、个性化作业、个性化评价报告生成等。[2]

2. 面向教师的AI教育应用典型场景

(1) 智能教学过程支持。

教师在教学过程中需要做大量的工作，AI 与教师工作相结合可以分为 AI+ 教学、AI+ 备课、AI+ 教研、AI+ 教学设计等。AI 教育应用在支持教师教学过程这个场景中主要致力于智能出题与批阅、精准教研报告生成、教学设计生成、学期/年度总结生成、智能德育教育等方面。AI+ 教学是指教师可以利用 AI 辅助规划教学过程，如根据学习内容向教师智能推荐仿真教学系统，开展情境教学，[3]或让 AI 参与教师的教学，实现人机共同教学。AI+ 备课和 AI+ 教学设计是指 AI 用于辅助教师备课和教学设计的撰写，为教师供给多样化的教学资源，帮助教师研读教学内容。AI+ 教研是指获得 AI 技术支持的教研，其一般流程包含教研活动发起、在线教研、获取教研报告、交流研讨、决策应用。

(2) 智能教育评价。

AI 测评系统在学生综合素质评价中既可以有效减轻教师对学生进行各种评价的负担，又可以为学生提供真实且客观的测评结果。此类 AI 教育应用涉及的场景有实际问题解决能力诊断评价、心理健康监测预警与干预、体质健康监测与提升、智能课堂评价、学生成长与发展规划和口语自动测评等。[4]

3. 面向教学管理的AI教育应用典型场景

(1) 智能教育环境。

AI 技术在校园的智能教育环境建设中的应用包括基于 AI+IoT 技术的智慧校园建设、校园安全探测与预警、智能教室、智能图书馆、智能书写系统等。

(2) 智能教育管理与服务。

AI 在教育管理与教育服务方面的需求很大，因为校园环境是复杂的，除了最基本的教师、学生、校园安全需要管理外，还有很多需要借助 AI 来实现校园复杂问题的有效解决。目前 AI 在智能教育管理与服务场景中的应用致力于 AI 促进教育公平、基于大数据的教育智能决策系统、智能技术提升区域教育质量、教育质量动态检测、定制化教育服务、智能校医助手等。

> **探讨：**
>
> AI教师以后是否会取代现实中的教师？

1 姜钰. AI 赋能教育：产业应用管窥与琐思[J]. 中国教师，2019(7)：29-32.
2 余胜泉. 人工智能教师的未来角色[J]. 开放教育研究，2018，24(1)：16-28.
3 李爱霞，顾小清. 学习技术黑科技：人工智能是否会带来教育的颠覆性创新？[J]. 现代教育技术，2019，29(5)：12-18.
4 王哲，李雅琪，冯晓辉，等. 人工智能在教育领域的发展态势与思考展望[J]. 人工智能，2019(3)：15-21.

第五节 案例与反思

提及 AI，很多人都会觉得高深莫测。事实并非如此，随着研究者对 AI 的深入探索，AI 教育应用俯拾即是，如许多由 AI 驱动的学科工具已经在正式和非正式学习中被频繁使用，许多由 AI 技术支持的测评系统被应用于教育教学，许多由 AI 技术引领的智慧环境被建设，等等。以下选取了三个典型案例进行介绍。

一、典型案例

【案例 8-1】

谷歌 AI 皮影戏

1. 案例概述

本案例资料来源于网络文章《Google 在中国办了个 AI 体验展，这可能是你离它最近的一次》。[1] 中国民间古老的传统艺术皮影戏于 2011 年入选人类非物质文化遗产代表作名录。皮影戏是利用兽皮或纸板制作的人物剪影以故事表演形式呈现的一种民间戏剧，在民间又被称作影子戏、灯影戏。[2]这种历史悠久的、古老的传统文化艺术现在却面临着失传的结局。党的十八大以来，国家高度重视非物质文化遗产的保护和传承，多次提出重要指示要把祖辈留下的非物质文化遗产项目保护好，世代相传。[3]然而，现在的学生迫于升学压力，没有太多的闲暇时间去关注传统文化和学习民族技艺，如传统的戏曲、国画、书法、武术、太极等，以至于他们对某些传统文化艺术闻所未闻。谷歌于 2018 年 9 月在上海主办的 AI 体验展设计开发了一款 AI 与皮影戏相融合的互动项目，为传统文化艺术普及提供了新的思路。

2. 案例介绍

在体验展的体验区，谷歌专门为游客准备了一间黑暗的房间，只要游客把自己想要表达的内容用手影呈现出来，AI 技术就会对手影进行自动识别，匹配相应的动物形状，然后将其手影投影在房间墙壁上的皮影剪纸中，充当皮影戏中的角色，并演绎一场别开生面、精彩有趣的皮影戏。(图 8-6)

---

1 搜狐网. Google 在中国办了个 AI 体验展，这可能是你离它最近的一次[EB/OL]. [2022-01-10]. https://www.sohu.com/a/254713736_413980.

2 腾讯新闻. 传统文化之戏曲(皮影戏)[EB/OL]. [2021-12-29]. https://xw.qq.com/cmsid/20211015A02ZN400.

3 彭莹. 以文化之力助推佛山城市升值[J]. 文化学刊，2017(3)：15-20.

图8-6 AI皮影

3. 效果与反思

谷歌AI体验展中AI与皮影戏相融合的项目，让众人发现原来AI不只可以改善人们的生活质量，还可以使历史悠久的传统文化艺术得到发扬，重新焕发生机。AI与传统文化艺术的结合是一个新颖的创意，对于传统文化的传承意义非凡。或许可以在学生的校园学习中通过“AI+传统文化”这样的创新表现形式，为学生带来不一样的传统文化与技艺学习的新体验。“AI+传统文化”衍生出来的AI教育应用将在传统文化弘扬和传承方面起到重要作用。相关AI教育应用引进校园的课堂，既能充实学生的校内学习生活，又能为学生提供更加便利的途径去切身感受传统文化艺术的魅力。

【案例8-2】

中小学生综合心理素质测评系统

1. 案例概述

本案例资料来源于北京师范大学未来教育高精尖创新中心《北京市教委领导莅临未来教育高精尖创新中心指导工作交流会》[1]。学生心理的健康发展是学生德、智、体、美、劳全面发展的基础和保证，[2]如果一个学生不能拥有健康的心理或者存在性格方面的不足，就不太可能拥有良好的学习修养，甚至会出现厌倦学习、缺乏自信、粗心大意等学习障碍。在学校的教育教学工作中，教师通常高度关注学生的考试成绩，而学生的生理和心理方面极少会被教师及时地关注到。每个学生都有其特定的成长环境，成长环境各异必然孕育着学生截然不同的心理特征。北京师范大学未来教育高精尖中心开发的中小学生综合心理素质测评系统(图8-7)为教师快速发现学生的潜在心理问题提供解决方案。

---

1 北京师范大学未来教育高精尖创新中心. 北京市教委领导莅临未来教育高精尖创新中心指导工作交流会[EB/OL]. [2022-01-10]. https://aic-fe.bnu.edu.cn//xwdt/zxxw/25122.html.

2 俞国良，邢淑芬. 德育课程实施心理健康教育的基本思路 第四讲 德育课程中设置心理健康教育的重要性[J]. 中小学心理健康教育，2004(4)：47-48.

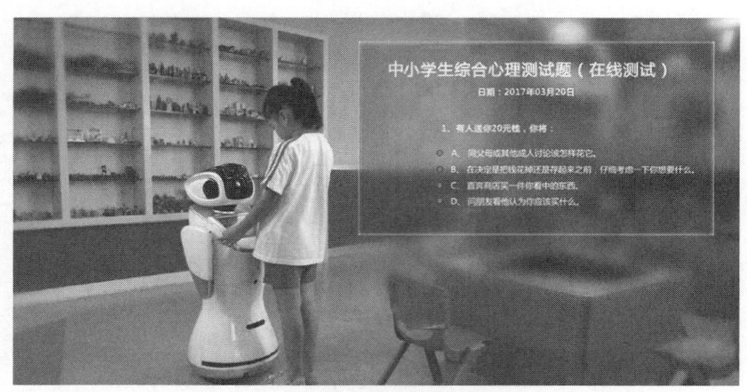

图8-7　中小学生综合心理素质测评系统

2. 案例介绍

2016 年 9 月至 2017 年 11 月，北京师范大学未来教育高精尖中心开发的高水平中小学生综合心理素质测评理论模型、测评工具和应用系统被应用，该系统通过收集各个层级、各年龄段、各学段、各人口学变量分类等各类学生群体的常模，搭建了数据采集系统、数据传送和共享系统、数据储存和分析系统。北京师范大学未来教育高精尖中心使用该系统组织了基于智慧学伴素质测评的 3 次大规模测评，此次测评参与的学校有 40 多所，参与测评的学生近万人。测验内容经网上发布后，学生可以自主使用手机、电脑等终端设备进行测验的作答。学生作答完毕提交后则会自动获得个人测评报告，只要班级和学校 2/3 的学生作答完毕，心理教师就可以查询到班级报告及学校报告。自动生成的学生报告会对可能存在高危问题和潜在风险的学生进行提示，指导学生发现和改善自身存在的问题。与此同时，报告也会提示学校的心理教师及时关注和引导可能存在问题或风险的学生。心理健康、青少年发展潜力、教育环境、学习品质、人格发展和认知能力是该综合心理素质测评系统的主要模块，系统中一共有 42 个测验，目前已经研发完成 18 个测验可以在“智慧学伴”App 上供学生自由测试。

专家根据此次大规模的测评报告结果与参与测评学生的成绩进行对比分析后发现：心理问题与学生的成绩成反比。在得到测评的报告与反馈之后，学校对存在风险的学生有针对性地进行了单独访谈，并在北京师范大学未来教育高精尖中心的指导下积极开展心理课程的筹备。

3. 效果与反思

“智慧学伴”的测评能够有效且及时地发现学生存在的问题，教师在获得学生的具体情况后应该及时寻求问题的解决办法，帮助学生在校园中实现德、智、体、美、劳的全面发展。

目前，在互联网上利用 AI 进行学生心理健康的预警及干预还处于起步阶段，未来还有很长的道路要走。学校大规模的测试会导致学生出现为了掩饰自己的问题而进行程序性作答的可能，因此未来需要 AI 教育应用与教育教学毫无违和感地融合，不断地优化智能测评系统的存在形式，在教师对学生的心理健康监测、预警与干预方面起到一定的作用。

【案例 8-3】

江南大学智慧教室监管

1. 案例概述

本案例资料来源于《光明日报》上的一篇文章《江南大学：“数字化能源监管”绿色校园》[1]。学校是学生进行学习的首要场所，随着 AI 等技术的快速发展，智慧校园已经逐渐由一种理念转变成现实，并且日益具体化和实物化。教室的智慧化是智慧校园建设极为重要的建设分支，教室的智慧化建设会使教师与学生的学习交流与交互方式发生变化，使学校师生与校园教学环境的运用方式与方法发生变化，进而为教师的教育教学提供多元且开放的环境，为学生的知识学习提供人性化且方便舒适的环境。智慧教室如图 8-8 所示。

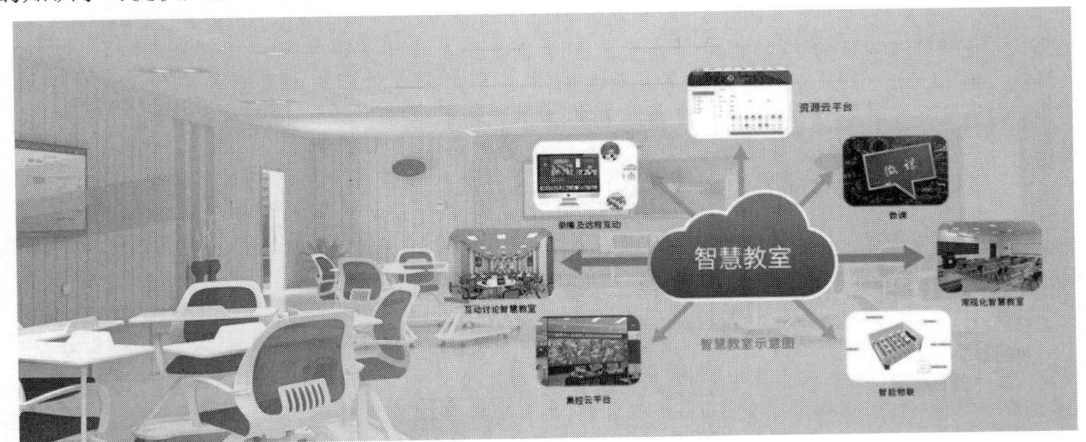

图8-8　智慧教室

2. 案例介绍

江南大学从 2012 年开始就对教室的数字化改造进行有益的尝试与探索，对校园的公共区域和教室内部做了全面的改造，专门调整了装饰材料、地板、桌椅、灯光等。学校经过智慧化改造后，教学楼的每间教室都放置了一台网络型集中控制器，通过一台 24 台企业级交换机将教室内部的投影仪、幕布、电脑、拾音扩音、摄像头等电子设备全部接入网络中控，使得教育管理者可以在线实时查看所有接入设备的使用情况，并实现对各类设备的远程控制。江南大学还特意为师生互动频次多、交互方式多的探究型课堂设计了智慧教室，在智慧教室里安装了交互式短焦投影仪、电子白板，同时在教室后侧、左右侧加装了多个触摸式电脑液晶显示设备，拆除了传统固定式的课桌椅，添置了可移动、可拼接式桌椅。学校在所有智慧教室中安装了前置和后置的高清摄像头，管理平台能为教育管理者提供在线巡课功能，为教育工作者提供常态化录播功能；可以采集教师板书画面、学生画面、PPT 投影画面及声音输入等，合成课堂教学实时音视频；可以满足巡课的需求，即实时调阅查看教师教学和学生上课的情况；可以实现教

1　苏雁，陈敏. 江南大学：“数字化能源监管”绿色校园[EB/OL]. (2022-01-10)[2022-04-08]. https://epaper.gmw.cn/gmrb/html/2014-04/08/nw.D110000gmrb_20140408_2-03.htm.

师对部分课程进行常态化录播；等等。此外，江南大学还在所有智慧教室门口安装了门禁系统，协助教室管理人员完成开门关门的智能化管理，提高管理效率。

3. 效果与反思

利用 AI 技术可以对智慧教室里的一切实现全面感知：一方面对智慧教室内各种物理设备的实时动态监控与控制，随时随地感知、捕获和传递设备的信息；另一方面对学生个体或群体基本特点的洞察和捕捉。其实，在学校里单纯负责教学设备的开关、教室的开门与关门、教室灯光的控制等也是不容忽视的小事，虽然这些看起来微不足道，但却消耗着校园的大量人力、物力甚至财力，用 AI 技术全面实现学校教学环境的智能控制和智慧管理是学校发展的必然道路。

二、AI教育应用带来的教育变革

在 AI 发展高歌猛进的时代，智能技术带动了“教”“学”“评”等诸多领域的整体性变革。

1. 学生学习方式的变革

学生是学校教育体系中的核心，任何形式的教育工作的展开最终都必须回归于学生。教育工作的核心内容无疑是采用各种方法和手段来不断提高学生的学习成效。AI 技术支持下的教育教学系统会重塑学生以往的学习方式，通过深入研究学生对于知识学习的认知机制，揭示学生的个性化学习特征与需求。AI 从学生学习方式的角度出发，研发的产品与应用可以通过 AI 大数据提炼学生的学习习性，刻画学习画像，在精准知晓学生知识缺陷的基础上，为学生量身定制个人专属的智能导师和推荐弥补学生知识缺陷的学习资源。因此，学生可以在人工智教育应用的帮助下重新认识自己和正视自己的知识缺陷，及时调整并转变自己的学习方式，采用有效学习方式来达到全面提高学习成效的目标。

2. 教师教学思维的变革

AI 赋能教学后，教师的教学思维不是一成不变的，教师的教学思维将会变得活跃且开放。AI 教育应用是科技发展的产物，科技是不断更新迭代的，其特性会在产物中体现，教师使用科技化的产物必须不断更新自己的思维方式，紧跟技术发展的步伐。AI 教育应用可以为教师直接提供更多的前瞻性的自我提升方案和任教学科的针对性教学资源，以赋能教师在职业道路上的长远发展和教师在学科学术上的专业发展。未来教师在切身体验到 AI 教育应用带来的诸多好处后，会渐渐将技术应用作为日常教育工作中不可分割的部分，形成不一样的教学思维模式。

3. 学校管理模式的变革

AI 可以实现学校教育管理智能化，教育管理者必须直接参与具体学校管理工作的管理模式将会被改变。AI 教育应用于学校管理，可以改善学校管理模式中教育工作者高度集权的问题，

避免教育决策主观化。AI 教育应用于学校管理与服务的场景，可以为校方提供以 AI 大数据为基础的关于校园安保与安全、教学设施和资源配置等方面的智能化决策，还可以在制订学校未来发展计划等方面为教育管理者提供参考。

请在下方填写你认为AI会给教育带来的变革：

第六节　拓展学习

一、信息与观点

对未来教育智慧化的憧憬与期盼是推动 AI 在教育领域深入发展的催化剂。面对 AI 教育应用的蓬勃发展，我们应如何直面 Al 技术给教育界所带来的影响呢？学者们普遍认为，AI 教育应用是一把双刃剑，AI 在彰显教育价值的同时，也带来了一系列的教育挑战，目前热议的观点主要有以下几点。

(1) 北京师范大学李芒教授认为，智能产品使机器更人性化、更智能，却降低了人们思考的主动性与活跃性。不享受解决问题的过程，只要结果，这是人类的退化。AI 教育应用使得学习变得轻松，获取知识变得快捷，获得问题答案变得简单，AI 教育应用的产品不断更新迭代，越来越智能，与此同时，我们需要思考：今天的学习你真的思考了吗？

(2) 刘三好教授认为，我们教育是一个复杂的、动态的社会子系统，需要创新机制，最重要的问题是技术如何与日常教学深度融合，如何促进学习者深度认知。AI 要真正应用到教育教学中，促进学习者的能动性发展，需要探究如何将 AI 教育应用更好地从非正式学习引入学校各学科的课堂教学实践，同时需要思考：如何检验 AI 教育应用的实际价值？

(3) 孙富春教授认为，AI 教育应用使得教师角色发生了转变，但如何提升 AI 教育应用的育人性，以及如何培育人性与人文精神，需要人们进行思考。[1]

(4) 2018 年 5 月，海康威视研发的全国首个智慧课堂行为管理系统——“慧眼”就曾引发 AI 技术在教育领域应用边界的争议。媒体报道有学生直言：“自从教室装了‘慧眼’，上课都不敢开小差了。”这里教育工作者需要思考：在课堂中应用 AI 的人脸识别技术，是对人性的窥探还是督促学生自觉学习？应当坚决摒弃、适当采用还是全面应用？

以上观点折射出来的问题包含情感问题、伦理问题等，这些都是 AI 赋能教育后出现的部分问题，还存在很多学者从不同角度提出的思考。AI 教育应用为教育带来的好处有目共睹，但对于 AI 教育应用存在的问题，我们也不能忽视，不能用放大镜去看待，而应该辩证地去看待这些问题。

二、资源与链接

(1) 中国信通院《人工智能核心技术产业白皮书》：http://www.caict.ac.cn/kxyj/qwfb/bps/202104/P020210420614092578238.pdf。

(2) 中国信通院《手机人工智能技术与应用白皮书(2019)》：http://www.caict.ac.cn/kxyj/qwfb/bps/201906/t20190612_201007.htm。

(3) 中国信通院《人工智能发展白皮书——产业应用篇(2018 年)》：http://www.caict.ac.cn/kxyj/qwfb/bps/201812/t20181227_191672.htm。

(4) 中国信通院《2018 世界人工智能产业发展蓝皮书》：http://www.caict.ac.cn/kxyj/qwfb/bps/201809/t20180918_185384.htm。

(5) 中国信通院《人工智能发展白皮书——技术架构篇(2018 年)》：http://www.caict.ac.cn/kxyj/qwfb/bps/201809/t20180906_184679.htm。

(6) 中国 AI 产业发展联盟《电信行业人工智能应用白皮书》：http://aiiaorg.cn/uploadfile/2021/0309/20210309031402467.pdf。

(7) 中国 AI 产业发展联盟《智能文字识别(OCR)能力评测与应用白皮书》：http://aiiaorg.cn/uploadfile/2020/0928/20200928095323454.pdf。

(8) 中国电子技术标准化研究院《人工智能标准化白皮书(2021 版)》：http://www.cesi.cn/images/editor/20210721/20210721160350880.pdf。

---

1 (英)安东尼·塞尔登，奥拉迪梅吉·阿比多耶. 第四次教育革命：人工智能如何改变教育[M]. 北京：机械工业出版社，2019.

(9) 电化教育研究杂志《中小学人工智能课程学习平台建设现状与优化策略》：https://kns-cnki-net.ezproxy.lib.szu.edu.cn/kcms/detail/detail.aspx?dbcode=CJFD&dbname=CJFDLAST2021&filename=DHJY202110013&uniplatform=NZKPT&v=ztky7AQcQJKoJs0WyMBm8bt52rsi3KsPuYKapUGzFh96XhBJKwuHMmVyQJGugCyI。

(10) 开放教育研究杂志《技术赋能教育高质量发展：人工智能、区块链和机器人应用前沿》：https://kns-cnki-net.ezproxy.lib.szu.edu.cn/kcms/detail/detail.aspx?dbcode=CJFD&dbname=CJFDLAST2021&filename=JFJJ202104002&uniplatform=NZKPT&v=i5wvSCqXgOHHG7KkHIchnoqOnG0DCcQlJzebaKWg4KXIWUS4GahCASRLx0njZH3g。

(11) 现代远距离教育杂志《教育领域中的人工智能：概念辨析、应用隐忧与解决途径》：https://kns-cnki-net.ezproxy.lib.szu.edu.cn/kcms/detail/detail.aspx?dbcode=CJFD&dbname=CJFDLAST2021&filename=YUAN202102007&uniplatform=NZKPT&v=N5gsZ1Yg4xGIikhKwCfr8LF_XgkwRp_4Tt8wtSBpj0hkheIGk6Dawz3mPTO_Wv2f。

(12) 中国电化教育杂志《人工智能教育大脑：以数据驱动教育治理与教学创新的技术框架》：https://kns-cnki-net.ezproxy.lib.szu.edu.cn/kcms/detail/detail.aspx?dbcode=CJFD&dbname=CJFDLAST2021&filename=ZDJY202101012&uniplatform=NZKPT&v=IXQezEzwCUPElIxF9K4zup0ZZwCehxaQg-n1CG-9x7b5PkQZL3Jg8HUki-XxVt10。

(13) 现代教育技术杂志《中小学阶段的人工智能教育研究》：https://kns-cnki-net.ezproxy.lib.szu.edu.cn/kcms/detail/detail.aspx?dbcode=CJFD&dbname=CJFDLAST2020&filename=XJJS202001007&uniplatform=NZKPT&v=f2fXF6mard_pILh88cfA6RJQk9b5lMywpqTzX9V5-DdGz8BSdYeoPXb95Z2rLgCE。

学习活动与建议

1. 拓展学习与探究活动建议

(1) 查阅AI相关技术报告，了解AI最新技术进展，尤其是能应用于教育领域的相关技术，并在课堂上进行汇报。

(2) 查阅相关文献，梳理AI技术的教育应用场景，在课堂上进行汇报分享。

2. 课后活动建议

根据本章学习内容与拓展学习内容，绘制AI教育应用的思维导图，进行知识回顾。

读书笔记

第九章 学习分析

学习分析(learning analytics，LA)技术经历了从开始的学术分析、预测分析、行为分析到现今的多模态学习分析(multimodal learning analytics，MMLA)和多模态融合学习分析(multimodal learning fuston analytics，MLFA)的过程，学习分析技术不断革新促进了相关研究不断发展。针对教育教学中学习者的个体差异构建学习者个性化分析模型，能提供精确学习过程分析，以构建个性化学习情境、给予科学、合理的评价，最终实现对学习者个体的兴趣、能力、个性、社会和情感状态以及动机状态的个性化服务。

学习导引

一、目标与要求

1. 了解学习分析技术的发展历程及其给生活带来的影响。
2. 探究如何将学习分析技术应用到教学中，以及如何发挥其最大优势。
3. 通过文献分析，了解学习分析技术国内外发展现状。
4. 明确学习分析技术在教育中的典型应用场景及其带来的教育变革。
5. 了解学习分析技术的前沿发展趋势和最新技术动态，探究其在教育领域中的新可能。

二、资源与准备

1. 概览全章，预习本章内容。
2. 课前自主学习本章第一节，了解学习分析技术。
3. 网络资料：历届学习分析与知识国际会议的主题及内容。

第一节　学习分析教育应用

学习分析这一概念最早来自 2011 年第 1 届学习分析与知识国际会议(LAK)，会上阐释了学习分析的定义，即学习分析旨在测量、收集、分析、报告学习者积极学习情境的相关数据，以促进学习者对学习过程的理解并优化学习直接发生的环境。[1]

一、内涵

学习分析在教育技术领域中是一类新兴技术，不过在其概念形成之前，相关的方法技术和工具已经发展起来了。我们可以把学习分析理解为一种数据分析应用，它是为教育系统的各级决策提供参考的有力手段，其背后的技术实质就是通过对数据的提取、归类、分析与总结，进行符合逻辑的、满足统计学要求的预测和判断。学习分析可以尝试解读学生学习相关的数据，了解学生的学习过程，找出学习规律，学生在个性化的反馈中改变自身学习方法，从而提升学习效率。[2] 相比数据挖掘强调解决技术问题以及如何从数据中提取价值，学习分析关注的是教育问题以及如何提高学习效率、优化学习环境。[3] 学习分析教育应用在教育教学中应面向真实问题与实际情境，借助学习分析破解教育教学中的难题。该技术能识别学生的知识掌握程度、学习参与度和情绪并提供个性化的干预，在此基础上尝试为学生建模，在知识技能情感等方面描述学生的状态，提高学生学习的投入程度。

二、典型需求

学习分析研究的开展需要多元数据支持，当前学习分析的典型需求有理论体系的融合建构、认知结构的量化表征和教育服务模式的智能创设。

1. 理论体系的融合建构

学习分析研究的开展旨在从系统科学的角度分析学习者、学习情境、学习过程等，探究教育系统的发展规律和演化机理，立足于学习分析研究的实际需要，运用多学科的研究思想对教育规律加以诠释，构建多学科融合的理论体系，利用数据科学的方法解释教育现象和揭示教育规律。[4]

2. 认知结构的量化表征

在保证数据真实性的前提下，如何准确表征学习者的行为模式、认知状态、情感态度以及

1　戴维•涅米，罗伊•D. 皮，博罗•萨克斯伯格，等. 教育领域学习分析[M]. 韩锡斌，韩贤儿，程建钢，译. 北京：清华大学出版社，2020.
2　顾小清，张进良，蔡慧英. 学习分析：正在浮现中的数据技术[J]. 远程教育杂志，2012，30(1)：18-25.
3　Almosallam E A, Ouertani H C . Learning Analytics: definitions, applications and related fields[J]. LECTURE NOTES IN ELECTRICAL ENGINEERING, 2014(285):721-730.
4　王一岩，王杨春晓，郑永和. 多模态学习分析："多模态"驱动的智能教育研究新趋向[J]. 中国电化教育，2021(3)：88-96.

挖掘学习者认知情感状态的协同进化机理，给学习分析研究带来了很大困难。我们可以结合教育学、心理学、脑科学、认知神经科学的研究，对智慧学习空间中的学习发生机制进行深层次的挖掘分析，建立符号表征体系和信息处理渠道，利用智能分析技术模拟其中的意义建构模式，实现学生认知结构的量化表征。

3. 教育服务模式的智能创设

为了使学习分析更精准地评测学习、创设课堂精准治理体系，需要重构智能教育评价模式，变革教育科学研究范式，强化数据科学与教育研究的深度融合，实现数据驱动的“循证式”教育科学研究。

三、主要特征

学习分析学诞生于 2010 年前后，是一种分析学生学习信息、干预学生学习行为，以促进学生学习效果提升的技术。该技术在过去十多年发展迅猛，成为教育研究者关注的重点，其包含以下三个特征。

1. 包容性发展

学习分析教育应用的发展有利于解决当前教育不公的现象。技术的推进可以扩大学习分析的受众范围，单一模态向多模态转化的数据收集渠道，不再局限于单一的网络学习平台，而是逐渐适用于不同的教学场景，这明显增加了数据收集来源的种类。智能化分析模型提供了更精准、更全面的技术支持，将成为学习者高质量学习的有力辅助，促进学习分析技术的包容性发展。

2. 脑科学融合

学习分析教育应用不再仅仅作为学习工具存在，其在为学习过程提供支持与方便的同时，结合脑科学与认知神经科学研究，以脑电波的形式可视化地记录和呈现整个学习过程，构筑“学习—心智”模型，[1] 了解认知过程，大脑内部是如何运作的，并尝试将当前的学习模式、学习风格等与大脑内部学习联结，了解大脑的适应性行为，真正做到认知上的理解。

3. 多学科研究

学习分析教育应用是建立在数据基础上的，用以优化学习行为数据的收集与分析，形成了“学生—数据收集—数据分析—即时反馈—学生”的过程模式。寻求跨学科的讨论与研究和分析模型与分析系统的迭代，是促进学习分析发展必不可少的环节。

1 吴永和，程歌星，刘博文，等. LAK 十周年：引领与塑造领域之未来——2020 学习分析与知识国际会议评述[J]. 远程教育杂志，2020，259(4)：15-26.

四、发展趋势

随着使用的技术方法越来越复杂，学习分析对未来教育的预测可靠性也更高。学习分析技术及其教育应用的场景随着基础技术方法的不断丰富而横向延伸以及纵向推进，[1] 呈现出以下趋势。

1. 从学术分析走向多模态学习分析

早期的教育分析借助商业数据分析工具，孤立地对学习者与教学系统的交互进行分析。大数据技术的出现为学习分析扩展了一种新的思维方式，学习分析也经历了从“技术”到“学科”的发展历程。

传统学习分析的数据来源主要是教学系统中的交互数据，研究侧重于学习者的在线学习行为。而在大数据分析技术基础上应运而生的 MMLA，在传统学习分析之上进行了深化与拓展，强调整合异构的模态数据，包括学习者的行为(如姿势、表情)、生理(如声音)、心理(如心电图、脑电图)等。各种模态间相互补充、共同协作以表达情感、意图和见解。

另外，学习表现的复杂性(如真正的学习表现容易被掩盖)和数据处理过程中的降维取舍，使得各模态数据语义信息的完整性难以保证，当单一模态表达的语义结果不一致时，多模态数据的整合也难以表达准确的决策。因此，如何选择有效的模态组合并进行有效的融合，尽可能挖掘多模态数据的潜在价值，成为当下研究的重点。为了解决这一问题，MMLA 应运而生。MMLA 的核心是通过分析多模态学习数据，解释学习者的行为、情感和认知心理等，注重学习结构知识层面的意义建构，包括模态组合的选择。基于以上工作机制，研究者将多模态数据融合技术与 MMLA 进一步融合，提出了多模态学习融合分析(MLFA)学理分析框架，[2] 如图 9-1 所示。MLFA 以同步多模态融合表征为核心，旨在探索内在多模态间的相关性，尽可能体现数据价值，以推进教育大数据的高质量应用。

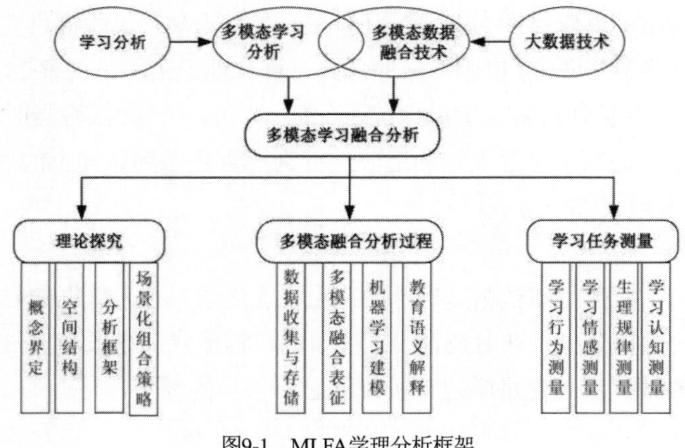

图9-1　MLFA学理分析框架

1　陈雅云，郭胜男，马晓玲，等. 数智融合时代学习分析技术的演进、贡献与展望——2021 学习分析与知识国际会议(LAK)评述[J]. 远程教育杂志，2021，39(4)：3-15.

2　吴永和，郭胜男，朱丽娟，等. 多模态学习融合分析(MLFA)研究：学理阐述、模型样态与应用路径[J]. 远程教育杂志，2021(3)：32-41.

MLFA 分析框架可概括为五个步骤，即多模态数据收集、多模态数据存储、机器学习融合表达、可视化及教育意义解释、教学干预和反馈等。MLFA 流程图如图 9-2 所示。

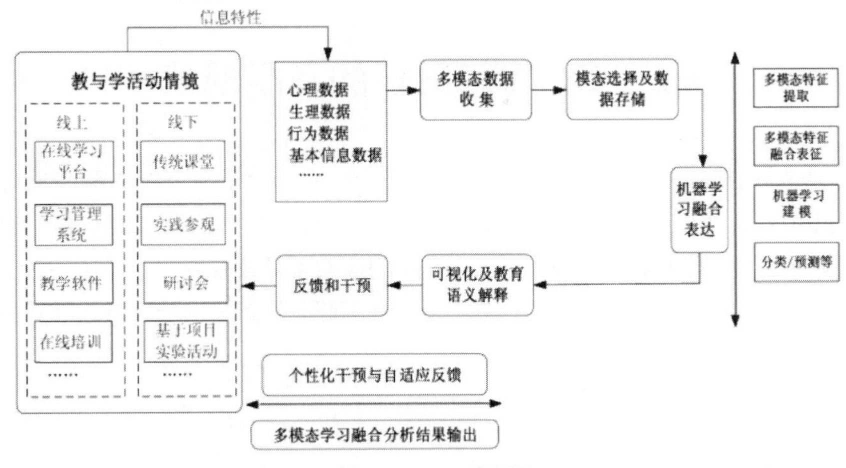

图9-2 MLFA流程图

2. 从标准化、规模化走向个性化学习

进入工业化时代，“标准化教学”越来越难以适应社会发展，大范围的个体化教学不断推进，其以个体适应、价值多样、关注独特、评价超越为特征，成为改变课堂范式的趋势。[1]具体体现如下四点：一是消除“大规模”和“个性化”之间词语意义的矛盾；二是在社会发展的压力下，工业化时期的标准价值体系逐步瓦解，为个性化教学形式的大规模发展提供了可能；三是技术的发展与融入改变了稳定又封闭的标准化课堂，有助于推进大规模个性化教学；四是相关的支撑发展的技术条件也逐渐成熟。

3. 从学习者模型走向学习者孪生体

近几年，数字孪生的相关理念和应用研究正逐渐向教育领域延伸。国内不同来源的研究报告先后提出了“数字孪生交通”“数字孪生城市”和“数字孪生生态”三个阶段。印度国家科学院信息中心主任乌莎(Mujoo-Munshi U.)在 2003 年就曾提出，要寻找一种与实体图书馆实时同步更新的数字图书馆。除了虚拟图书馆，数字孪生也被认为是实现“智能+”校园的重要方法。[2]

数字孪生助推学习者建模发展。理论上基于学习者实体所能提供的实时多模态数据，可在数字世界生成相应的学习孪生体，学习者与其数字孪生体共同成长、共同发展。这种实时的联动与模仿可在数字世界检测、分析学习者的行为方面智能地服务于学习者的学习。

1 吴南中，夏海鹰，黄娥. 课堂形态演进：迈向大数据支持的大规模个性化教学[J]. 电化教育研究，2020(9)：81-87+114.
2 吴永和，程歌星，刘博文，等. LAK 十周年：引领与塑造领域之未来——2020 学习分析与知识国际会议评述[J]. 远程教育杂志，2020，259(4)：15-26.

思考：

尝试梳理学习分析技术的发展及其在教育应用中发展的交叉与相异部分。

第二节　学习分析的发展现状

学习分析与知识国际会议揭示了学习分析的发展历程：从“学习分析技术”到“学习分析”，再到“学习分析学”。[1] 它先后经历了2010—2012年的技术奠基、2013—2014年的多领域整合、2015—2017年的强调跨学科性质和2018—2020年的探索可持续发展。十年塑造让学习分析极大地支撑了教育发展，教育的发展又推动了学习分析革新，了解目前的发展现状可以更好地把握学习分析。

一、国内发展现状

学习分析技术是教育领域的典型应用之一，自诞生以来便受到研究者的高度重视。目前国内学习分析相关研究重点如下。

1. 理论研究

数智融合时代，学习分析技术成为推进教育行业数智化融合发展的关键驱动力，目前学者着重关注学习分析在追踪学习、监督学习、评价学习、优化学习和变革学习等方面的最新进展。[2]学习分析技术从捕获数值、文本、声音等单模态数据，逐渐转向捕捉多模态融合数据，以深入细致地追踪学习。杨东杰等应用眼动追踪技术收集数据，确认学生关注热点和兴趣区域关注度。教师基于此能及时发现并纠正学生，对整个学习活动进行有针对性的评价。[3] 王一岩等分析MMLA的潜在特征，明确MMLA应用场景以促进MMLA与真实教育场景的深度融合。[4] 学习预测、干预学习也是学习分析领域备受关注的研究方向。王怀波等构建目标导向的学习分析模型，旨在从诊断评估、学习预测、教育研究三种应用目标深入了解学习过程。[5]

2. 应用研究

随着理论研究的不断推进，致力于学习分析实际应用的研究也越来越多。卞少辉等将混合式学习中采集的数据应用学习分析技术，开展学生学业测评、学习投入、教师个性化教学的研究，采用教学干预框促进混合式教学效果的提升。[6] 刘清堂等设计了一个学习分析技术支持下

1　吴永和，李若晨，王浩楠. 学习分析研究的现状与未来发展——2017年学习分析与知识国际会议评析[J]. 开放教育研究，2017，23(5)：42-56.

2　陈雅云，郭胜男，马晓玲，等. 数智融合时代学习分析技术的演进、贡献与展望——2021学习分析与知识国际会议(LAK)评述[J]. 远程教育杂志，2021，39(4)：3-15.

3　杨东杰，张岩，郑伟博. 眼动追踪技术在高校课堂教学中的应用研究[J]. 现代教育技术，2020，30(2)：91-96.

4　王一岩，王杨春晓，郑永和. 多模态学习分析：“多模态”驱动的智能教育研究新趋向[J]. 中国电化教育，2021(3)：88-96.

5　王怀波，李冀红，杨现民. 目标导向的学习分析模型构建[J]. 中国电化教育，2018(5)：96-102，117.

6　卞少辉，赵玉荣. 高校混合式教学环境下学习分析应用策略[J]. 山西财经大学学报，2021，43(S2)：135-138.

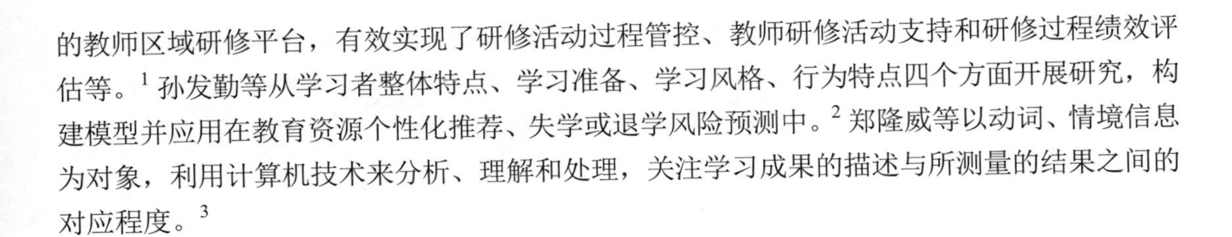
的教师区域研修平台，有效实现了研修活动过程管控、教师研修活动支持和研修过程绩效评估等。[1] 孙发勤等从学习者整体特点、学习准备、学习风格、行为特点四个方面开展研究，构建模型并应用在教育资源个性化推荐、失学或退学风险预测中。[2] 郑隆威等以动词、情境信息为对象，利用计算机技术来分析、理解和处理，关注学习成果的描述与所测量的结果之间的对应程度。[3]

二、国外发展现状

国外对于学习分析的研究主要集中在以下几个方面。

1. 以追踪学习为主的学习者建模

构建学习者特征呈现从简单走向多维的变化趋势。从早期简单的平台学习记录，如回答问题次数、测验正误答对次数、视频观看时长、整体在线时长、上课签到数据等，转向与学习过程直接连接的认知、行为和情感，它们相互作用，共同刻画反映学生的整体学习过程。

另外，对学习者特征的数据收集与分析不再满足于单一、不连续的存储记录，正提倡实时记录与即时反馈，同时更新不同学科之间的数据，跨学科聚合性尤为突出，并在此基础上生成个性化指导，反馈给学生。

2. 以监督学习为主的自我调节学习

萨利希安(Salehian)等学者开发了一套 SRL 指标，识别学生在线学习中的自我调节行为。[4] 这套指标在日志数据中寻找学习进度节点，即教学设计对应的时间点，然而缺乏其他交互数据的支持，这样的过程性记录与学生 SRL 指标的反映程度还有待进一步研究。因此后续学者也从其他教务数据上着手，如系统点击数据、视频观看完成率等，扩充学生 SRL 模式与算法组合应用。

3. 以评价学习为主的学习预测

学习预测因其可推测未来学习成效和潜在的学习问题，在学习分析领域的关注热度居高不下。[5] 学习分析搭载大数据、云计算技术的学习预警系统，整合正式学习和非正式学习下的数据，以此为依据建立相应的学习服务模块，提供自动预警和可视化分析，提高了学习分析的有效性、精准性。有学者通过收集平台数据分析发现，当学生在测试前取得较好结果时，会在随后的测试中更好地检测出他对学习内容的掌握程度。[6] 先进的算法和分析框架可以帮助教师

---

1 刘清堂，徐彪，张妮，等. 学习分析支持下的教师区域研修平台的设计与实现[J]. 计算机应用与软件，2021，38(2)：1-7.
2 孙发勤，董维春. 基于学习分析的在线学习用户画像研究[J]. 现代教育技术，2020，30(4)：5-11.
3 郑隆威，冯园园，顾小清.学习成果可测了吗：基于学习分析方法的认知分类有效性研究[J].电化教育研究，2019，40(1)：77-86.
4 Salehian. K. F, Hatala M, Baker R. S, et al. Measuring Students' Self-Regulatory Phasesin LMS with Behavior and Real-Time Self Report[C]// LAK21: 11th International Learning Analytics and Knowledge Conference, 2021: 259-268.
5 黄涛，王一岩，张浩，等. 智能教育场域中的学习者建模研究趋向[J]. 远程教育杂志，2020(1)：50-60.
6 戴静，顾小清. 人工智能将把教育带往何方——WIPO《2019 技术趋势：人工智能》报告解读[J]. 中国电化教育，2020(10)：24-31+66.

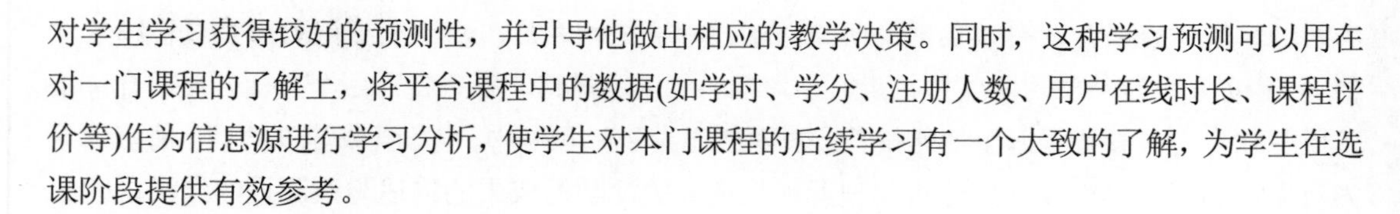

对学生学习获得较好的预测性，并引导他做出相应的教学决策。同时，这种学习预测可以用在对一门课程的了解上，将平台课程中的数据(如学时、学分、注册人数、用户在线时长、课程评价等)作为信息源进行学习分析，使学生对本门课程的后续学习有一个大致的了解，为学生在选课阶段提供有效参考。

4. 以优化学习为主的系统平台优化

不断开发新的学习平台，不如在现有的学习平台基础上，重新审视评估其功能与资源系统，结合学习分析技术进行改造与优化，发挥其最大的教学价值。以数据驱动，将推荐算法、质量评估、游戏化激励机制等引入现有学习平台，可以有效活化资源。

第三节　学习分析教育应用的场景

学习分析自提出以来，受到学者广泛而持续的关注。学习分析的研究主题从集中于行为、活动、结果等外在表现的分析，转为注重情感、认知、自我调节等内部学习机制；数据研究从单模态向多模态转变，且随着研究和实践的不断进行，应用研究逐渐扩大。

一、整体框架

表情识别、语义分析、情感计算等技术的迅速发展强有力地推动了 MMLA 的研究，学习分析技术迈向多维度数据、多分析方法、多方面场景的应用。学习分析教育应用的整体框架如图 9-3 所示。

图9-3　学习分析教育应用整体框架

二、典型应用场景

学习分析教育应用场景由自我调节学习、学习分析方法、学习分析场景跟踪三部分组成。

1. 自我调节学习

自我调节学习最早由美国心理学家阿尔伯特·班杜拉提出，是指学习者自主调整符合自身学习策略的学习，是一个包含4个环节且持续更新的循环学习过程。在自我学习环境分析的框架内学习，需要记录学生在学习过程中的各种互动数据，融入在线学习平台，通过提取反映学生学习状况的数据和算法，对学生进行即时反馈和完善后续教学。

2. 学习分析方法

常见的学习分析方法有文本分析、视频分析和多模态分析，鉴于多模态分析对场地设备以及操作人员的水平有较高的要求，现阶段教师常用的学习分析方法依旧以文本分析和视频分析为主。

微格教学是一种常见的教学分析方法，不过微格教学对视频分析仍停留在浅层的观摩与示范阶段，而在真实的视频分析中，需要将学习者的关键行为转译成编码、描述事件、记录行为发生的频次，同时需要考虑当前行为与下一个行为之间是否存在某种内在关系。微格教学对行为的研究不是孤立的，而是把它放在一个动态的环境中联动多方因素进行分析。

3. 学习分析场景跟踪

当前学习分析场景跟踪的关注焦点更多地集中于MOOC和混合式教学。课时教学中的场景跟踪则多依赖于各大学习平台自动抓取和生成的轨迹数据，对学习过程中真实发生的互动数据记录较少。而针对混合式教学中的线下课堂部分，采集数据的难度和成本显然更高。如何拓展学习平台的数据来源和类型，如何在线下课堂中通过设备支持实时采集现场数据，等等，这些都是学习分析场景跟踪中不可回避的问题。

探讨：

应用学习分析技术的利弊及它在使用时需要注意什么？

第四节　案例与反思

随着学习分析及相关技术的不断更新，在开展多维度评价、评估学习者学习状态、提供个性化学习支持、探究学习者学习模式与规律等方面都需要学习分析技术的支持，不少研究者开展了相关实践并取得了一定成果，以下选取三个典型案例进行介绍。

一、典型案例

【案例 9-1】

融入智能图元技术的学生个性化成长系统

1. 案例概述

本案例来源于文献《融入智能图元技术的学生个性化成长系统之构建与探索》。[1] 智能图元技术让传统编码使用的数字被带有彩色的立体几何图形的图形元件取代，其较之前的一维码和二维码，容量更大，安全性能更高，融合个性化定制和自主管理解析，且有追溯性。将其运用于学生个性化成长系统，可解决当前学生个性化成长系统存在的问题。例如，容量不大导致的信息缺失，数据记录不连续导致的信息断层，以及开源导致的信息安全问题和不可追溯性。

2. 案例介绍

利用智能图元码采集上海市 S 初级中学 2019 级两个初一班级一个秋季学期的数据，用户数据来源涵盖学生、家长、教师、学校管理者等，数据分析维度包括但不限于学习者特征分析、学习者认知维度分析、学习者行为维度分析、学习者情感态度分析等，主要完成教、学、测、管、评等数据和资源的交互。基于智能图元的学生个性化成长系统架构如图 9-4 所示。

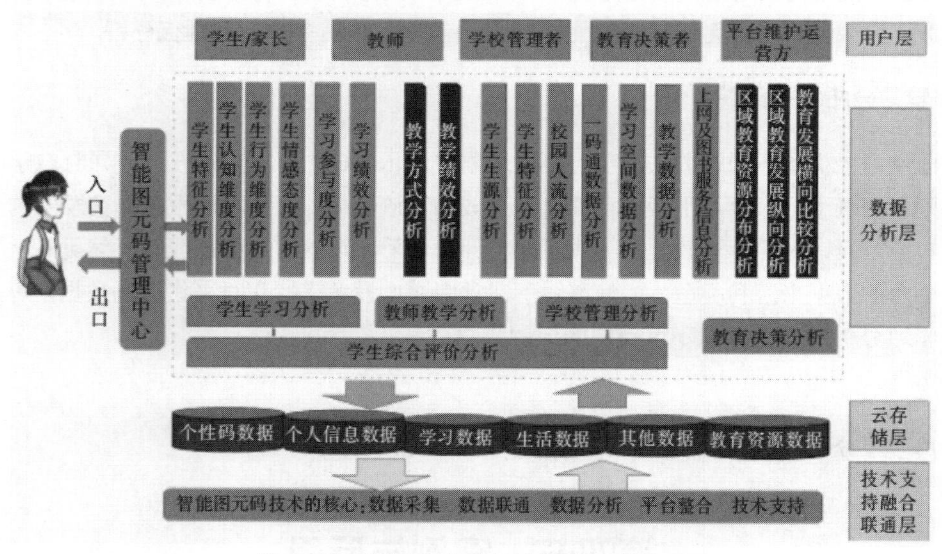

图9-4　基于智能图元的学生个性化成长系统架构

1　李凤英，何屹峰，王同超. 融入智能图元技术的学生个性化成长系统之构建与探索[J]. 远程教育杂志，2021，39(4)：42-51.

3. 效果与反思

该案例最大的亮点是智能图元码技术带来的个性化多维度综合评价。整个系统模型设计构想了以学生为中心，服务终身学习的设计理念，希望打通学段之间的信息壁垒，贯穿学生学习成长的整个过程，“一人一码”完成“终身记录”。同时通过对学生个人成长信息的梳理，学生能够在整个个人过程性记录中找到个人成就感，在与同学的比对中，较为客观地进行自我矫正与自我定位。但检验模型的结果分析仅使用了学习成绩分析与问卷满意度调查，信度与效度稍显不足，学生个性化成长系统架构中的具体模块没有对应落实，对数据的采集分析结果没有很好地展开深入研究。

【案例 9-2】

教师信息技术应用能力测评事理图谱

1. 案例概述

本案例来源于文献《学习分析视域下教师信息技术应用能力测评事理图谱的构建》[1]。事理图谱以事件背后的演化规律和发展逻辑为研究对象，以这些事件之间的顺承关系、因果关系、条件关系和上下位关系抽象出可视化图谱，协助我们诊断分析演化路径，为分析和预测提供有利指导。用来描述新闻事件的事件演化图就是关系演化中的时间刻画代表。

传统的对教师信息技术应用能力的测评多流于软硬件使用的表面，未真正有效检测出教学行为背后的“信息思维”与“应用能力”。唐烨伟等采用事理图谱，从教师的信息应用能力的角度切入，挖掘教师行为中隐含的模式与规律，探讨教学行为和课堂中的“关键事件”存在什么样的内在联系，以服务于教学，优化教学策略，为教师个人成长提供借鉴。

2. 案例介绍

研究甄选 2019 年全国 115 节信息技术一等奖模拟展示课，从言语行为、活动行为、无意义行为单个角度进行编码，并从素养、计划、准备、组织、管理、评价、诊断等能力维度展开，划分出共计 17 个可供观测的具体行为，覆盖教学实施全过程。所选课例多达 12 个学科，采用视频分析法分析出该行为转向行为的转化频次(“关系”)，区分哪些教学行为是该类别行为中的“关键事件”，分析不同教学行为之间的内在链接与链接概率，这些“关键事件”是如何与能力挂钩的，并绘制出教师信息技术应用能力维度图(图 9-5)，从而刻画出该堂课的教学结构，为教师个性化发展提供有效参考。

1　唐烨伟，赵一婷，蒋禹飞，等. 学习分析视域下教师信息技术应用能力测评事理图谱的构建[J]. 现代教育技术，2021，31(7)：62-71.

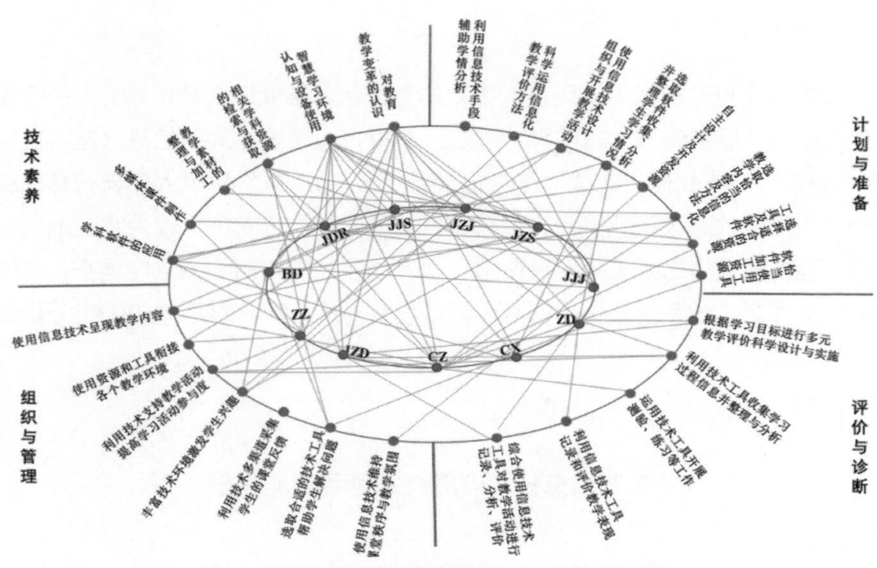

图9-5　基于教学行为的教师信息技术应用能力维度图

3. 效果与反思

该研究的最大亮点在于不局限于某一具体教学行为的发生动机或是教学影响，而是以“事件”为单位，把教学行为放在动态的联结中，尝试关注行为与行为之间转变所蕴含的内在逻辑关系。其不足的是案例中教师信息技术应用能力的数据采集集中在课堂实施环节，完整的教学过程还应包括教学整体设计、教学反思等，诸如对接行业与时政、结合学科素养对教学内容进行筛选重构、持续的课堂数据采集、监测与预警下的教学应变以及混合式教学下有效组织网课的能力等均应包含在内。

【案例 9-3】

“金字塔”式网络学习平台学情分析

1. 案例概述

本案例来源于文献《“金字塔”式网络学习平台构建与学习行为分析》[1]。针对传统实验教学模式存在的问题，如实验方法单一导致的个性化不足问题，因时限、场地、设备不足导致资源限制问题，教学平台课程层级不明晰，教学模式单一，等等，东华大学采用搭载数据挖掘技术的“金字塔”式网络学习平台，从诊断定位、策略锁定、评价追踪三方面工作入手，研究学习成绩与学习习惯、学习行为的关系。

2. 案例介绍

基于前面提及的传统实验教学模式的弊端，“金字塔”式网络在线学习平台在课程的层级划分上做了如下修改(图 9-6)。

1　朱冰洁，史同娜，施镇江，等.“金字塔”式网络学习平台构建与学习行为分析[J]. 实验技术与管理，2021，38(8)：208-212，216.

(1) 普及性的基础课程：以本科阶段的必修课为基础的教师指导下的规范学习。

(2) 个性化的兴趣课程：“B+X” (B 为必修，X 为选修)实验教学新体系。“X” 课程不设考核，可以是科技创新活动、实验培训等，依据学习进度进行学习。

(3) 开放性的尖端课程：自主导向的虚拟实验课程、科技讲座及大型比赛培训等。

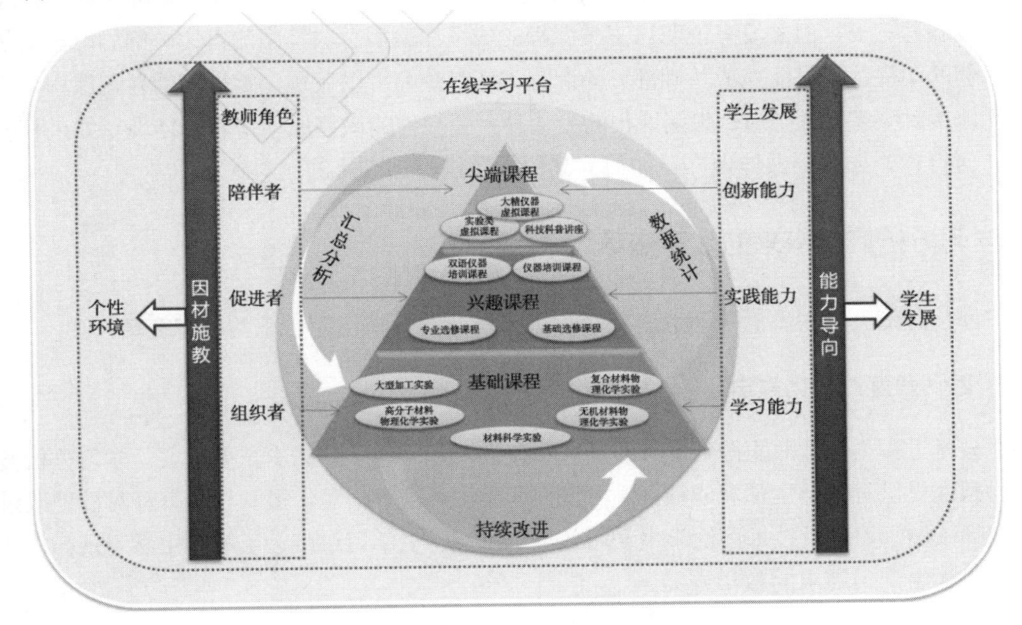

图9-6 “金字塔”式网络学习平台课程分布图

在学情分析的部分，以基础课程“高分子物理化学实验”为例，以学生在线学习的时间段为基础分析学生的学习习惯，以学习时长和考核频次为基础分析学习行为投入，以学生学习成绩为基础分析学习效果，最终将全班 85 名学生的信息数据与他们的学习成绩建立关联(图 9-7)，满足学生学情监测和教师个性化教学的需求。

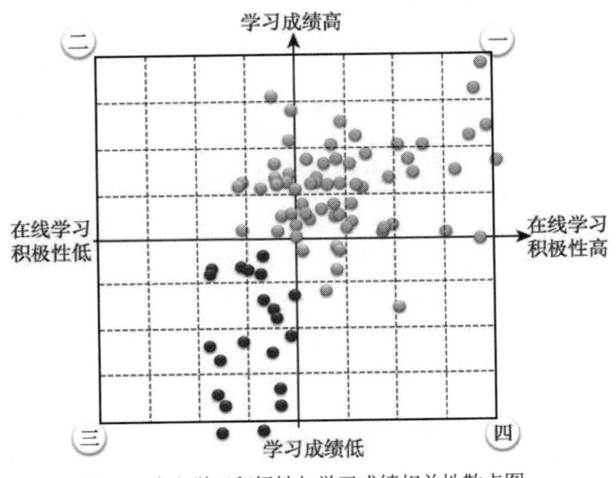

图9-7 自主学习积极性与学习成绩相关性散点图

3. 效果与反思

该案例在课程设置上紧紧围绕学科核心素养，打造渐进式的“基础—技术—创新”的梯度课程模式，在此基础上相应地采用“规范—实践—发散”的教学方法。同时变革考评模式，考评侧重点依次是“态度—操作—发展”。该课例的不足是该平台将课程分为基础课程、兴趣课程和尖端课程三类，但并没有说明这三类课程的成绩在最后总成绩中的占比。例如，一个基础较为薄弱的学生，他只能完成基础部分的课程，稍有余力可以兼顾一定程度的兴趣课程，但是完全无法接触尖端课程，那么尖端课程的分值是否会在他的最终成绩中有所体现？如果有所体现该如何折算？如果不做体现，又如何与其他学生进行标准化的比对？

二、学习分析应用带来的教育变革

下面从教师、学生、教育研究者三个角度来看学习分析应用带来的教育变革。

1. 教师角度：优化教学

在教学过程中，教师能得到及时的反馈和建议对提升教学效果有重要意义。学习分析技术可以为教师提供有关学生学习成绩、学习过程和学习环境等信息，帮助教师有针对性地改进教学。教师依据学习分析技术评价学生学习效果、掌握学生学习进度、了解学生学习规律，从而制定满足学生学习需求的教学方案。[1]

2. 学生角度：推荐个性化学习

学生可通过学习分析技术得到的报告了解自身学习的优势与劣势，评估自身知识掌握程度及学习进展，提前预知危机并调整自身学习状态；根据报告结果，学生能找到满足自己个性化需求的学习方案。

3. 教育研究者：支撑个性化学习

教育研究者通过学习分析技术及相关工具了解学生的学习习惯、知识结构、认知能力等学习特征，可以为学生提供合适的学习资源，总结出个性化的学习模式，找到学习路径中的规律。

请在下方填写你认为学习分析技术会给教育带来的变革：

1　姚捷. 大数据时代背景下学习分析技术的应用[J]. 才智，2014(15)：94.

第五节 拓展学习

一、信息与观点

学习分析是基于数据的实践探索，与技术的发展有着密不可分的关系。任何新的数据来源都会带来新的数据革新，学习分析领域需要适时地更新迭代数据分析方式，同时将现有教育研究中的理想模型转化为可观测的收集、分析与测量，以更为精准的方式加以体现。

在学习分析使用数据来源日益多样化的今天，我们所面临的研究问题种类也不再局限于知识的掌握程度，学习中的创意性表达、学习热情、学习意愿、学习投入与学习持久度这些更为个性化的关注，正在引领我们去深入了解。

大数据下的教育分析美好前景已经展开，然而还有一些现实问题，我们不能忽视。

首先，许多理想化的学习分析模型无法落实在实际教学中。由于设备、场地以及教师自身能力的限制，实验中的理性化分析模型常因缺少采集设备、难以控制变量以及缺乏数据分析与清洗技术，而无法在我们的真实课堂中使用。

其次，数据采集类型较为单一。“MMLA”与“数字孪生”等名词屡见不鲜，但当前大多数学习分析研究的数据采集依旧停留在以网络学习平台为主的阶段，鼠标的点击记录、教学视频播放量与播放时长、简单的线上测评等，在精度和效度上与真正意义上学习分析还有很大距离，需把学习者动机、个性、情感等多样化属性纳入采集范围。

值得注意的是，数据的提取、保存、使用与分享也存在一定的隐私与伦理问题，可以在何种程度上与他人分享个人数据，数据的使用者如何确保数据的安全性，等等，这些都是值得商讨的问题。

二、资源与链接

(1) 教育理论与实践《学习分析:性质、定位及功能——基于主题、方法和数据研究的考查》：http://qikan.cqvip.com/Qikan/Article/Detail?id=7106004733。

(2) 远程教育杂志《数智融合时代学习分析技术的演进、贡献与展望——2021 学习分析与知识国际会议(LAK)评述》：http://qikan.cqvip.com/Qikan/Article/Detail?id=7105273515。

(3) 现代远程教育研究《全景透视多模态学习分析的数据整合方法》：http://qikan.cqvip.com/Qikan/Article/Detail?id=7103772483。

(4) 电化教育研究《多模态学习分析:理解与评价真实学习的新路向》：http://qikan.cqvip.com/Qikan/Article/Detail?id=7103819607_。

(5) 现代教育技术《多模态学习分析研究综述》：http://qikan.cqvip.com/Qikan/Article/Detail?id=7104913413。

(6) 开放教育研究《可视化学习分析:审视可视化技术的作用和价值》：http://qikan.cqvip.com/Qikan/Article/Detail?id=7101172201。

(7) 现代教育技术《基于学习分析的在线学习用户画像研究》：_http://qikan.cqvip.com/Qikan/Article/Detail?id=7101553729。

(8) 现代教育技术《智慧学习环境下学习分析的理论模型及其机制》：http://qikan.cqvip.com/Qikan/Article/Detail?id=7001782696。

(9) 图书馆理论与实践《北美高校图书馆学习分析现状与启示——ARL<SPEC Kit 360：学习分析>报告解读》：http://qikan.cqvip.com/Qikan/Article/Detail?id=7100418088。

(10) 高教发展与评估《欧洲高校学习分析政策框架解读》：http://qikan.cqvip.com/Qikan/Article/Detail?id=7103120115。

ꕥ 学习活动与建议 ꕥ

1. 拓展学习与探究活动建议

(1) 查阅学习分析的应用实例，尤其是与其他新技术结合使用的案例，并在课堂上进行汇报。

(2) 了解每一届LAK会议，对学习分析技术的变化趋势进行分析，并在课堂上进行汇报分享。

(3) 查阅相关文献，梳理地平线报告和学习分析发展时间线，在课堂上进行汇报分享。

2. 课后活动建议

根据本章学习内容与拓展学习内容，绘制学习分析应用的思维导图，进行知识回顾。

第十章 脑机接口

随着脑科学的发展及其对教育领域的影响，教育神经科学这一融合教育学与认知神经科学的交叉学科正日益壮大。教育研究者从人脑发展规律的角度研究人的心智发展，从大脑活动的微观视角研究大脑认知机制，进而研究教育的规律。脑机接口(brain computer interface，BCI)是脑科学领域的新兴研究课题，[1]使用在教育中能拓展教育数据的来源，对教育教学等领域产生重要影响。本章从BCI技术发展概述、BCI教育应用内涵特征、应用场景与具体案例出发，阐述了BCI技术在教育领域中的应用与发展。

学习导引

一、目标与要求

1. 了解BCI技术的原理基础、设备种类和发展过程。

2. 掌握BCI教育应用的基本概念，包括内涵、典型需求、主要特征和典型应用场景及其带来的教育变革等。

3. 了解BCI技术在教育领域的研究现状，掌握BCI技术在教育领域的研究前沿与热点，探索其在教育领域的新可能。

二、资源与准备

1. 概览全章，预习本章内容。

2. 课前自主学习本章第一节，了解BCI技术。

3. 网络资料：“中国人工智能产业发展联盟”官网、BCI技术相关白皮书。

1 吴婷. 自发脑电脑机接口模式识别关键技术与实验研究[D]. 上海：上海交通大学，2008.

第一节　走近BCI

BCI是近年来在认知神经科学脑功能成像技术基础上发展起来的一项应用技术。1999年首届BCI国际会议针对BCI的定义为：这是一种不依赖于外围神经和肌肉等正常输出通道的通信系统。[1]它能为大脑提供新型交换信息通路，促使大脑与外界直接联系，尤其是与计算机的直接联系。

一、BCI的原理

要深入了解BCI技术，必须先了解BCI技术的原理基础，即神经科学领域的关键技术。[2]大脑实现运动、思维、记忆、执行等功能均由神经系统神经元传递至各骨骼系统、肌肉系统、感官器官等部位，而在这个过程中，大脑中枢神经元膜电位的变化会产生锋电位或动作电位，BCI记录上述变化的电位，通过机器学习识别和处理输入电位信号，最后转变为控制外部设备的应用信号，实现脑电信号与外部设备的直接交互。BCI系统基本环节图如图10-1所示。

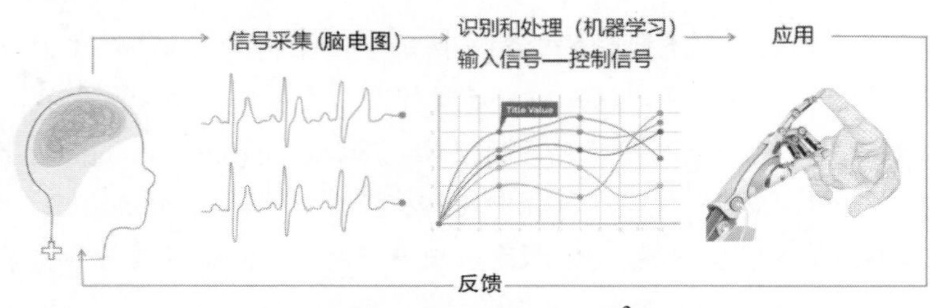

图10-1　BCI系统基本环节图[3]

在信息采集环节，常见的信息采集方式有脑电图(EEG)和脑皮层电图(ECoG)。

(1) EEG是通过精密电子仪器，根据头皮脑部的自发性生物电位放大记录获得相关图形。[4]一般通过放置在头皮上的电极记录大脑信号。

(2) ECoG需采用神经外科手术的方式将采集电极放置在大脑皮层，它具有较高的空间分辨率、良好的信噪比和更宽的频带。

基于上述两种常见的脑电信号采集方式，BCI设备分为侵入式设备与非侵入式设备两种。[5]从安全的角度来讲，非侵入设备不会对人造成伤害，更为目前研究学者所青睐。

1　Wolpaw J R, Birbaumer N, Heetderks W. J, et al. Brain-computer interface technology: a review of the first international meeting[J]. IEEE Transactions on Rehabilitaion Engineering, 2000, 8(2): 164-173.

2　Wolpaw J R，Wolpow E W. 脑-机接口原理与实践[M]. 伏云发，杨秋红，徐宝磊，等译. 北京：国防工业出版社，2017.

3　任岩，安涛，领荣. 脑机接口技术教育应用：现状、趋势与挑战[J]. 现代远距离教育，2019(2)：71-78.

4　黄璐弘. 基于多特征融合和集成学习的癫痫脑电自动识别方法研究[D]. 杭州：浙江工商大学，2020.

5　张璐. 基于伪迹去除的单通道脑机接口技术研究[D]. 苏州：苏州大学，2018.

二、BCI的发展

BCI 起源至 20 世纪 60 年代 Delgado 进行的刺激接收器项目(可植入芯片)：通过无线电刺激大脑，采用遥控技术利用大脑发出的电信号控制对应物体自由移动。1969 年，华盛顿大学博士后研究员埃伯哈德 • 费兹(Eberhard Fetz)完成了最早的 BCI 实验。[1]1973 年，Vidal 研究利用头皮记录人脑信号实现非侵入式 BCI 设备，提出 BCI 的概念。[2] 1985 年以前，BCI 一直未受到研究者的关注。1997 年后，学者开始关注 BCI 领域研究的发展。[3] 1999 年首届 BCI 国际学术研讨会界定了 BCI 的概念，为 BCI 研究拉开了序幕。直到 2011 年，BCI 研究开始稳步发展，各界学者较为重视此领域，并进行了积极探索。

2017 年可以说是 BCI 发展的新起点。BCI 在研究的推动下，理论层面早已完备，开始走向成熟，并获得工业界更多的关注和投入，如创业领域领军人物 Elon Musk 等投资创立面向神经假体应用与未来人机通信的 BCI 公司 Neuralink。同年，无线模块化 BCI 硬件设备相继研发，德国研制出首个兼具模块化、移动化、小型化、多模态和可扩展性的多生理参数采集架构，促进了 BCI 技术走向实际应用。[4] 目前业界在 BCI 技术研究方面也在追求算法的优化。BCI 的处理速率较之以前提升了 10 倍以上。[5]

2017 年后，BCI 技术理论研究逐步减少，实践研究逐步增加。同时，关于个人隐私关注度不断提高：[6] 脑电信号不同于常规的生物参数，如何保护个人隐私将是技术发展时需要同步关注的问题。同时，针对侵入式设备是否存在支配人脑的行为，都将是后续道德与法律层面需要补充的问题。[7]

BCI 的起源与发展如图 10-2 所示。

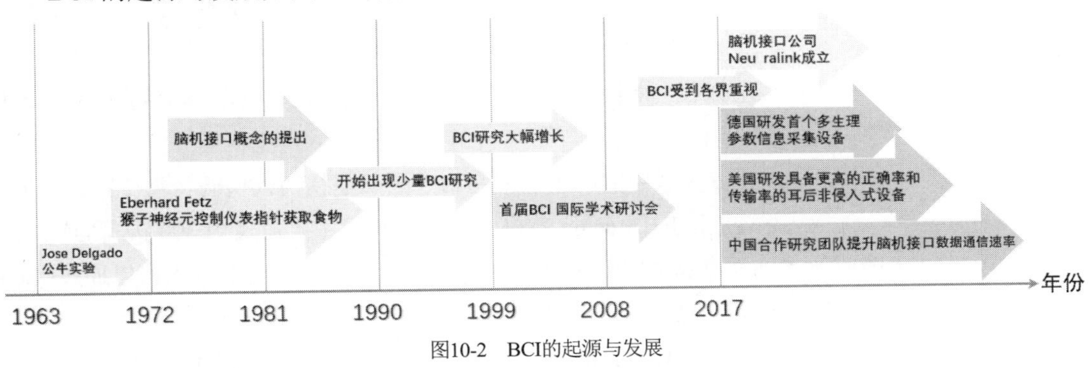

图10-2　BCI的起源与发展

1　中国大数据产业观察网. 脑机接口技术在商业银行的应用前景展望[EB/OL]. [2021-12-29]. http://www.cbdio.com/BigData/2017-12/01/content_5642819.htm.

2　Vidal J. J. Toward direct brain - computer communication[J]. Annual review of Biophysics and Bioengineering，1973，2(1)：157-180.

3　姜雷，张海，张岚，吴闯，等. 脑机接口研究之演化及教育应用趋势的知识图谱分析——基于 1985—2018 年 SCI 及 SSCI 期刊论文研究[J]. 远程教育杂志，2018，36(4)：27-38.

4　Luhmann A V, Wabnitz H, Sander T, et al. M3BA: A Mobile, Modular, Multimodal Biosignal Acquisition architecture forminiaturized EEG-NIRS based hybrid BCI and monitoring[J]. IEEE Transactions on Biomedical Engineering, 2017, 64(6): 1199-1210.

5　Nakanishi M, Wang Y, Chen X, et al. Enhancing detection of SSVEPs for a high- speed brain speller using task- related component analysis[J]. IEEE Transactions on Biomedical Engineering, 2018, 65(1): 104-112.

6　魏郡一. 脑机接口技术：人的自主性问题及其伦理思考[J]. 医学与哲学，2021，42(4)：27-31.

7　张丹，陈菁菁，王毅军. 2017 年脑机接口研发热点回眸[J]. 科技导报，2018，36(1)：104-109.

三、BCI行业应用进展

BCI 技术具有“替换”“还原/改善”“增强”和“补充”作用。其中，“替换”是指对于因某些损伤或疾病丧失了自然输出的人，BCI 的输出可以替换原有的自然输出；“还原/改善”是指康复训练利用 BCI 技术能帮助受创者恢复原有的机体功能；“增强”主要指身体健康人士利用 BCI 实现身体机能的提升与扩展；“补充”主要指增加脑控制方式，实现多模态控制。对应到应用层面，BCI 技术目前在医疗健康、军事、交通安全、市场营销、智能家居、教育教学和游戏等领域均有一定的应用价值(图 10-3)。

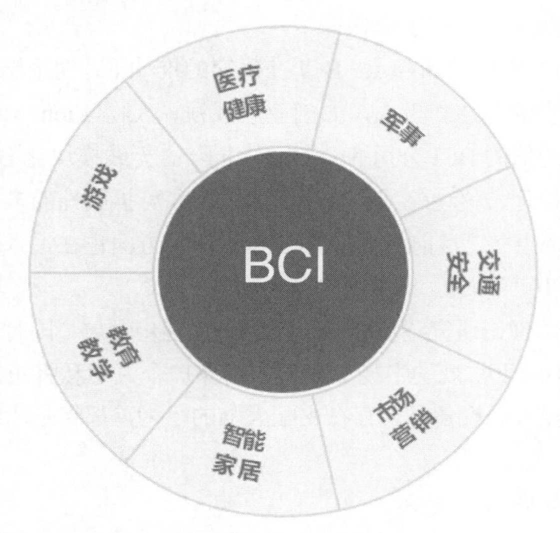

图10-3　BCI应用领域

医疗是 BCI 技术最早、最成熟、最主要的应用领域。BCI 技术在治疗肢体运动障碍、慢性意识障碍和精神疾病方面均有建树。[1]

在“替换”功能层面，BCI 在医学中的应用主要是治疗因某些损伤或疾病丧失了器官功能。例如，早在 1988 年，L.A. Farwell 和 E. Donchin 就提出了 BCI 技术主要范式“P300 拼写器”，[2] 研究表明 BCI 技术能有效帮助重度运动障碍患者与外界进行直接交互，如聋哑人可以通过 BCI 输出文字，或通过语音合成器发声。

在“还原”和“改善”功能层面，目前医学中研究 BCI 技术主要倾向于侵入式 BCI 设备，此类设备具有神经调控的功效，可用于癫痫、强迫症、老年痴呆症(阿尔茨海默病)、轻度认知障碍(焦虑症)、焦虑障碍、抑郁障碍、创伤后应激障碍和帕金森病等患者的治疗与康复。[3] 此外，运动想象 BCI 对改善孤独症患者的症状也大有益处。

1　李静雯，王秀梅. 脑机接口技术在医疗领域的应用[J]. 信息通信技术与政策，2021，4(2)：87-91.

2　Farwell L，Donchin E. Talking off the top of your head: toward a mental prosthesis utilizing event-related brain potentials[J]. Electroenceph. Clin, Neuro-physiol, 1988, 70(6): 510-523.

3　罗建功，丁鹏，陈俊杰，等. 脑机接口技术的应用、产业转化和商业价值[R]. 2021.

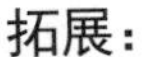

拓展：
了解BCI技术在其他领域的应用。

第二节 BCI教育应用

BCI 技术目前在教育领域的应用主要表现为监测学习者不同层面的内隐数据，提供智能辅助学习，通过对学生各类表现的实时探测帮助教师及时了解课堂情况，以调整教学方案。

一、内涵

BCI 教育应用，即 BCI 技术在教育领域的应用，可以简述为利用 BCI 技术对智慧化课堂进行补充与延展。

近年来，非侵入式 BCI 设备的性能、计算能力、便捷度等飞速提升，使得实时处理复杂的脑信号不再需要昂贵或笨重的设备，[1]从而满足在教育领域中应用的基本条件。随着数字技术的不断发展，新兴媒介层出不穷，人类社会从信息时代走向智慧时代，智慧课堂在新一代人机交互技术支持下不断形象化、多元化和智能化。[2]围绕 BCI 技术的原理特点，BCI 技术能采集学习者在学习时大脑不同位置的电信号，通过算法预处理、特征提取和模式识别，实现对学习者在学习过程中大脑活动状态的解码，并反馈相关结果。BCI 结合 AI、大数据等技术，有助于教师或学生对教学过程或学习状态进行调整与改良。

二、典型需求

当前基于 BCI 技术的教育应用尚未形成完整体系。BCI 教育应用的典型需求表现为基于对学习者脑活动状态的分析需求、基于对学习者心理状态的感知需求和基于特殊人群的学习需求。

1. 基于对学习者脑活动状态的分析需求

学习者在受教育过程中的学习状态是教师进行教学调整的重要依据。传统的获取学习者学习状态的方法一般为教师观察并通过经验判断，这种方式对教师的考验很大，教师精力有限且观察结果过于主观。大数据与 AI 技术可以通过对学生上课数据的采集与归类，如学习者回答问题的次数、练习题正确率等，更科学地判断学习状态，但只能收集学习者的外显行为数据。BCI 技术通过对学习者学习时脑电波的采集，能有效获取学习者的大脑活动情况，更直接、更准确地判断学习者的学习状态，为个性化教学的实现提供有力支撑。

---

1 人工智能产业发展联盟. 脑机接口技术在医疗健康领域应用白皮书(2021 年)[EB/OL]. [2021-12-29]. http://aiiaorg.cn/uploadfile/2021/0713/20210713041050926.pdf.

2 徐振国，陈秋惠，张冠文. 新一代人机交互：自然用户界面的现状、类型与教育应用探究——兼对脑机接口技术的初步展望[J]. 远程教育杂志，2018，36(4)：39-48.

2. 基于对学习者心理状态的感知需求

目前学校学生极端行为事件时有发生，学生的心理问题受到人们的高度关注。教师除了关注学生的学习状态外，还有责任关注学生的心理状况，感知学生的情绪，如发现有学生学习压力过大、考试焦虑、心情抑郁等情况，要及时进行干预与疏导。BCI 能作为探测学生潜在心理问题的工具，也能作为调节工具应用于心理干预。[1]

3. 基于特殊人群的学习需求

满足特殊人群的学习需求一直是教育公平的重点问题之一，身体残疾或心理存在障碍的学生，他们难以享受普通学校的教育。肢体残障或语言障碍的学生能通过 BCI 技术控制智能设备，享有与普通学校学生平等共处的对话空间，而非只能就读特殊学校。肢体残障或语言障碍的学生还可借助 BCI 设备，操作辅助设备，完成行走、书写等活动，并能参加简单的集体活动。

三、主要特征

由于 BCI 技术的分类、应用领域不同，其应用特征也不同。BCI 教育应用通常含以下三个特征，分别为非侵入性、感知性与交互自然性。

1. 非侵入性

侵入式 BCI 设备需要创伤植入大脑，其中的电极需要长期稳定放置，直接记录神经元的电活动，操作技术难度大，对人体风险大，一旦发生颅脑感染、电极故障或电极寿命结束，需将电极及时取出，造成二次损伤。非侵入式 BCI 设备无须手术，安全无创，成本低廉，通过附着在头皮上的穿戴设备即可测量大脑的电活动。在教育领域中几乎都是使用非侵入式 BCI 设备进行研究与应用。

2. 感知性

BCI 技术在教育领域的应用主要体现为侦测学习者的脑活动，采集相关脑信号进行分析，以便教育工作者调节教学活动与学习活动。在这个过程中，BCI 教育应用以感知为主。即便有学习者大脑与计算机设备连接，通过学习者大脑控制计算机设备的需求，BCI 教育应用仍然要先进行感知，再完成后续操作。

3. 交互自然性

随着人机交互技术的不断发展，用户界面经历了命令行界面、图形用户界面和自然用户界面。[2]自然用户界面的出现代表着用户不需要再学习复杂的命令及交互方式，使用自然的方式(如

---

1 Schoneveld E A, Malmberg M, Lichtwovrck-Aschoff A, et al. A neurofeedback video game(MindLight)to prevent anxiety in children: A randomized controlled trial[J]. Computers in Human Behavior, 2016(63): 321-333.

2 童雷，张轶. 基于自然用户界面的环绕声像控制器设计[J]. 北京电影学院学报，2013(5)：23-29.

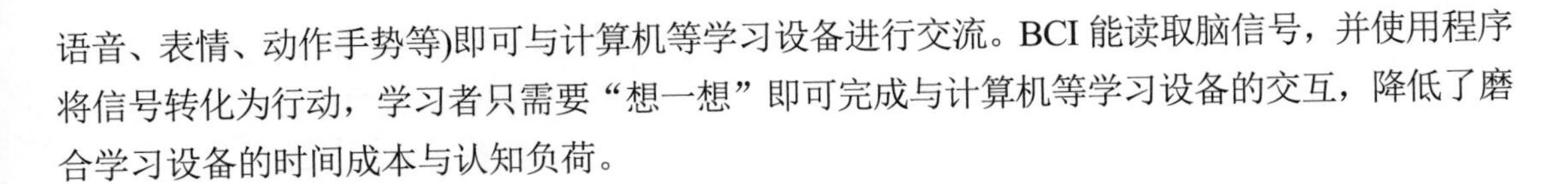

语音、表情、动作手势等)即可与计算机等学习设备进行交流。BCI 能读取脑信号，并使用程序将信号转化为行动，学习者只需要“想一想”即可完成与计算机等学习设备的交互，降低了磨合学习设备的时间成本与认知负荷。

探讨：

非侵入式BCI设备的使用会引发哪些伦理问题？

第三节 BCI教育应用的发展现状

BCI 技术最初是在医学领域提出的，后来慢慢有学者尝试将其应用于教育领域。本节梳理了 BCI 教育应用在国内外的发展现状。

一、国内发展现状

BCI 技术相对于其他信息技术较新，尤其是在教育领域中。据知网的简单统计显示，有 40% BCI 相关研究属于生物学和医学领域，而属于教育管理学科的比例仅有 0.69%(图 10-4)。由此可见，BCI 技术在生物学、医学领域研究得较为深刻、久远，而在教育领域的研究才刚刚开始。

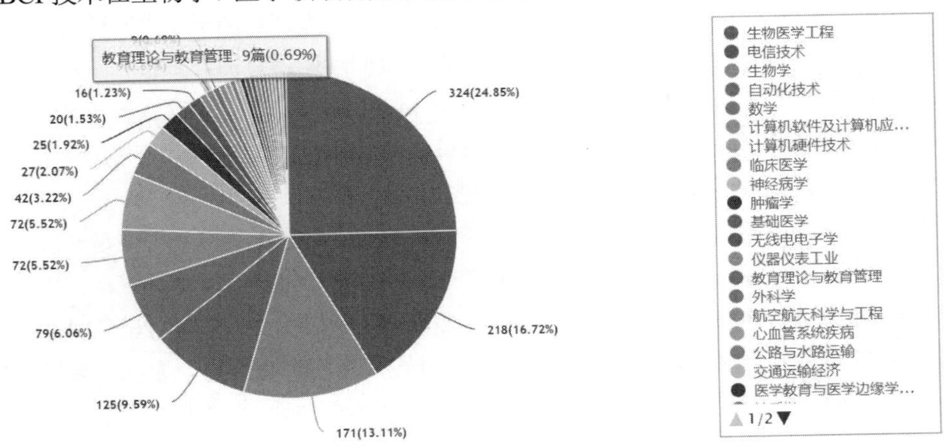

图10-4 知网学科可视化分析(关键词为“脑机接口”或“BCI”)

因 BCI 技术在医学领域先行发展，姜雷等提出，BCI 技术在医学领域已形成的完整解决方案，为教育领域的应用提供了操作可能性，一定程度上推动了其在教育领域的应用。[1]

近年来，国内 BCI 技术逐步以商业化、企业化、产业化模式发展。2011 年清华大学实验室成立博睿康科技(常州)股份有限公司，主要研究方向是非侵入式和微创 BCI，重点在于精神疾病的筛查。2015 年哈佛华人企业 BrainCo(浙江强脑科技有限公司)成立，主要研究方向是可

1 姜雷，张海，张岚，等. 脑机接口研究之演化及教育应用趋势的知识图谱分析——基于 1985—2018 年 SCI 及 SSCI 期刊论文研究[J]. 远程教育杂志，2018，36(4)：27-38.

穿戴式非侵入式设备。2016 年我国“脑计划”的其中一项方向即为建立并发展以 AI 技术为导向的类脑研究。2017 年科技部联合教育部、中国科学院、国家自然科学基金委员会共同制定《“十三五”国家基础研究专项规划》，明确提出了“脑与认知、脑机智能、脑的健康”三个核心问题。[1]《“十四五”规划和 2035 年远景目标纲要》提出 AI 和脑科学将成为国家战略科技力量。为此，我国还提出了“一体两翼”的发展布局，脑机智能的关键技术研发则为其中“一翼”。[2] 在上述政策背景下，徐振国等提出 BCI 教育应用仍处于初步尝试和探索阶段，BCI 技术逐渐成熟，通过与 AI、VR、IoT、深度学习等技术的优势互补，促进 BCI 与教育的深度融合。[3] 2018 年中电云脑(天津)有限公司在天津成立，研发出国内高集成脑机交互芯片——脑语者。[4] 同年，北京脑陆科技公司在北京成立，专注于研究脑科学、脑健康、脑电信号算法。2019 年清华大学孵化企业 NeuraMatrix 成立并研发出新一代 BCI 平台，涵盖了接口芯片、系统设备和一体化平台。[5] 同年，江苏集萃脑机融合智能技术研究所依托中科院半导体研究团队成立，主要解决脑状态检测机制。[6] 高校研究团队与相关企业对 BCI 技术的推进极大地促进了 BCI 在教育中的应用与发展。

二、国外发展现状

采用同样的方法在 SSCI 期刊中简单统计 BCI 技术相关研究的学科占比(图 10-5)，可得 716 篇中有 240 篇文献属于神经学，教育研究并未出现在学科分析柱状图中，表明国内外关于 BCI 技术学科研究一致，均是先从医学、神经学、生物学方向开始，目前与教育相关的研究较少。

Xu J.等提出 BCI 技术在教育领域的应用为学习材料表现形式研究、交互行为研究、在线学习研究、技能习得研究和促进学习研究。[7] Fu-RenLin 等提出通过 BCI 技术能在线上教育领域对学习者的注意力水平、学习状态和认知能力进行有效的判断。[8]

国外政策同样对 BCI 技术的研发有所支持。日本提出“脑思维计划”主要是开发脑图绘制技术和人类脑图谱。据相关新闻报道，日本 BCI 研究会 10 年内接受日本教育部、文化部以及日本医学研究与发展委员会投入 400 亿日元。欧盟的“人类脑计划”共有 26 个国家的 135 个合作机构参加，2013 年至今，共研究大脑仿真模拟、人脑战略性数据、人脑计划项目管理等 13 个主题。高越指出，美国军方主要研究神经项目，如神经控制、BCI 与外骨骼机器人、无人机、无人车等设备设施，意在增强人体效能。[9]

---

1 中国神经科学学会“神经科学方向预测及技术路线图研究”项目组. 脑科学发展态势及技术预见[J]. 科技导报，2018，36(10)：6-13.

2 Poo M M, Du J L, Ip N, et al. China Brain Project: Basic Neuroscience, Brain Diseases, and Brain-Inspired Computing [J]. Neuron 2016, 92(3): 591-596

3 徐振国，陈秋惠，张冠文. 新一代人机交互：自然用户界面的现状、类型与教育应用探究——兼对脑机接口技术的初步展望[J]. 远程教育杂志，2018，36(4)：39-48

4 科学网. 国产首款脑机编解码集成芯片发布[EB/OL]. [2021-12-29]. https://news.sciencenet.cn/htmlnews/2019/5/426407.shtm.

5 腾讯网. 脑机接口公司 NeuraMatrix 获数百万美元 Pre-A 轮融资[EB/OL]. [2021-12-29]. https://xw.qq.com/cmsid/20210315A0665P00.

6 人工智能产业发展联盟. 脑机接口技术在医疗健康领域应用白皮书(2021 年)[EB/OL]. [2021-12-29]. http://aiiaorg.cn/uploadfile/2021/0713/20210713041050926.pdf.

7 Xu J, Zhong B. Review on portable EEG technology in educational research[J]. Computers in Human Behavior，2018(81): 340-349.

8 Fu-Ren Lin, Chien-Min Kao. Mental effort detection using EEG data in E-learning contexts[J]. Computers & Education, 2018, 122(63-79).

9 高越. 美国脑机接口技术研究及应用进展[J]. 信息通信技术与政策，2020(12)：75-80.

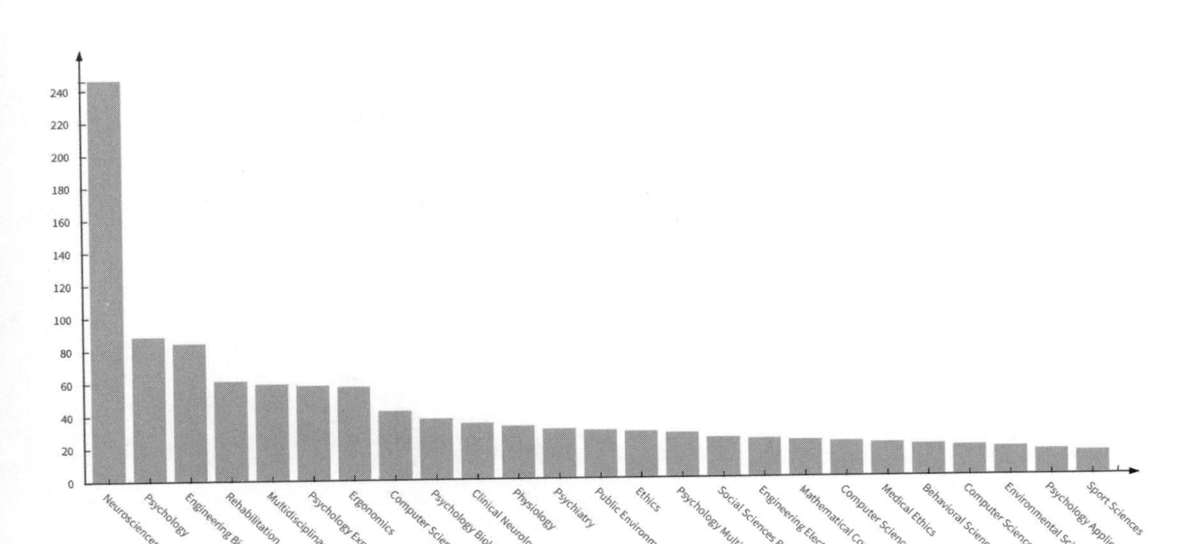

图10-5　SCCI学科可视化分析(关键词为“BCI”或“brain computer interface”)

截至目前，在全球范围内共检索关于 BCI 专利 2000 余件，美国申请相关专利数量占据全球专利申请总量的 34.7%。Neuralink 和 NeuroSky 相关公司专注于侵入式 BCI 设备研究，拥有国际领先的生物信号传感技术，主要研究将 AI 产品植入人类大脑皮层的 BCI 技术。其在 2021 年公布了最新研究，通过植入 BCI 设备，一只猴子能够在没有游戏操纵杆的情况下，仅用大脑意念来玩 Pong(一款模拟两个人玩乒乓球的电子游戏)。[1]

总的来说，国内外教育领域对于 BCI 技术的研究与应用都比较少，但无论国内还是国外，都高度重视 BCI 教育应用的发展，BCI 技术已经上升为国家战略技术。随着业界对 BCI 技术的研究与推进，其在教育领域中的诸多应用设想终将成为现实。

探讨：

BCI技术在教育领域的应用正处于起步阶段，你认为其发展前景如何?

第四节　BCI教育应用的场景

BCI 技术在教育领域的应用主要体现在四个方面，即学习者学习状态分析、学习者学习风格鉴定[2]、学习者心理问题干预和特殊教育辅助。BCI 技术将在教师教学方式、学生学习方式和学校心理辅导三个方面给教育带来巨大变革。

1　搜狐网. 马斯克脑机接口最新突破：猴子用意念玩游戏！[EB/OL]. [2021-12-29]. https://www.sohu.com/a/461978151_99948101.

2　杨彦军，罗吴淑婷，童慧. 基于“人性结构”理论的 AI 助教系统模型研究[J]. 电化教育研究，2019，40(11)：12-20.

一、整体框架

从 BCI 教育应用的相关需求以及对国内外应用发展现状的梳理来看，BCI 技术主要作用是采集学生大脑活动的数据以及实现特殊学生的基本活动。BCI 教育应用整体框架如图 10-6 所示。

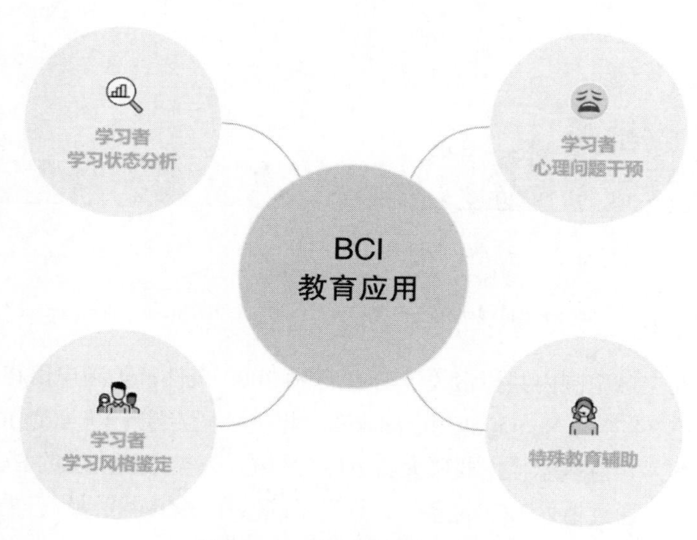

图10-6 BCI教育应用整体框架

二、典型应用场景

根据对学习者大脑活动数据的分析角度，提出学习状态分析、学习风格鉴定和学习者心理问题干预三大应用层面，加上对特殊教育的辅助功能，BCI 共有四大典型应用场景。

1. 学习者学习状态分析

BCI 技术通过采集信号与识别信号的方式实时监测、识别、反馈学习者的学习状态，包含对学习者的注意力、认知力、学习动机等大脑认知活动进行监测与分析，以及对学习者焦虑、迷茫、抑郁等心理状态的监测与分析。

自适应系统是能进行资源推荐、学习规划等活动以实现学习者科学与高效学习的教育应用，基于 BCI 技术的学习者学习状态分析能对其起到重要的支撑作用。BCI 通过收集学习者的脑电信号并动态分析其脑活动状态形成的学习者状态判断更加准确，使自适应系统能够适应学习者当前大脑的状态，如健康、疲劳、生病等，算法也能根据学习者的脑活动状态进行调整，不断反馈以增强用户的适应性。[1]

1 Spüler M, Krumpe T, Walter C, et al.Brain-Computer Interfaces for Educational Applications[C]//Informational ironments: Effects of Use, Effective Designs. Tübingen: Springer International Pu, 2017: 177-201.

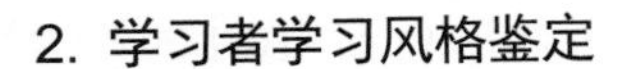

2. 学习者学习风格鉴定

学习风格由学习者特有的认知、情感和生理行为构成，它是反映学习者感知信息、与学习环境相互作用相对稳定的学习方式。[1] BCI 技术能根据学习者在教学活动中的参与方式及参与水平判断学习者的学习风格，为学校分班提供科学依据，同时为教师设计教学环节提供参考。

3. 学习者心理问题干预

心理问题存在内隐性、潜在性等特点，学习者长期处于消极的心理状态，容易导致严重的心理问题甚至是心理疾病。BCI 技术首先通过学生的大脑活动状态检测到学生的情绪，教师收到学生心理问题预警后对学生进行沟通、疏导等干预，在干预过程中结合 BCI 游戏调节学生心理状态或是利用 BCI 设备实时监测其变化情况。

4. 特殊教育辅助

BCI 技术能从三个方面保障残疾学生等特殊人群享受普通教育资源的权利。首先，BCI 能“替换”原本身体损失或缺失的感官输出功能，特殊人群能通过控制学习设备实现与教师、同学、学习工具的交互；能通过大脑控制肢体辅助设备进行日常活动，如身体残障的学生通过脑信号控制“纸笔”实现常态化学习，借助机械臂、智能轮椅等脑机交互设备进行日常生活。BCI 技术与 AI 技术的结合还能开发虚拟学伴、学伴机器人等智能学习工具，满足心理障碍人群的情感交流需求。

思考：
在实现个性化教学上，BCI技术能发挥什么样的作用？

第五节　案例与反思

BCI 教育应用目前还停留在理论研究与技术研发阶段，相关实验研究非常多，是近两年教育领域研究的热点，但较少投入使用。以下选取四个典型案例进行介绍。

一、典型案例

【案例 10-1】

使用 BCI 数字教育游戏减少数学焦虑

1. 案例概述

本案例来源于文献 *Using a brain － computer interface (BCI) in reducing math anxiety:*

1　赵晓航. 自适应学习系统中学习风格模型的研究[D]. 长春：东北师范大学，2010.

Evidence from South Africa[1]。南非自由州大学信息学系 Verkijika S F 团队基于“BCI 的数学教育游戏是否可以减少学生的数学焦虑”这一研究问题开展了教育实验，结果表明，基于 BCI 的数字教育游戏能有效降低学生的数学焦虑，采用此模式还能有效缓解家庭负担。

2. 案例介绍

该研究采用实验研究法，研究对象是 36 名 10~16 岁的儿童，平均年龄为 14.06 岁，其中女生占比为 52.8%。实验选用的数学思维游戏能通过 Emotiv Epoc BCI 实时捕捉玩家的大脑活动状态，并在焦虑水平增加时向用户提供视觉反馈，试图帮助用户控制焦虑水平，如图 10-7、图 10-8 所示。

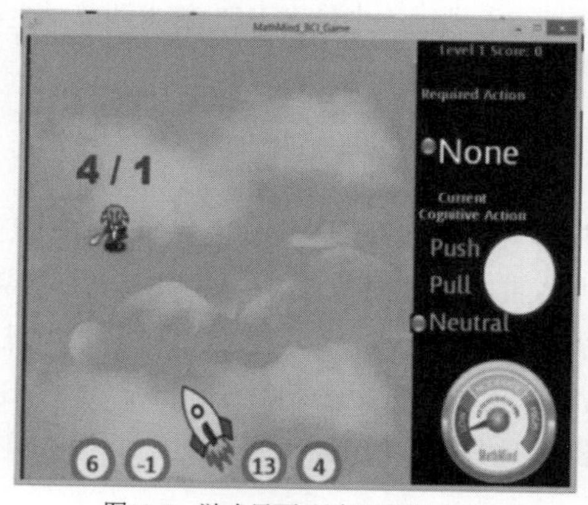

图10-7　游戏界面(玩家无数学焦虑)

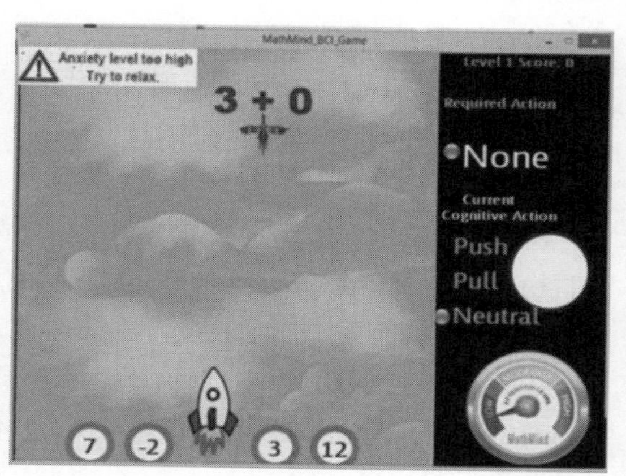

图10-8　游戏界面(玩家数学焦虑较高，尝试放松)

36 名儿童首先填写人口学信息统计与数学焦虑量表，随后完成第一次数学思维游戏。该游戏有 1~5 级，对应加、减、乘、除难度的变化。在游戏过程中，研究人员采用 BCI 设备记录研究对象数学焦虑并给予指导，之后进行第二次数学思维游戏，最后分析对比两次数据。

数据分析结果表明，基于 BCI 技术的数学教育游戏可以减少学生的数学焦虑，但与此同时需要考虑因计算机操作产生的计算机焦虑。

3. 效果与反思

采用传统的办法无法深刻有效地解决焦虑产生的来源问题，而脑科学通过准确掌握焦虑产生的生理性因素，由 BCI 技术监测脑信号后及时反馈与调整，达到缓解学生数学焦虑的效果。基于 BCI 数学思维游戏的方法具备实用性强，操作简单的特点，学生或其家长能够在很少或没有技术支持的情况下使用，一定程度上降低了学生的家庭压力。虽然本案例中 BCI 技术成本较低，但是普通学校也无法为每一个学生负担，很难以大班制的形式组织。因此，在实际教学过程中，教师也只能参考实验的组织模式，先通过问卷掌握学生的数学焦虑程度，优先提供给数学焦虑较为严重的学生，帮助他们准确认识自我，找回学习自信。

1　Verkijika S F, Wet L D. Using a brain-computer interface(BCI) in reducing math anxiety: Evidence from South Africa[J]. Com-puters & Education, 2015(81): 113-122.

【案例 10-2】

基于 BCI 学习风格鉴定的智能化课堂

1. 案例概述

本案例来源于文献《脑机接口的智能化课堂教学应用研究》[1]。王朋利等进行了基于脑电信号分析的学习风格识别和基于脑电信号分析的课堂教学改进两项实验研究，研究表明，基于脑电信号分析的注意力特征识别的学习风格方法，与 VARK 学习风格量表分类结果一致。准确的学习风格分类有助于学习者更好地完成各类学习任务，教师能通过脑电信号分析结果，及时调整教学策略。

2. 案例介绍

在基于脑电信号分析的学习风格识别实验中，研究对象为广州某小学随机抽取的 240 名四至六年级学生，通过选自小学低年级语文与数学的知识点(如静夜思、三角形)，每个知识点均包含视觉、听觉、读写和操作等四类实验任务，记录学生的脑电信号。首先让 240 名学生填写 VARK 学习风格量表，据此，将学生分为视觉型组、听觉型组、读写型组及动觉型组，再将学生随机分入 6 组，每组各有 4 种不同学习风格的学生，学生头戴 BCI 设备，分别完成不同顺序的 4 类实验任务，最后进行数据分析。研究结果表明，基于脑电信号分析的注意力特征识别的学习风格方法，与 VARK 学习风格量表分类结果一致性较高，学习风格偏好完成对应的认知任务时注意力集中程度和平稳度较高。

在基于脑电信号分析的课堂教学改进实验中，研究对象为广州两所小学 427 名一至六年级学生，教师开展不同类型的教学活动(如个别提问、教师讲授、班级齐读、课堂任务、小组活动、个人朗读、观看视频等)，学生头戴 BCI 设备参与教学活动。BCI 记录数据的分析结果显示，小组活动时学生的注意力水平较高；个别提问时学生的注意力值较稳定，且整体处于较高水平；学生看视频材料时的注意力值偏低；进行教师讲授、班级齐读、个人朗读、课堂任务等活动时学生的注意力差异值较大。

3. 效果与反思

基于脑电信号分析的学习风格识别实验研究有助于教师明确每一个学生的学习风格，并尊重他们的学习风格，制定教学策略。同时，教师可以根据学生的学习风格偏好设计对应的认知任务，以达到最优的教学效果。而通过脑电信号分析的学习风格更为科学和严谨。基于脑电信号分析的课堂教学改进实验研究表明，教师开展不同类型的教学活动，需要关注每一个学生的注意力水平。在 BCI 设备的帮助下，教师将能有效关注每一个学生个体，实施真正意义上的个性化学习。

1 王朋利，柯清超，张洁琪. 脑机接口的智能化课堂教学应用研究[J]. 开放教育研究，2020，26(1)：72-81.

【案例 10-3】

BrainCo 公司多类应用

1. 案例概述

本案例资料来源于 BrainCo 官网及相关报道。BrainCo 是一家专注于非侵入式 BCI 领域的高科技公司。同时，BrainCo 还开发面向于正常人的 Focus 专注力提升系统。Focus 专注力提升系统由 BrainCo 头环、“专注世界”App、导师服务三部分组成，帮助学习者科学地提升专注力，更轻松、更高效地应对学习任务。

2. 案例介绍

BrainCo 的研发成果十分亮眼，其推出的智能仿生手、Focus 专注力提升系统等产品受到国内乃至国际的关注。2018 年 11 月，失去右手的女孩林安露使用该公司的 BrainRobotics 智能仿生手与世界著名钢琴家郎朗在央视舞台合作完成了四手联弹，实现了人类历史上首次在非实验室条件下截肢患者的钢琴演奏。[1] 2020 年 8 月 27 日，BrainCo 在美国波士顿哈佛大学展示了 BCI 人类大脑智能操作系统(BrainOS)的初步成果：通过结合 BrainOS 系统与各类智能终端，BCI 技术将有效地帮助人们简化各类操作，如当用户在忙于工作时接到电话，可以直接通过“想一想”的方式选择接听或挂断电话，或是通过特定手势隔空输入文字信息。[2]

3. 效果与反思

BrainCo 所提出的“脑控万物”未来很可能会实现。BrainCo 作为哈佛大学创新实验室孵化的华人企业，是非侵入式 BCI 技术的领导者。虽然本案例看起来与教育无关，但智能仿生手等产品的出现将推动 BCI 技术在特殊教育残障人群中的使用，Focus 专注力提升系统等增强与拓展个体能力的产品在教育领域也有广阔的应用空间。

【案例 10-4】

世界机器人大赛之 BCI 脑控机器人

1. 案例概述

本案例资料来源于世界机器人大赛官网[3]及相关报道。世界机器人大赛自 2015 年起已成功举办了 6 届，是 2020—2021 学年教育部白名单赛事，也是目前国内外影响广泛的机器人领域官方专业赛事。[4]其中世界机器人大赛主题之一——BCI 脑控机器人与 BCI 技术息息相关。

1 腾讯网. 人工智能下一代技术，“BrainCo”问道非侵入式“脑机接口” [EB/OL]. [2021-12-29]. https://new.qq.com/omn/20200831/20200831A061C500.html.

2 搜狐网. 颠覆手机入口？BrainCo 发布脑机接口人类智能操作系统 BrainOS[EB/OL]. [2021-12-29]. https://www.sohu.com/a/415305020_322372.

3 世界机器人大赛. BCI 脑控机器人大赛[EB/OL]. [2021-12-29]. http://www.worldrobotconference.com/cn/about/54.html.

4 搜狐网. 世界机器人大赛进入教育部竞赛白名单，ENJOY AI 赛事热度高涨！[EB/OL]. [2021-12-29]. https://www.sohu.com/a/455392368_121063363.

2. 案例介绍

BCI 脑控机器人作为世界机器人大赛的一项，由技术赛、技能赛、青年优秀论文答辩、优秀成果展示四部分组成，[1]主要的比赛内容是采用 SSVEP 或 ERP 主流算法开展相关比赛，通过比较算法的 ITR(结合准确率及反应时间的综合评价指标)考核参赛团队的算法设计及优化能力。从历届比赛情况来看，BCI 脑控机器人参赛队是投入最多、技术含量最高的。2019 年世界机器人大赛中天津大学团队突破了脑控打字的新纪录，实现了 691.55 bits/min 的信息传输速率，相当于在 100%准确率下以 0.413s 输出一个英文字母。[2]

3. 效果与反思

大赛有助于激发机器人行业的科技研发潜力，BCI 脑控机器人比赛项目也有利于推动 BCI 技术算法层面的创新与发展。大部分参赛团队是学生，由此我们可以发现 BCI 技术已不断趋向年轻化，BCI 技术已不再停留于研究院和高新技术企业，而是慢慢与学校相交融。

二、BCI教育应用带来的教育变革

BCI 技术在学习状态分析、学习风格鉴定、心理问题干预及特殊教育辅助四个应用场景中目前还处于探索阶段，其中，学习者学习状态分析相关研究最多，大都为在某节课上使用 BCI 设备记录学习者大脑活动，再进行相关分析。BCI 教育应用带来的教育变革如下。

1. 教师教学方式的变革

基于融合 BCI、大数据、AI 等技术的教学系统，教师能在课前得知每个学生的学习风格，据此进行教学设计。在课堂教学中，教师能实时获得学生的学习状态，方便对学生进行个性化辅导，或调整教学方式。课后，教师根据教学系统分析，总结课堂数据的反馈报告，进行教学反思，并对下一课的教学设计进行调整。在这种教学系统的支持下，教师开展教学活动会更加科学与高效。

2. 学生学习方式的变革

基于融合 BCI、大数据、AI 等技术的自适应学习系统，学生能实时获得自身的学习状态，包括注意力、专注度、兴奋度等，更客观地进行自我认知与自我评价。该自适应学习系统的高质量个性化学习资源推荐、个性化学习计划制订等都能帮助学生开展高效、轻松的学习。对于特殊学生群体，BCI 能在身理与心理两个层面为他们的日常学习生活与健康成长提供帮助。

---

1 西安理工大学. 我校在“2021 世界机器人大赛-BCI 脑控机器人大赛”中取得优异成绩[EB/OL]. [2021-12-29]. http://news.xaut.edu.cn/info/1137/22021.htm.

2 搜狐网. 0.413 秒一个字母 世界机器人大会脑控打字迎新纪录[EB/OL]. [2021-12-29]. https://www.sohu.com/a/336130382_114988.

3. 学校心理辅导方式的变革

BCI 技术在学校开展心理辅导的前、中、后三个环节都能发挥一定的作用。首先，BCI 教育应用在记录学生学习大脑活动时能获得学生的心理状态并准确判断是否需要心理辅导；其次，教师根据学生的心理问题和现有的 BCI 技术相关心理干预应用选择适当的辅导方式；最后，教师通过 BCI 教育应用的最新反馈决定是否继续开展心理辅导。

请在下方填写你认为BCI技术会给教育带来的变革：

第六节　拓展学习

一、信息与观点

BCI 技术随着时代的发展将促进技术与教育各要素相融合，有助于学习者的学习、教育工作者的教学和教育者的改革。[1] BCI 技术终将朝着个性化需求的方向发展，未来的教育也将从智慧教育转向个性教育。从高性能、新技术和低成本三个角度来看，BCI 技术后续系统信号处理速度与实时信号在线处理速度将会不断加速，并向安全、无创、无线的非侵入式 BCI 设备方

1　柯清超. 技术推动的教育变革与创新[J]. 中国电化教育，2012(4)：9-13.

向发展，[1]同时追求低成本，因为目前 BCI 技术面对的群体依然是弱势群体，如残疾儿童在随班就读过程中利用 BCI 设备弥补感官的缺失与提高注意力。但是如果其成本高于在特殊学校就读，那么很多家长还是会选择在特殊学校就读。[2]

BCI 技术飞速发展的同时，伴随而来的 BCI 技术涉及的伦理问题、安全风险、使用者知情同意以及相关合理性的界定问题无法忽视。[3]虽然目前国内外仍有许多科研单位、高新企业正在开展 BCI 技术的研发，但完善理论研究的同时需花费大量精力研究市场、研究需求、研究产品，[4]以开发真正实用的 BCI 系统，供一线教师使用，推进 BCI 教育应用的落地。

二、资源与链接

(1) 中国人工智能产业发展联盟《脑机接口技术在医疗健康领域应用白皮书(2021 年)》：http://aiiaorg.cn/uploadfile/2021/0713/20210713041050926.pdf。

(2) 中国电子技术标准化研究院《脑机接口标准化白皮书(2021 版)》：http://www.chuangze.cn/third_down.asp?txtid=4321。

(3) 中国信通院知识产权与创新发展中心《脑机接口技术创新与产业发展研究报告(2021 年)》：https://pan.baidu.com/s/1elWxOIT1fmWuY4m5zHHUew。

(4) 远程教育杂志《新一代人机交互：自然用户界面的现状、类型与教育应用探究——兼对脑机接口技术的初步展望》：http://qikan.cqvip.com/Qikan/Article/Detail?id=676001533&from=Qikan_Search_Index。

(5) 远程教育杂志《脑机接口研究之演化及教育应用趋势的知识图谱分析基于 1985-2018 年 SCI 及 SSCI 期刊论文研究》：http://qikan.cqvip.com/Qikan/Article/Detail?id=676001532&from=Qikan_Search_Index。

(6) 远程教育杂志《虚拟现实与脑电联动系统的开发及其教育研究功能探索》：http://qikan.cqvip.com/Qikan/Article/Detail?id=7001139997&from=Qikan_Search_Index。

(7) 现代远距离教育《脑机接口技术教育应用:现状、趋势与挑战》：http://qikan.cqvip.com/Qikan/Article/Detail?id=7001444708&from=Qikan_Search_Index。

(8) 开放教育研究《脑机接口的智能化课堂教学应用研究》：http://qikan.cqvip.com/Qikan/Article/Detail?id=7100846550&from=Qikan_Search_Index。

(9) 中国电化教育《脑机接口技术教育应用的研究进展》：http://qikan.cqvip.com/Qikan/Article/Detail?id=7003009616&from=Qikan_Search_Index。

(10) 生物化学与生物物理进展《脑机接口：现状，问题与展望》：http://qikan.cqvip.com/Qikan/Article/Detail?id=7103796855&from=Qikan_Search_Index。

---

1 葛松，徐晶晶，赖舜男，等. 脑机接口：现状，问题与展望[J]. 生物化学与生物物理进展，2020，47(12)：1227-1249.
2 梁明霞. 脑机接口技术在特殊儿童随班就读教育中的应用研究[J]. 电脑知识与技术，2020，16(18)：200-201.
3 李佩瑄，薛贵. 脑机接口的伦理问题及对策[J]. 科技导报，2018，36(12)：38-45.
4 高上凯. 浅谈脑—机接口的发展现状与挑战[J]. 中国生物医学工程学报，2007(6)：801-803+809.

∞ 学习活动与建议 ∞

1. 拓展学习与探究活动建议

(1) 查阅相关技术报告、相关公司资料，了解BCI技术最新进展，尤其是能应用于教育领域的相关技术，并在课堂上进行汇报。

(2) 查阅BCI教育应用的综述文献，梳理BCI技术在教育领域的研究热点与研究前沿，在课堂上进行汇报分享。

2. 课后活动建议

根据本章学习内容与拓展学习内容，绘制BCI教育应用的思维导图，进行知识回顾。

第十一章 区块链

继云计算、IoT、大数据之后，区块链技术被视为又一个新的颠覆性技术，并且迅速蓬勃发展，在教育、医疗、金融、政务、电子存证、数字身份等领域不断铺开，[1]应用场景不断深入化和多元化。本章介绍了区块链技术的基本概况，梳理了区块链教育应用的国内外发展现状，着重讲述了区块链教育应用的框架和发展路径，选取了3个典型的案例进行评述，并对区块链技术未来在教育领域的发展进行反思和展望。

学习导引

一、目标与要求

1. 了解区块链技术的发展历程和常见应用领域。

2. 掌握区块链教育应用的基本概念，包括内涵、典型需求和主要特征，国内外发展现状，典型应用场景及其带来的教育变革。

3. 了解区块链的前沿发展趋势和最新技术动态，探究区块链技术在教育领域中的新可能。

二、资源与准备

1. 概览全章，预习本章内容。

2. 课前自主学习本章第一节，了解区块链技术。

3. 网络资料："中国信通院"官网、区块链相关白皮书。

1 单康康，袁书宏，徐锋，等. 区块链在高校的多场景应用[J]. 中国教育网络，2020(11)：77-78.

第一节　走近区块链

一、区块链的发展

区块链技术源于 2008 年，首次于中本聪发表的一篇名为《比特币：一种点对点式的电子现金系统》(*Bitcoin: A Peer to Peer Electronic Cash System*)的文章中被提出，[1]作为比特币系统的底层核心技术进入人们的视野，具有去中心化、去信任、集体维护、可靠数据库等优点，目前已在金融、政务、医疗、教育等领域铺开多元的应用。区块链概念示意图如图 11-1 所示。

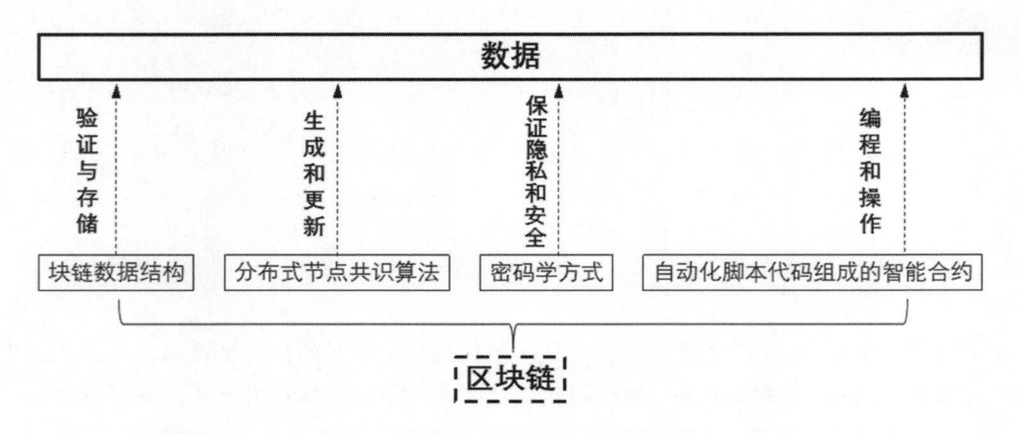

图11-1　区块链概念示意图

2009 年 1 月，首个比特币客户端发布，中本聪创建了比特币的创世区块。2010 年 3 月，第一个比特币交易所正式上线，[2]但在当时了解并进行相关交易的人主要是热衷于互联网技术的极客们。2011 年，美国《连线》杂志刊登了一篇关于比特币文章，随后各家媒体也先后进行相关报道，比特币便逐渐由极客圈走向大众视野。

2014—2015 年，以太坊诞生，去中心化应用平台陆续出现，几年间涌现出了各种各样基于智能合约的商业应用。2019 年，Facebook 公开宣布了 Libra 区块链项目，标志着区块链技术被正名。2019 年 10 月，习近平总书记将发展区块链技术的意义提高到了国家竞争的高度，自此中国掀起了区块链技术落地的浪潮。

区块链的发展历程如图 11-2 所示。

1　吕佳卓. 基于智能合约的去中心化安全电子投票系统[D]. 哈尔滨：哈尔滨工业大学，2019.
2　知乎. 区块链的发展历史? [EB/OL]. https://www.zhihu.com/question/265992968/answer/628396112.

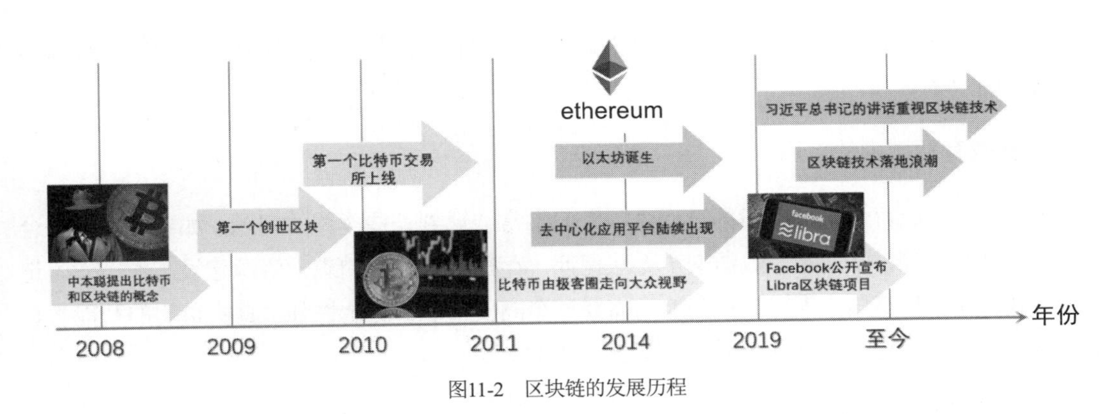

图11-2 区块链的发展历程

二、区块链行业应用进展

区块链的一大特性是可以“高度信任”，因此金融、认证和溯源等领域都亟须融合区块链技术赋能行业创新。以下简单归纳了区块链在几个主要领域的应用与发展。

1. 在追溯防伪中的应用

例如，把食材的相关信息记录在区块链上，保证食材的生产日期、来源等信息可追溯和真实可靠，国内的京东和阿里巴巴两家商业巨头都在此方面有尝试。[1]但目前区块链库存管理防伪追溯平台的相关算法源于国外，仍有很大的提升空间。

2. 在产权保护中的应用

由于缺乏有效的信息技术支持，视频、音频、图片、文字、软件等数字媒体资产版权难以得到有效的保护。通过建立相关资产版权保护的区块链，人们可以在区块链上进行版权确权、版权保护、作品交易等。区块链对版权保护与交易起到了极大的推动作用。

3. 在文件存储中的应用

人们都喜欢把电子资源存储至云端，但云端的存储量有限而且安全性也难以得到保证。区块链技术通过分块技术和密码学等技术保证了数据的安全和防篡改。世界各地有无数的闲置存储和带宽，可以构成一个庞大的节点网络，进而实现真正的分布式存储：用户下载时，直接从多个服务器同时获取资源数据，无须设立中心服务器，提高安全性的同时降低了使用成本。[2]

4. 在身份认证中的应用

利用区块链技术无中心、分布式管理的特点，通过将实体身份及认证信息安全保存在区块链上，可以构建身份认证区块链网络，实现用户实体身份的分布式认证识别，并支持身份信息

1 乔鹏程. 基于区块链库存管理防伪追溯变革研究——以京东“智臻链”为例[J]. 新会计，2020(2)：51-53.
2 何小东，易积政，陈爱斌. 区块链技术的应用进展与发展趋势[J]. 世界科技研究与发展，2018，40(6)：615-626.

的去中心化管理，能够有效避免传统的集中式用户身份管理系统单点故障风险，提升实体身份识别认证的效率。

5. 在教育领域中的应用

在大力发展教育信息化建设的过程中，人们常常会遇到一些类似的问题，如各个学习平台之间的信息不对等、不互通，数据安全无法保证，存在大量重复的教学资源建设工作，学习记录和学分认证容易造假，等等。社会迫切需要一个高度信任、安全性强、真实透明的智能教育体系来解决这些问题，而区块链技术无疑是一剂良方。

6. 在政务领域中的应用

我国在电子发票、商事登记、不动产信息登记、司法存证取证等政务领域都有使用区块链技术，而且应用越来越广泛。

除了上述领域之外，区块链还在医疗、文化艺术、游戏等领域有很多可以应用的空间，而且目前也有应用上升的趋势。区块链的应用领域如图 11-3 所示。

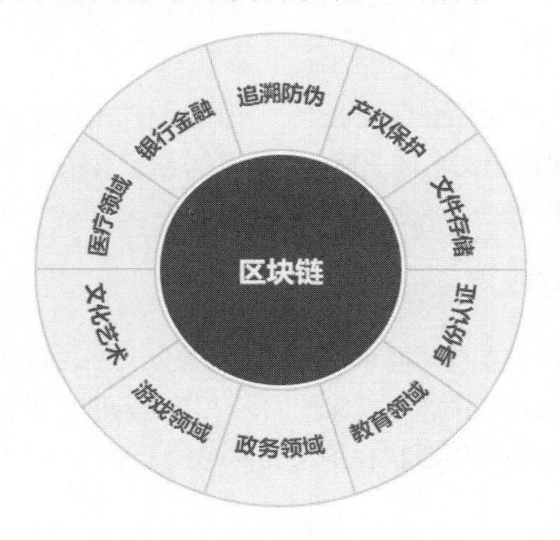

图11-3　区块链的应用领域

探讨：

辩证地看待应用数字货币的优缺点。如何看待比特币“炒币”等现象？

第二节　区块链教育应用

通过以上介绍，我们已经对区块链的发展有了一个基本认识，了解到区块链在很多重要的领域中都有应用，可以说区块链是影响未来发展的一种非常重要的技术。教育是国之根本，区块链技术可以怎样促进教育发展呢？现就区块链在教育领域的应用做深入介绍。

一、内涵

区块链教育应用，即在教育相关的领域运用区块链技术，更好地优化现有教育模式，促进教育发展。2016 年 10 月，工信部颁布《中国区块链技术和应用发展白皮书》，明确指出“区块链系统的透明化、数据不可篡改等特征，完全适用于学生征信管理、升学就业、学术、资质证明、产学合作等方面，对教育就业的健康发展具有重要的价值”。[1]

二、典型需求

区块链技术可以在“互联网+教育生态”的构建上发挥重要作用。根据区块链教育应用的特点，其典型需求如下。

1. 教学与研究资源建设需求

要实现“以学生为中心”的教育，应考虑学生个体的差异需要为他们创建定制化、模块化的教学与研究资源，区块链的分布式和开放性等特点可以实现教学与研究资源的定制和共享。

2. 学生发展、评价的需求

学生的综合评价越来越多元化和重要，建立基于过程与评价的区块链学生综评系统，因其固有的数据可靠性、不可篡改性等特点，可以直接作为招生、人才选拔的重要依据。

3. 教育管理、培训与支持系统需求

目前学校基本都有自己专属的 OA(办公自动化)系统，可以使用区块链技术进行优化，如建立财务经费收支区块链，由项目经费来源单位与经费负责人直接相互信任，将往来账目记入交易区块，可以减少财务管理和审计中心的大量工作。[2]

三、主要特征

区块链技术在本质上是一种通过去中心化、高信任的方式集体维护一个可靠数据库的技术方案，其核心技术包括分布式账本技术、非对称加密算法以及智能合约等。[3]区块链教育应用具有以下四个主要特征。

1. 去中心化

区块链教育应用是脱离传统中心化管制的，数据信息通过分布式记录存储在各个节点之间，互为备份，因此即使某个节点被攻击、被篡改，也有大量的其他节点存储数据作为保障，

1 鲁昱璇. 区块链技术在教育领域的应用：回顾与展望——基于《教育中的区块链》报告的分析[J]. 世界教育信息，2019，32(19)：12-16.
2 金义富. 区块链+教育的需求分析与技术框架[J]. 中国电化教育，2017(9)：62-68.
3 高东平，王士泉，李伟，等. 基于区块链技术的医疗大数据平台架构研究[J]. 中国数字医学，2019，14(1)：29-32.

真实数据不会轻易丢失，所以不会影响整个系统的正常运行，具有很高的安全可靠性。

2. 共识机制

基于区块链的去中心化特性，各节点需要遵循一个预设的规则来保证其对数据处理方法的一致，这样可以避免假冒交易。这个预设的规则就是区块链的共识机制。通常来说，数据交易要想顺利进行，需要多数节点成员(＞51%)达成共识才会发生，在效率与安全之间取得平衡。[1]

3. 可追溯性

因为区块链中存储数据信息的链式区块结构是带有时间戳的，且任意两个区块间都是通过密码学方法相关联的，所以能够轻而易举地追溯到任何一个区块的信息并验证。因此，区块链教育应用中的每个数据(如学生的各种成绩、综合评定等)都非常真实、可信，利用区块链技术能有效地避免数据被篡改等问题。

4. 高度信任

区块链技术是开源的、透明的，并且算法有着高度自我约束能力：一切数据交换都需要验证数字签名，按照智能合约中的规则执行，保证系统的数据安全，也确保相关数据传递的信息具有很高的可信度。如果有节点违反相关秩序或是恶意欺骗系统其他节点，一经发现将会被其他节点拒绝和禁止。

第三节　区块链教育应用的发展现状

纵观历史，虚拟货币的发展是区块链技术发展的有力见证，同大数据、云计算、IoT 等新技术一起在全球掀起热潮。各国和社会各界对区块链的认识和发展经历了较长时间的过程，目前国内外的发展现状如下。

一、国内发展现状

2016 年 10 月，工信部颁布《中国区块链技术和应用发展白皮书》，指出“区块链系统的透明化、数据不可篡改等特征，完全适用于学生征信管理、升学就业、学术、资质证明、产学合作等方面，对教育就业的健康发展具有重要的价值”。[2]

2018 年教育部印发《教育信息化 2.0 行动计划》，更是明确地指出加快面向下一代网络的高校智能学习体系建设，探索区块链、大数据等新技术在学习效果记录、转移、交换、认证等

1　杨现民，李新，吴焕庆，等. 区块链技术在教育领域的应用模式与现实挑战[J]. 现代远程教育研究，2017(2)：34-45.
2　郭熙川，陈芙平，余丽娟，等. 区域链技术在学前教育领域的应用研究与探索[J]. 中国多媒体与网络教学学报(中旬刊)，2018(8)：12-13.

方面的有效方式，形成泛在化、智能化学习体系。[1]

在多个政策的支持下，2016 年，中央财经大学发起中国首个校园区块链项目，由世纪互联与微软共同参与研发，旨在利用区块链技术帮助学生记录相关证明文件，形成一条长期有效、不被篡改、不可造假、去中心化的信用链条。

国内的喵爪教育机构也在这方面做出了相应探索：基于区块链的技术特征，通过喵爪币来众筹建立学习教育社区，即极客豆学院。喵爪币可以用来购买课程和学习需要的硬件产品，而发起学习项目的人都可以获取喵爪币。也就是说，学生数据是放在喵爪钱包的区块链里的，通过个性化学习数据的收集为学习者提供定制学习服务。[2]

二、国外发展现状

2015 年秋季，麻省理工学院的媒体实验室基于比特币区块链平台开发了一个完整的区块链教育认证系统 Blockcerts。该平台证书颁发流程如下：由发行者，如高校等教育培训机构创建数字学术证书，包含技能、成就等信息，并将这些信息登记在比特币区块链上。证书是开放兼容的，任何人都能成为验证者。可验证的内容包括内容是否被篡改，由哪个机构发行以及发给了谁等。用户可以将自己的数字证书存储在钱包中，需要时分享给其他人。与此同时，麻省理工学院成立了数字证书联盟，目前正研究如何创建数字学术证书基础设施，希望形成以数字方式颁发、存储、显示和验证学术证书的标准，最终实现证书的透明生产、传递和查验等功能。

2017 年，英国开放大学的知识媒体学院(KMI)与英国电信(BT)合作创建了一个基于 Ethereum 的区块链平台 Open Block chain，旨在通过智能合约自主管理并记录学生的学习过程，构建一个永久保存且持续更新的学生成长档案馆。[3]除此之外，多国有类似相关应用的探索。例如，法国的 ESILV 和 Bitproof 通过区块链认证学生学位；希腊的 GRNET 和 Cardano IOHK 颁发基于区块链的文凭，并记录证书的获取和流转等过程；[4]加拿大的 SAIT 和 ODEM 保存学生学习电子记录，提供可多机构安全共享的学历数字副本；日本的 Sony 和 IBM 打造 SGE 教育区块链——学生教育记录、电子成绩证书管理和分享平台等。

第四节　区块链教育应用的场景

在有关政策的扶持下，区块链技术呈现持续蓬勃发展的状态，在教育领域逐渐有了越来越多的探索。区块链教育应用的整体框架、典型场景及其带来的教育变革如下。

---

1 教育信息化 2.0 行动计划(节选)[J]. 教育科学论坛，2018(15)：6-10.

2 上海喵爪网络科技有限公司. 利用区块链技术建立 AltSchool 式的教育机制——结合喵爪币谈区块链技术在定制化教育中的应用[J]. 中小学信息技术教育，2016(6)：53-56.

3 Jirgensons M, Kapenieks J. Blockchain and the future of digital learning credential assessment and management[J]. Journal of Teacher Education for Sustainability, 2018, 20(1)：145-156

4 吴永和，程歌星，陈雅云，等. 国内外“区块链+教育”之研究现状、热点分析与发展思考[J]. 远程教育杂志，2020，38(1)：38-49.

一、整体框架

区块链教育应用框架如图 11-4 所示。

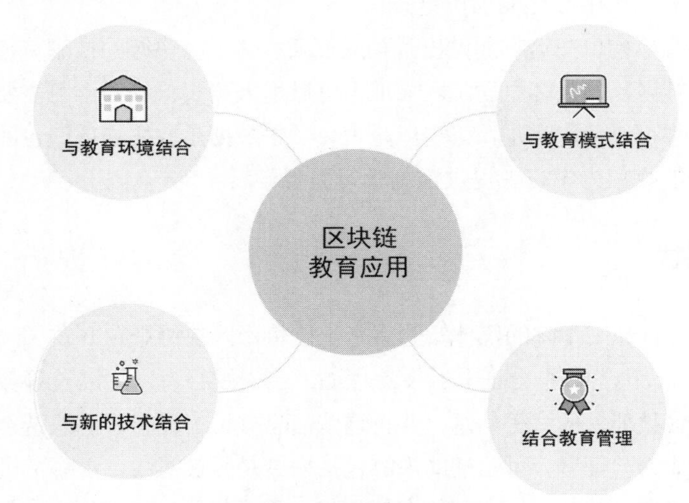

图11-4　区块链教育应用框架

区块链教育应用可以大致从以下四个方向：

(1) 与教育环境结合是指在具体的教育场所或与教育有关的环境中使用区块链的相关技术，以便更好地服务教育。具体分为以下四个教育应用场景，即数字学籍/教育账户、分布式学习账本、数字教育证书认证和数字教育资产管理。

(2) 与新的技术结合是指区块链教育应用除了使用区块链相关技术以外，还与 AI、大数据、5G、IoT 等新技术结合使用。

(3) 与教育模式结合是指区块链教育制度、教育理念的结合，推动教育向更优的方向发展。具体可分为协同育人、智慧教育、终身教育等三个方向。

(4) 与教育管理结合是指运用区块链的思想指导教育教学中的管理。具体可分为教师管理、学生管理和行政管理。

二、典型应用场景

上述四个框架方向只是从区块链教育应用实现的四个不同角度进行划分，并不考虑从属关系，四个方向的内容在横向上也是可以相互联系的。其具体的典型应用场景介绍如下。

1. 与教育环境结合

(1) 数字学籍/教育账户。

采用区块链身份项目支持，教育可以为每个学习者提供一个区块链身份，建立学习档案，方便学习和查询。基于区块链身份的数字学籍/教育账户在全世界范围都已公开访问。使用唯一

的数字学籍可以支持学习者更方便地跨地域、跨组织交流学习，并且数字身份的唯一性可以有效减少垃圾信息，让教育评估过程更快速、更精确。[1] 以前我们在网上学习，不同的平台需要登录不同的账户和密码，基于区块链技术的数字学籍/教育账户，能一个账户登录所有教育类相关平台，实现全国甚至全球教育数据的互联互通。

(2) 分布式学习账本。

使用区块链技术，学习者就拥有了全球唯一的、公开可访问的分布式学习账本，记录其所有学习相关的活动。基于学习账本，学习者可以很容易地进行学习成果评价与记录；开展学习激励、教育资助与奖励等活动，让学习的过程更主动、学习成果的评估更客观、资助以及奖励更精准。未来，学习成为联系我们生活方方面面的一种“货币”。我们在基于区块链技术的教育平台中做的任何与学习有关的活动都可以进行评价。学习者传递自己的学习行为、过程和结果给其他人可以获得回报。根据自身的学习记录，设置相关规则，变成可在平台中使用的数字货币，可极大地提升学习者学习的主动性，助力教学。

(3) 数字教育证书认证。

区块链教育证书相较于电子证书，不仅能够存证，还能够进行实时验证和溯源。同时，使用区块链钱包技术，很容易管理不同来源、不同格式的证书。有了基于区块链的数字教育证书，招聘机构只需获得应聘者的授权，就可以在相关平台上获取证书的真实性等相关信息。

(4) 数字教育资产管理。

区块链技术可改变数字教育资源的开发与共享方式。区块链可以支持教育内容的众筹众创，让教育内容的协作生产更稳定、有效。区块链能实现教育资源的永不宕机，支持多样化资源的共享；同时基于区块链技术的数字教育资产，更容易实现版权保护，如对教师教案、课件、论文等教学资源的版权保护。

2. 与新的技术结合

区块链本质上是对数据进行一系列处理的技术，而 AI、大数据、IoT 等技术也是以数据为基础开展的，5G 技术则是保障数据在网络更快更好的传播的基础，所以区块链与这些技术都可以进行结合。可能在各自的领域都有一些研究，但是如果区块链与某一技术相结合，相关的研究就会少很多，毕竟在各自领域都是较新的技术。如果再进一步加大要求，区块链与这些新技术在教育领域的应用，相关的研究就更少。但这也正是我们需要研究和努力的方向，也是需要去突破的方向。下面介绍一些目前区块链与新技术融合在教育中的应用场景。

(1) 与 AI 结合。

2020 年，有人提出了区块链技术与“人工智能+X”复合课程教育体系融合的观点。[2] 随着科技的进步和网络的不断发展，在线数字教育资源成为学校教育的重要补充。但是目前很多数字教学资源的质量并不令人满意，也无法满足个性化学习的需求。区块链与 AI、大数据结合打造虚拟教师，能让教师有时间去做更多有创造性的工作。

---

1 嘉文，周华丽. 教育区块链：分布式学的教育模式创新[M]. 北京：机械工业出版社，2020.

2 邱佳. 区块链技术与“人工智能+X”复合课程教育体系融合发展分析[J]. 企业科技与发展，2020(2)：217-219.

(2) 与大数据结合。

大数据技术的运用能够解决综合素质评价中信息量小、失真和结构缺失等问题。区块链具有去中心化、防篡改、可追溯等特点，能够解决综合素质评价中信息来源单一且公信力不足的问题。试想如果建立一个基于综合评价的区块链系统，各个高校作为区块链上的节点可以自动查询链上信息，只需要把相关专业录取评判的标准写入智能合约，就能够实现自动甄选合乎标准的学生，生成一份拟录取名单作为参考。[1] 这样大大提高了录取的公正性。

(3) 与 IoT、5G 结合

IoT 与区块链这两个领域能够碰撞出许多火花，区块链的分布式计算方式能够有效降低 IoT 交易过程中的计算和数据存储成本，并且能够保证数据的安全。随着未来 5G 技术不断成熟，网络速度快、稳定性高，出现多元化的区块链+的模式大多势必是以 5G 技术为基础的，如区块链+5G+AI、区块链+5G+IoT、区块链+5G+大数据、区块链+5G+AI+IoT+大数据等。

3. 与教育模式结合

随着教育改革的不断深化，出现了很多新型的教育模式。这些模式的出现促使教育工作者不断思考如何更好地解决在探索新模式中出现的各种问题。区块链技术则是破解这些难题的好助手。

(1) 协同育人。

协同育人是指在教育中多方组织联合培养人才的模式，如我国推出的学校和企业联合培养人才的协同育人项目：利用区块链技术透明性和信息沟通的优势，促进各个协同主体相互监督、共同协商决策，整合共同体资源，提高协同育人效率，树立“共建、共享、共赢”的协同育人理念。[2]

(2) 智慧教育。

智慧教育的根本要义是通过人机协同作用优化教学过程与促进学习者美好发展的未来教育范式：[3]利用区块链技术构建开放而互信的智慧教育活动场景，对教学资源的关注度、教学数据、学习过程数据进行如实、准确、不可篡改的有效记录，助力智慧教育活动的开展。[4]

(3) 终身教育。

终身教育是指人们在一生的各阶段所受各种不同类型教育的统一。在终身教育领域，区块链技术不仅极大地推动了数据的可信存储、可信交换和共享，而且对于随之产生的新兴学习模式给予了强大的技术支持。[5] 依赖区块链技术，以服务终身教育为中心，能有效解决终身教育面临的终身学习经历保存难、在线学习数据共享难、开放教育环境构建难等问题。

1　管华，薛嘉晖. 大数据和区块链技术在综合素质评价中的应用[J]. 教育与考试，2020(5)：5-11+26.
2　魏洁云，赵节昌，贾军. 探索产教深度融合协同育人之路——以“区块链技术”为契机的分析[J]. 中国高校科技，2020(5)：69-72.
3　顾小清，杜华，彭红超，等. 智慧教育的理论框架、实践路径、发展脉络及未来图景[J]. 华东师范大学学报(教育科学版)，2021，39(8)：20-32.
4　刘佳. 区块链打破“高校围墙”助力智慧教育[J]. 电脑与电信，2020(5)：13-15.
5　张蕾，吴敏. 基于区块链技术的终身教育体系模型[J]. 西北民族大学学报(哲学社会科学版)，2020(6)：123-131.

4. 与教育管理结合

学校的教育管理涉及方方面面，我们从区块链的角度做了三个方向的划分：

(1) 在教师管理方面，管理者依据区块链的去中心化策略，可以让教师队伍的来源多元化，给予教师队伍评价和培养模式多元化启示。

(2) 在学生管理方面，王海洋(重庆市大学城第一中学校长)等提出了利用区块链理念管理班级的想法并付诸实践。实践发现，班级的管理决策变得更加科学，班级治理方法变得更精准，有关的教育服务也变得越来越高效。[1]

(3) 在行政管理方面，区块链的思想也可以得到多元的应用，如学校图书馆的建设管理可以学习区块链去中心化的特点，给予学生建设数据的权限，让读者群体可以更加自由地参与馆藏资源的建设。[2]

思考：
构建一个安全、可信、不可篡改的学生信用体系需要做哪些准备工作？

第五节　案例与反思

随着区块链技术的深入发展，越来越多的人开始关注区块链融合教育的发展，也做了许多尝试，以下是一些应用典型案例。

一、典型案例

【案例 11-1】

Blockcerts——基于区块链的学历证书认证

1. 案例概述

本案例资料来源于 Blockcerts 官网。Blockcerts 是由 Learning Machine 与 MIT 的 Media Lab 合作开发的去中心化的认证系统，其提供了一个集创建、办理与验证于一体的，基于区块链的学历证明文件的开放平台，可以发行专业证书、成绩单、学分或者学位证书等凭证。该平台的底层技术是最为安全的比特币区块链，所以它所提供的凭证是防篡改且可验证的，具有很高的应用价值。Blockcerts 使用原理图如图 11-5 所示。

1 王海洋，张碧，向帮华. 区块链理念在班级管理中的应用研究[J]. 中小学德育，2019(11)：36-37+30.
2 盛先锋，邓国家. 区块链技术在高校图书馆馆藏资源管理中的应用[J]. 管理观察，2019(24)：124-125+128.

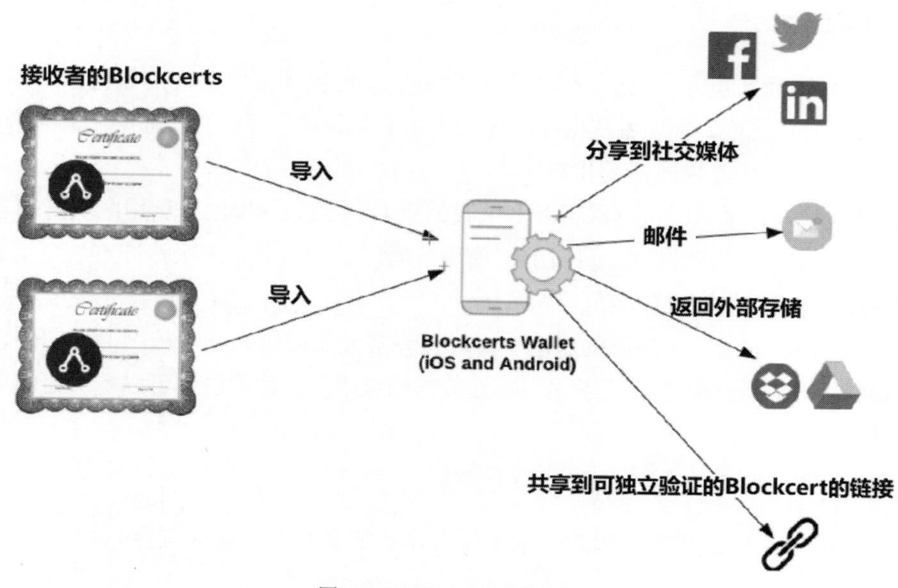

图11-5　Blockcerts使用原理图

2. 案例介绍

在 Blockcerts 平台上，学生的学习成绩、活动简历和毕业文凭等重要资料都保存在上面。区块链具有的不可篡改、开放性、去中心化等特点，可以保证在该平台上查询的相关学历信息是真实有效的，也能直接签发电子毕业证书。这个案例已经在生活中实现并应用。2018 年，Blockcerts 给 600 多名 MIT 毕业生颁发了区块链上的数字毕业证，这些学生的学术记录将永远保存在区块链上，未来的雇主在有需要的时候可随时进行验证。Blockcerts 工作原理图如图 11-6 所示。

3. 效果与反思

有些人可能有这样的疑问：国内已经有比较成熟的学历查询官方系统——中国高等教育学生信息网(学信网)，是否还有必要采用区块链的方式？答案毋庸置疑是肯定的。基于区块链的学历和学位证书管理本质上是一种管理思想的变革。我国目前虽然有学信网等学历查验系统，但是仍有登记假数据、被人篡改的可能，利用区块链技术，每一个环节都可溯源，保障了证书的真实性。

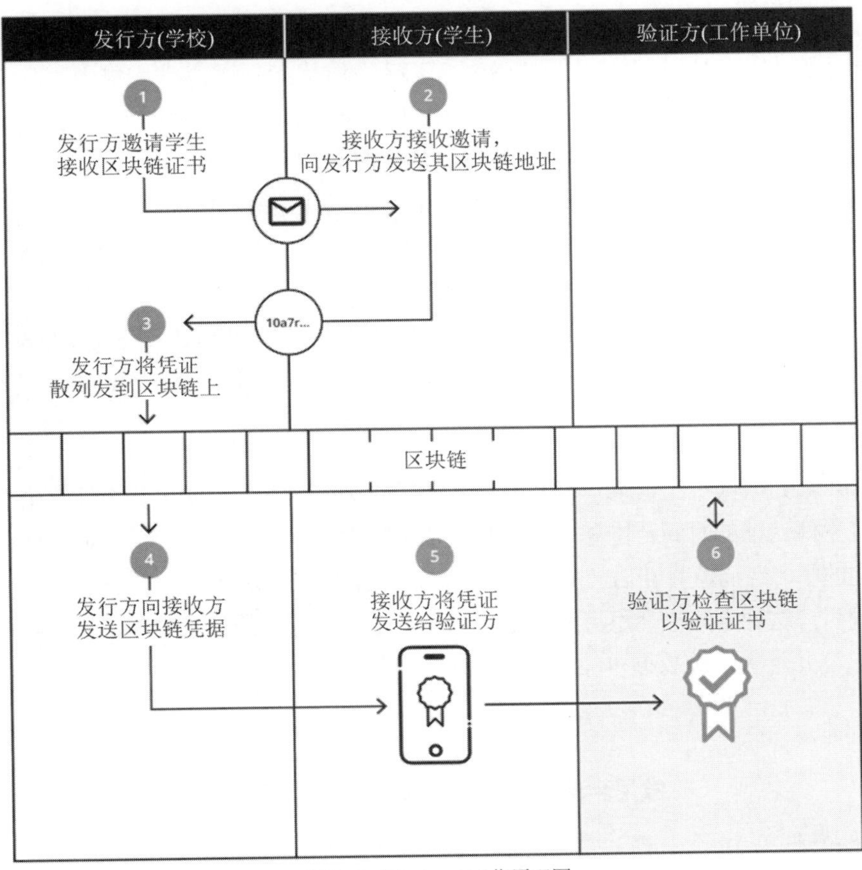

图11-6 Blockcerts工作原理图

【案例 11-2】

EDUBLOCS——通过区块链管理个性化学习过程

1. 案例概述

本案例来源于文献《区块链技术在职业教育现代化进程中的应用场景探究——基于国外教育区块链项目的案例分析》。[1] EDUBLOCS 项目由西班牙巴塞罗那大学教育研究学会开发，开发目标是建立一个能够完整记录学习活动全过程的教育区块链系统，利用区块链技术进行管理评估流程，生成学生的个性化学习活动追踪记录，并由学科导师共同参与建立形成性评价和认证鉴定。

2. 案例介绍

EDUBLOCS 项目主要通过以下五点来实现系统需求：

(1) 项目提供 5 个学习活动区块，即小组讨论会、开发使用特定技术的技能、参与性会议、

1 薛新龙，史薇，原珂，等. 区块链技术在职业教育现代化进程中的应用场景探究——基于国外教育区块链项目的案例分析[J]. 中国电化教育，2020，402(7)：58-63.

研讨会个人展示、撰写学术文章。

(2) 使用算法分析初步调查表来检测学生，了解学生的学习需求、学习能力以及学习兴趣。

(3) 系统会为学生提供一些学习活动安排作为参考，学生可以与小组导师协商，根据他们的需求及协商的结果，对课程要素进行补充或是替换。

(4) 通过“技术强化评估”(technology enhanced assessment，TEA)应用程序，辅导教师可以对小组成员的学习行为进行访问监督。程序系统提供了用于定量评估和定性评估的多种资源，被视为有价值的信息将被上传至区块链供大家查询。

(5) 整个教育过程数据的记录主要依靠项目教育区块链成绩册(edublocs grade book，EGB)，通过登录以太坊账号进行数据传输，实现分数信息的可验证、永久性、不可更改及不可删除。

3. 效果与反思

EDUBLOCS 项目不仅记录学习成绩，还利用区块链技术管理学生长周期的个性化学习过程，将教育主体认证的时间范围和容量信息大范围扩大，从结果导向的学历证书保存认证延伸到过程导向的学习经历监督评估，从而能够在真正意义上实现综合评价和过程信息的记录存储。

与此同时，这种方式也会不可避免地增加每一个教学环节的记录难度，会对学科教师提出更高的要求，并且大量的数据可能会对云端服务器造成巨大的压力。

【案例 11-3】

索尼全球教育——全球学习与认证平台

1. 案例概述

本案例来源于文献《区块链将如何重新定义世界》。[1] 索尼全球教育(Sony Global Education，SGE)是索尼公司 2015 年专门成立的教育子公司，[2] 2016 年 2 月，该公司宣布在教育领域应用区块链技术，开发了能够实现开放式、安全的学术水平与进步记录的共享平台。

2. 案例介绍

索尼公司与霍伯顿学校(一所软件工程学校)和 Bitproof(一家以区块链为基础向毕业生颁发学历证书的区块链公证方)共同合作，创新性地开发了一个通过区块链共享学业数据的应用平台。在这个应用平台中，参加评估的学生将考试成绩传送给第三方，第三方收到学习成绩后应用区块链技术记录学习成绩，并评估、分析学习结果，然后向学习者提供最符合他们兴趣的学习内容。该平台通过追踪学生在各个学习渠道中的表现，能够更加详细地拥有学生的个人学习信息，进而可以准确地描绘出学生的画像。

1 唐文剑，吕雯. 区块链将如何重新定义世界[M]. 北京：机械工业出版社，2016：172-173.
2 李青，张鑫. 区块链：以技术推动教育的开放和公信[J]. 远程教育杂志，2017，35(1)：36-44.

该平台创始人铃木五十铃曾举例说明过平台试图解决的教育困境：一个学生曾在中国某教育机构学习，参加过美国某机构的在线考试，最后从日本的大学毕业，现在又要申请西班牙的研究生学院，那么，学校该如何去确认这些来自不同教育机构的成绩，并处理该学生的申请？

随着技术的进步以及教育理念的发展，未来还会出现更加多样化的考核方法，不同的教育机构对学生的考核结果往往也有不同的要求，A 机构给予的评级不一定会获得 B 机构的认同。因此，要想真正实现跨国界的教育信息数据共享、认证互通，除了技术方面的支持外，还有许多非技术的层面需要全世界一起协调努力。

二、区块链教育应用带来的教育变革

随着各国对区块链技术越发重视和区块链技术应用的不断扩展，人们意识到：区块链技术可以应用于教育等领域，并给教育行业带来重大变革。

1. 加强知识产权保护，搭建教育信任体系

区块链技术的可追溯性能够对教育资产与智力成果进行版权保护，从源头上解决知识产权纠纷问题。例如，将学生的学习成绩、学历证书等重要信息上传到区块链上，能够有效防止信息丢失或被恶意篡改，从而构建一个安全、可信、不可篡改的学生信用体系。[1]

2. 辅助教学资源建设管理

基于区块链具有的去中心化、不可篡改、可追溯、高可信和高可用等特点，管理者可以对教学资源进行有限的控制和管理，有效保证教学资源的质量；区块链的去中心化和共维护等特点可以实现教学与研究源定制和共享，按数据区块逻辑组织包括课程资源、案例库、教研成果在内的所有资源。

3. 优化教育业务流程

在教育资源共享方面，教育管理者可以利用区块链的分布式账本来实现用户与资源间的直接联系，能够简化操作流程，提高效率，从而促进教育资源的开放共享，解决资源孤岛问题。在教育资源交易方面，教育管理者可以利用去中心化特点剔除交易中介平台，实现消费者与资源的点对点对接，从而减少费用支出，简化操作流程，打造高效、低廉的教育资源交易平台。[2]

1 杨现民，李新，吴焕庆等. 区块链技术在教育领域的应用模式与现实挑战[J]. 现代远程教育研究，2017(2):34-45.
2 曲一帆，秦冠英，孔坤，等. 区块链技术对教育变革探究[J]. 中国电化教育，2020(7)：51-57.

请在下方填写你认为区块链技术会给教育带来的变革：

第六节 拓展学习

一、信息与观点

区块链技术与教育的融合会给教育带来深度的变革，重构人们的学习和生活方式，全方位地提升教育的品质。但在探讨区块链教育应用的同时，应一并考虑以下几个问题。

1. 实践经验少，推广运行仍有阻力

目前国内外区块链技术应用大多仍然聚焦金融领域，相关专家或学者对其在教育领域的推广应用更多持观望态度。学校若想落地区块链教育应用，需要专业人才根据需求重新部署。然而区块链相比其他技术仍然较新，区块链人才培养配套还不健全，而人才紧缺、成本高昂等问题可能导致其实践运行受阻。

2. 教育数据产权有争议

区块链是去中心化的，不可避免会淡化传统中心化的实体教育管理机构的职责，当一切数据都存储在虚拟区块链上时，这些虚拟数据的归属权属于谁，使用权属于谁，基于数据分析产

生的成果的所有权又属于谁，[1]如何规避数据隐私等伦理问题，这些仍亟待解决。

3. 数据存储空间遇瓶颈

目前区块链的效率与性能仍然十分有限，系统对存储成本的要求很高，若想实现教育领域的大规模应用，需要承载教师、学生以及教育管理部门产生的大量数据量。区块链技术仍需进一步探索低成本、高效率地解决数据存储等问题。

4. 相关法制法规存在空白

尽管区块链技术会给教育领域带来许多革命性变化，但由于其本身的自主性、失控性与不确定性会带来技术隐忧，而相关的法制法规尚未跟上技术的发展，这样的滞后与空白可能会使数据侵权、智能合约等面临规制失效问题。[2]

二、资源与链接

(1) 中华人民共和国工业和信息化部《关于加快推动区块链技术应用和产业发展的指导意见》：https://ythxxfb.miit.gov.cn/ythzxfwpt/hlwmh/tzgg/xzxk/dxhhlwyw/art/2021/art_240850bc97bc44cd81fad5e52d2cad55.html。

(2) 浙商银行等《基于“区块链+物联网”的产业链金融应用白皮书(2021)》：http://www.199it.com/archives/1367423.html。

(3) 中国信通院《区块链白皮书(2021 年)》：https://www.sohu.com/a/514893153_100082943。

(4) 火链科技研究院《海南区块链产业发展白皮书 2021》：http://www.199it.com/archives/1230699.html。

(5) 京东物流《2019 中国物流与区块链融合创新应用蓝皮书》：http://www.199it.com/archives/925962.html。

(6) 麦肯锡《区块链——银行业游戏规则的颠覆者》：http://www.199it.com/archives/478118.html。

(7) 华为《华为区块链白皮书构建可信社会，推进行业数字化》：http://www.199it.com/archives/715206.html。

(8) 零壹智库《中国区块链政策普查报告(2019)》：http://www.199it.com/archives/983866.html。

1 北京师范大学未来教育高精尖创新中心. 北京市教委领导莅临未来教育高精尖创新中心指导工作交流会[EB/OL]. [2022-01-10]. https://aic-fe.bnu.edu.cn//xwdt/zxxw/25122.html.

2 刘光星. “区块链+教育”：耦合机理、风险挑战及法律规制[J]. 电化教育研究，2021，42(3)：27-33+41.

꧁ 学习活动与建议 ꧂

1. 拓展学习与探究活动建议

(1) 查阅区块链相关技术报告，了解区块链最新技术进展，尤其是能应用于教育领域的相关技术，并在课堂上进行汇报。

(2) 查阅相关文献，梳理区块链的教育应用场景，在课堂上进行汇报分享。

2. 课后活动建议

根据本章学习内容与拓展学习内容，绘制区块链结合教育应用的思维导图。

参考文献

[1] 李小平，孙清亮，张琳，等. 5G 的发展历程、特点及其对教育理论的延伸[J]. 现代教育技术，2019，29(9)：26-32.

[2] 前瞻网. 2019 移动经济报告：2025 全球移动用户数将达 60 亿 5G 占全球移动连接 15%[EB/OL]. [2019-09-10]. https://t.qianzhan.com/caijing/detail/190304-a1063bf0.html.

[3] 周平，窦荣启，程雷. 5G 站点泛在能源体系研究[J]. 通信电源技术，2019，36(S1)：101-104.

[4] 魏克军. 5G 商用发展面临的机遇与挑战[J]. 信息通信技术与政策，2019(10)：60-63.

[5] Ivanova E P, llev T B，Mihaylov G Y, et al. Working together:Education，research and development for 5g networks[J]. ABToMaTH3ania TexHonorihux i6i3Hec-poneciB, 2015(7, N4): 4-8.

[6] Ever Y K, Rajan A V. The Role of 5G Net works in the Field of Medical Sciences Education [C]. //2018 IEEE 43rd Conference on Local Computer Networks Workshops(LCN Work- shops). IEEE, 2018: 59-63.

[7] 孙莹，吴磊磊，黄照翠. 教育技术与信息技术的比较研究[J]. 现代教育技术，2007(6)：14-17.

[8] 李世东. 论第六次信息革命[J]. 中国新通信，2014(14)：3-6.

[9] 搜狐网. 第七次信息革命与智能互联网[EB/OL]. [2022-01-11]. https://www.sohu.com/a/6231857_116443.

[10] 傅力军. 5G 技术现状及 4K over5G 业务前景[J]. 广播与电视技术，2018(6)：54-58.

[11] 钱炜. 基于 5G 网络的智能教育平台探索与实践[J]. 张江科技评论，2020(1)：2.

[12] 搜狐网. 全国首个 5G+智能教育落地省实 异校实时共享名师[EB/OL]. [2022-01-11]. https://www.sohu.com/a/304854694_161795?_f=index_chan25news_474.

[13] 搜狐网. 中国联通携手华中师大发“5G+智能教育”行业应用[EB/OL]. [2022-01-11]. https://www.sohu.com/a/298399554_120044167.

[14] 搜狐网. VR 飞行课程、物理教学等 VR/AR 教育案例，提升自主性、减少负荷~ [EB/OL]. [2022-01-11]. https://www.sohu.com/a/359883010_484765.

[15] 搜狐网. “谷歌探险先锋”VR/AR 教育平台已全面开放使用[EB/OL]. [2022-01-11]. https://www.sohu.com/a/158966609_216039.

[16] 蔡苏，张晗. VR/AR 教育应用案例及发展趋势[J]. 数字教育，20173(3)：1-10.

[17] 搜狐网. 虚拟现实体验的 3I 特征[EB/OL]. [2022-01-11]. https://www.sohu.com/a/335048288_120135108.

[18] 陈松云，何高大. 新技术推动下的学习愿景和作用——2017《美国国家教育技术计划》及启示[J]. 远程教育杂志，2017，35(6)：21-30.

[19] 搜狐网. 中广上洋：用人工智能+大数据助力教育信息化发展 [EB/OL]. [2022-01-11]. https://www.sohu.com/a/311193248_195079.

[20] 搜狐网.Find 智慧钢琴正式推出线上钢琴课程，让孩子在家就学会弹琴[EB/OL]. [2022-01-11]. https://m.sohu.com/a/388807651_120341695.

[21] 百度. 朱永新：5G 将如何改变我们的教育[EB/OL]. [2022-01-11]. https://baijiahao.baidu.com/s?id=1638079395284304441&wfr=spider&for=pc.

[22] 雷万云. 云计算技术、平台以及应用案例[M]. 北京：清华大学出版社，2011.

[23] 中国信息通信研究院. 云计算白皮书(2021)[R]. 北京：中国信息通信研究院，2021.

[24] 2020 年中国政务云行业研究报告[EB/OL]. [2022-01-11]. https://www.iresearch.com.cn/Detail/report?id=3592&isfree=0.

[25] 许子明，田杨锋. 云计算的发展历史及其应用[J]. 信息记录材料，2018，19(8)：66-67.

[26] 章泽昂，邬家炜. 基于云计算的教育信息化平台的研究[J]. 中国远程教育(综合版)，2010(6)：66-69.

[27] 黄秋生，张秦肇. 云环境下高校形势与政策课数字化教学资源共建共享研究[J]. 教育现代化，2016，3(28)：67-70+73.

[28] 杨滨. 论云计算辅助教学(CCAI)中协作学习产生的设计机制——以 Google sites 下的协作学习为例[J]. 现代教育技术，2009，19(11)：95-99.

[29] 张珑，王建华，张军. 云计算辅助教育初探[J]. 计算机教育，2010(12)：4-8.

[30] 张利峰. 云计算辅助教学在高校教学中的应用研究[D]. 大庆：东北石油大学，2012.

[31] 中华人民共和国教育部. 教育部关于印发《教育信息化十年发展规划(2011—2020 年)》的通知[EB/OL]. (2012-03-13)[2022-01-11]. http://www.moe.gov.cn/srcsite/A16/s3342/201203/t20120313_133322.html.

[32] 孙剑华. 未来计算在“云端”——浅谈云计算和移动学习[J]. 现代教育技术，2009，19(8)：60-63.

[33] CSDN.云计算主要包含哪些基本特征[EB/OL]. [2022-01-10]. https://blog.csdn.net/duozhishidai/article/details/87982284.

[34] 邱百爽，郭桂英. 试论大教育环境下云计算辅助教学的研究现状和趋势[J]. 中国教育技术装备，2015(4)：15-16+21.

[35] 耿学华，梁林梅，王进. 云计算在高等教育信息化中的应用与展望[J]. 现代教育技术，2012，22(3)：5-9.

[36] 百度百科.能力天空[EB/OL]. [2022-01-11]. https://baike.baidu.com/item/%E8%83%BD%E5%8A%9B%E5%A4%A9%E7%A9%BA/11040080?fr=aladdin，2022-01-11.

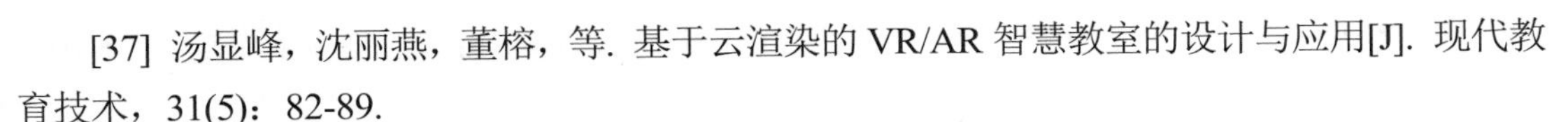
[37] 汤显峰，沈丽燕，董榕，等. 基于云渲染的 VR/AR 智慧教室的设计与应用[J]. 现代教育技术，31(5)：82-89.

[38] 张进宝，黄荣怀，张连刚. 智慧教育云服务：教育信息化服务新模式[J]. 开放教育研究，2012，18(3)：20-26.

[39] Johnson L, Adams S, Haywood K. NMC Horizon Report: 2011 K-12 Edition[M]. New Media Consortium, 2011.

[40] 吴砥，李环，吴磊，等. 国外教育云发展趋势及其启示[J]. 中国教育信息化，2018(11)：21-25.

[41] 王彩虹. 云计算环境下非重点高校图书馆服务模式研究[J]. 湖北师范学院学报(自然科学版)，2012，32(1)：36-40.

[42] 黄明燕，蔡祖锐. 云计算教育应用研究综述[J]. 软件导刊(教育技术)，2014，13(1)：6-11.

[43] 张怀南，杨成. 我国云计算教育应用的研究综述[J]. 中国远程教育，2013(1)：20-26+95.

[44] 中华人民共和国中央人民政府.国家中长期教育改革和发展规划纲要(2010—2020 年)[EB/OL]. [2022-01-11]. http://www.gov.cn/jrzg/2010-07/29/content_1667143.htm.

[45] 冯坚.基于云计算的现代远程教育展望[J]. 中国电化教育，2009(10)：39-42.

[46] 李雪萍. 云端漫步 开启数字化学习的新时代[J]. 中小学信息技术教育，2017(11)：30-33.

[47] 李广文. 基于 Socket.IO 的互动教学即时反馈系统的设计与实现[J]. 中国现代教育装备，2012(18)：10-12.

[48] 苏涛. 初探互动反馈技术在小学数学教学中的应用策略[J]. 中国信息技术教育，2012(4)：62-64.

[49] 吴蓉瑾. 推进“云管理”：为学生创造开阔、适切的“云空间”[J]. 中小学管理，2015(5)：16-18.

[50] 华为云. 爱学习-客户案例[EB/OL]. [2022-01-11]. https://www.huaweicloud.com/cases/axx.html.

[51] 36 氪官网. 华为云，放开手脚干[EB/OL]. [2022-01-11]. https://www.36kr.com/p/1181633608286466.

[52] 王毅，安红. 云学习时代教师虚拟学习社区构建研究[J]. 中国电化教育，2010(1)：118-122.

[53] 白云娟，沈书生. 云学习：云计算激发的学习理念[J]. 中国电化教育，2011(8)：14-18.

[54] 褚庆军. 云计算技术在教育考试中的应用[J]. 中国考试，2016(11)：38-43.

[55] 汤建国，韩莉英，孙宜龙. 基于云计算的高校教育信息化应用研究[J]. 无线互联科技，2019，16(10)：66-68.

[56] 李鑫. 基于教育云平台的信息技术课程教学模式设计与实践[D]. 牡丹江：牡丹江师范学院，2019.

[57] 百度百科. 3C融合[EB/OL]. [2021-12-30]. https://baike.baidu.com/item/3C融合/2605104?fr=Aladdin.

[58] 陈锐.物联网——后IP时代国家创新发展的重大战略机遇[J]. 中国科学院院刊，2010，25(1)：41-49.

[59] 李长朋. 基于工业物联网的中药生产过程监控及优化研究[D]. 天津：河北工业大学，2014.

[60] 潘再兴. 面向物联网的RFID系统防碰撞技术研究[D]. 长春：吉林大学，2014.

[61] 199IT.中国信通信院：2020年物联网白皮书(附下载)[EB/OL]. [2022-01-8]. http://www.199it.com/archives/1173315.html.

[62] 郭丽娟. 普适计算技术支持下的泛在学习[J]. 才智，2011(22)：55.

[63] 林明方. 探析物联网在教育中应用[J]. 计算机产品与流通，2018(9)：204.

[64] 夏春琴. 基于RFID的高校实验室管理系统设计与实现[D]. 苏州：苏州大学，2013.

[65] 王帆，张克松. 浅析物联网技术在教育领域的应用[J]. 科技展望，2015，25(27)：19.

[66] 王诗佳. 高校基于物联网的智慧校园建设及发展调查报告——以江南大学为例[J]. 中国教育技术装备，2014(18)：24-28.

[67] 陈金华，陈奕彬，彭倩，等. 面向智慧教育的物联网模型及其功能实现路径研究[J]. 电化教育研究，2019，40(12)：51-56+79.

[68] 潘小莉. 物联网在教育中的应用[J]. 电子商务，2011(8)：14-15.

[69] 陈琳，杨英，华璐璐. “十三五”开局之年以信息化推动教育现代化新发展——2016年中国教育信息化十大热点新闻解读[J]. 中国电化教育，2017(2)：69-75.

[70] 汪泽仁. 试论物联网技术在教育信息化应用中的问题及对策[J]. 四川省干部函授学院学报，2020(2)：77-82.

[71] 张舒艺. 基于物联网技术的课堂注意力测评工具开发[D]. 上海：华东师范大学，2018.

[72] 江南大学新闻网.【光明日报】江南大学：“数字化能源监管”绿色校园[EB/OL]. [2022-01-11]. https://news.jiangnan.edu.cn/info/1081/39957.htm.

[73] 中华人民共和国教育部. 江南大学建设绿色低碳校园[EB/OL]. [2022-01-11]. http://www.moe.gov.cn/jyb_xwfb/s6192/s133/s185/201404/t20140403_166693.html

[74] 搜狐网. 【智慧校园】走进江南大学[EB/OL]. [2022-01-11]. https://www.sohu.com/a/274038504_100008993.

[75] 宋建强，赵让，张明亮. 感知能耗智慧监管——江南大学数字化能源监管平台建设探索及实践[J]. 高校后勤研究，2018(6)：50-54.

[76] 陈明选，徐旸. 基于物联网的智慧校园建设与发展研究[J]. 远程教育杂志，2012，30(4)：61-65.

[77] 王强，潘吉仁. 从节能监管平台建设看高校能源管理再创新——江南大学能源监管体系建设实践与思考[J]. 高校后勤研究，2013(1)：58+61.

[78] Yu L, Sen Z, Zhi Q, et al. A Framework for Learning Analytics Using Commodity Wearable

Devices[J]. Sensors, 2017, 17(6):1382.

[79] 郭力平，吕雪，罗艳艳，等. 物联网技术应用于学前儿童类比推理评价与学习支持的研究——基于认知诊断方法[J]. 电化教育研究，2020，41(9)：94-101.

[80] 贺春光. 虚拟现实技术在保护蒙古马鞍制作工艺中的探索与研究[D]. 呼和浩特：内蒙古农业大学，2012.

[81] Milgram P, Kishino F. A Taxonomy of Mixed Reality Visual Displays[J]. IEICE Transactions on Information and Systems, 1994, 77(12): 1321-1329.

[82] 周国众. 移动增强现实用户体验模型构建与应用研究[D]. 郑州：解放军信息工程大学，2013.

[83] Carmigniani J, Furht B, Anisetti M, et al. Augmented reality technologies，systems and applications[J]. Multimed Tools Appl, 2011, 51(1)：341–377.

[84] 搜狐网. 浅谈：虚拟现实 VR 技术早期发展史 [EB/OL]. [2022-01-08]. https://www.sohu.com/a/108820074_425850.

[85] 李君祥. 基于混沌和遗传算法修正的 BP 数据手套手势识别[D]. 哈尔滨：哈尔滨理工大学，2016.

[86] Hoshino K . Dexterous Robot Hand Control with Data Glove by Human Imitation[J]. IEICE Transactions on Information and Systems，2006(6): 1813-1819.

[87] 孙锦，王慧君. 基于增强现实技术的电子书分析——以“AR 涂涂乐”为例[J]. 数字教育，2017，3(3)：61-65.

[88] 葛鑫. 扩增实境的进化方向[J]. 商业价值，2011(4)：3.

[89] 侯明，姚国强. 互联网+背景下的虚拟现实视听新技术展望[J]. 现代电影技术，2017(5)：29-35+17.

[90] 蒋逸霄. 浅析 VR 技术在房地产领域的应用前景和展望[D]. 南京：南京艺术学院，2017.

[91] 刘文娅. VR 技术分析与应用发展[J]. 电脑知识与技术，2019，15(25)：241-243.

[92] 初天斌，李少明. 移动互联网背景下立体化教材出版的应用研究[J]. 出版发行研究，2015(2)：39-42.

[93] 邹湘军，孙健，何汉武，等. 虚拟现实技术的演变发展与展望[J]. 系统仿真学报，2004，16(9)：1905-1909.

[94] 李玲. 基于虚拟现实技术的中学数字资源设计与实现[D]. 宁波：宁波大学，2018.

[95] 姚芳，李哲. 应用虚拟现实技术推动普通高校教学改革[J]. 吉林工程技术师范学院学报，2008(8)：18-20.

[96] 尹卓良. 虚拟现实技术在多媒体课件中的应用研究[D]. 北京：北京印刷学院，2010.

[97] Stepan K, Zeiger J, Hanchuk S, et al. Immersive virtual reality as a teaching tool for neuroanatomy[J]. Internationalforum of allergy & rhinology, 2017, 7(10): 1006-1013.

[98] Olmos-Raya E, Ferreira-Cavalcanti J, Contero M, et al. Mobile Virtual Reality as an Educational Platform: A Pilot Studyon the Impact of Immersion and Positive Emotion Induction in the

Learning Process[J]. Eurasia Journal of MathematicsScience and Technology Education. Eurasia Publishing House, 2018, 14(6): 2045-2057.

[99] Kung W L, Pui Y L. The use of virtual reality for creating unusual environmental stimulation to motivate students to explore creative ideas[J]. Interactive Learning Environments, 2015, 23(1)：3-18.

[100] Im S, Chiu P, Chan H S, et al. Using Virtual Reality to Enhance Learning in a Chinese Architectures Course: A Flipped Classroom Approach[C]// 2018 IEEE International Conference on Teaching, Assessment, and Learning for Engineering (TALE). IEEE, 2018.

[101] Pochtoviuk S, Vakaliuk T, Pikilnyak A . Possibilities of Application of Augmented Reality in Different Branches of Education[M]. Social Science Electronic Publishing.

[102] Huang K T, Ball C, Francis J, et al. Augmented Versus Virtual Reality in Education: An Exploratory Study Examining Science Knowledge Retention When Using Augmented Reality/Virtual Reality Mobile Applications[J]. Cyberpsychology，Behavior，and Social Networking, 2019, 22(2): 105-110.

[103] 网易网. 虚拟现实技术应用——VR 实验室[EB/OL]. [2021-12-7]. https://3g.163.com/dy/article/GNAE451S0552BZ19.html.

[104] Molka-Danielsen J, Prasolova-F E, Fominykh M, et al. Use of a Collaborative Virtual Reality Simulation forMulti-Professional Training in Emergency Management Communications[C]// 2018 IEEE International Conference onTeaching, Assessment, and Learning for Engineering (TALE). IEEE, 2018: 408-415.

[105] Salinas P, E González-Mendíril M, Quintero E, et al. The Development of a Didactic Prototype for the Learning of Mathematics through Augmented Reality[J]. Procedia Computer Science, 2013, 25(Complete): 62-70.

[106] Ibáñez M B, Serio A D, Villarán D, et al. Experimenting with electromagnetism using augmented reality: Impact on flow student experience and educational effectiveness[J]. Computers & Education, 2014, 71(feb): 1-13.

[107] 刘世伟，田世鹏，甘涛，等. 虚拟实验室的研究与应用现状综述[J]. 物联网技术，2016，6(9)：82-83.

[108] 陈泽婵，陈靖，严雷，等. 基于 Unity 3D 的移动增强现实光学实验平台[J]. 计算机应用，2015，35(S2)：194-199.

[109] 苗晋达，罗天任，蔡宁，等. AR 物理实验中的磁感线仿真[J]. 图学学报，2021，42(1)：87-93.

[110] NOBOOK.NOBOOK 虚拟实验室 [EB/OL]. [2021-12-15]. https://www.nobook.com/.

[111] 中南大学新闻网.中南大学矿冶工程化学虚拟仿真实验教学中心——中南大学[EB/OL]. [2021-12-15]. https://news.csu.edu.cn/info/1061/120445.htm.

[112] 北京大学地球与空间科学学院.国家级虚拟仿真实验教学中心[EB/OL]. [2021-12-15].

https://news.csu.edu.cn/info/1061/120445.htm.

[113] 王辞晓，李贺，尚俊杰. 基于虚拟现实和增强现实的教育游戏应用及发展前景[J]. 中国电化教育，2017(8)：99-107.

[114] 蒋中望. 增强现实教育游戏的开发[D]. 上海：华东师范大学，2012.

[115] 陈向东，万悦. 增强现实教育游戏的开发与应用——以“泡泡星球”为例[J]. 中国电化教育，2017(3)：24-30.

[116] 陈向东，曹杨璐. 移动增强现实教育游戏的开发——以“快乐寻宝”为例[J]. 现代教育技术，2015，25(4)：101-107.

[117] 江自昊. AR 学具在高校课程中的应用研究[J]. 科教文汇(上旬刊)，2018(7)：5-8.

[118] 郭威. 基于增强现实的初中科学课程学习活动设计与应用[D]. 上海：华东师范大学，2018.

[119] 史志陶. 精品教材建设与专业建设的关系研究[J]. 考试周刊，2011(72)：26-28.

[120] 孔玺，孟祥增，徐振国，等. 混合现实技术及其教育应用现状与展望[J]. 现代远距离教育，2019(3)：82-89.

[121] 刘超. 在线课堂虚拟人脸表情驱动应用研究[D]. 海尔滨：黑龙江大学，2021.

[122] 朱锋，夏阳. 基于 VR 的网络教育研究与应用[J]. 计算机工程与设计，2005(9)：2500-2502.

[123] 蔡苏，王涛，蔡瑞衡. 增强现实技术探究化学微观世界——增强现实(AR)在 K-12 教育的实证案例之三[J]. 中小学信息技术教育，2018(Z1)：115-117.

[124] 柳瑞雪，刘楚，任友群. 基于沉浸式学习环境的 VR 课堂教学应用研究——以小学三年级数学课《认识年月日》为例[C] //第 22 届全球华人计算机教育应用大会论文集. 2018:27-35.

[125] Kaufmann H，Meyer B . Physics Education in Virtual Reality: An Example[M]. Themes in Science and Technology Education: Virtual Reality in Eduction, 2009:117-130.

[126] 腾讯视频.清华附小公开课太阳与八大行星 AR 教学完整版[EB/OL]. [2021-12-25]. https://v.qq.com/x/page/f06507gcrs8.html?n_version=2021.

[127] Dunleavy M, Dede C, Mitchell R. Affordances and Limitations of Immersive Participatory Augmented Reality Simulations for Teaching and Learning[J]. Journal of Science Education & Technology, 2009, 18(1)：7-22.

[128] Scrivner O. Madewell J. Perez N, Augmented reality digital technologies (ARDT) for foreign language teaching and learning[C] // Future Technologies Conference (FTC).IEEE, 2016: 395-398.

[129] 李娜. 考虑非连续性因素的机器人鲁棒控制[D]. 秦皇岛：燕山大学，2007.

[130] 郭丹颖，安东.机器人系统设计及应用[M]. 北京：化学工业出版社，2016.

[131] 搜狐网. 2019 全球教育机器人发展白皮书 [EB/OL]. [2021-12-15]. https://www.sohu.com/a/ 341418215_747278.

[132] 林晓峰，谢康.机器人学的教育应用及展望[J]. 中国教育信息化，2018(23)：5-8.

[133] 郭利明，杨现民，段小莲，等. 人工智能与特殊教育的深度融合设计[J]. 中国远程教育(综合版)，2019(8)：10-19.

[134] 吴磊，孙悦. 基于 PAD 情感模型的老龄智能陪伴机器人面部表情评估研究[J]. 包装工程，2021，42(6)：53-61.

[135] 王曦，曾广平，乔柱. 面向心理健康的服务机器人设计与实现[J]. 制造业自动化，2021，43(6)：137-141.

[136] 杨兵，尹加琪，杨旸，等. 现状与发展:智能问答机器人促进学习的反思[J]. 中国电化教育，2018，383(12)：36-43.

[137] 王志刚. 近 10 年来我国中小学机器人教育研究综述[J]. 西部素质教育，2018，4(19)：17-18.

[138] 杨国龙. 国内机器人教育研究综述[J]. 中国教育信息化，2019(4)：36-41.

[139] 钟柏昌，张禄. 我国中小学机器人教育的现状调查与分析[J]. 中国电化教育，2015(7)：101-107.

[140] Papert S. Mindstorms: Children，computers，and powerful ideas [M]. New York：Basic Books, 1980.

[141] Bers M U, Ponte I, Juelich K, et al. Teachers as designers: Integrating robotics in early child-hood education [J]. Information Technology in Childhood Education An-nual, 2002(1)：123-145.

[142] Benitti F B V. Exploring the educational potential of robotics in schools: A systematic review[J]. Computers & Education, 2012, 58(3): 978-988.

[143] Alimisis D. Educational robotics: Open questions and new challenges[J]. Themes in Science & Technology Education, 2013, 6(1)：63-71.

[144] 张玮，李哲，奥林泰一郎，等. 日本教育信息化政策分析及其对中国的启示[J]. 现代教育技术，2017(3)：5-12.

[145] 唐雪梅，冯正勇.中职院校开展机器人教育的探究[J]. 教育现代化，2018，5(26)：312-314.

[146] 徐多. 机器人教育的知识图谱分析研究[D]. 锦州：渤海大学，2018.

[147] IBM. IBM Watson-中国[EB/OL]. [2022-1-11]. https://www.ibm.com/cn-zh/watson?lnk=STW_CN_HP_SWT1_&psrc=NONE&pexp=DEF&lnk2=goto_Watson.

[148] 赵委委. 技术发展与个体精神世界的建构[D]. 北京：中共中央党校，2019.

[149] 彭敏霞. 小学机器人教育立体化教材的设计与开发研究[D]. 西安：陕西师范大学，2009.

[150] 窦豆. 大数据时代昌吉电信客户关系管理策略研究[D]. 石河子：石河子大学，2018.

[151] 李彦霞. 无源感知系统反向散射链路吞吐量优化机制研究[D]. 太原：太原理工大学，2019.

[152] 杨现民，王榴卉，唐斯斯. 教育大数据的应用模式与政策建议[J]. 电化教育研究，2015，36(9)：54-61+69.

[153] 陈书慧，夏颖，贾丽丽，等. 大数据背景下的学生测试信息采集与预警系统研究[J]. 软件导刊(教育技术)，2017，16(7)：14-15.

[154] 邢涛.做好大数据档案工作，助力数字中国建设[J]. 山东档案，2018(3)：60-61.

[155] 徐一铭. DB证券股份有限公司互联网金融业务发展问题研究[D]. 沈阳：沈阳理工大学，2019.

[156] 丰娟娟. 微小型数据库技术在大数据时代的发展趋势[J]. 中小企业管理与科技(上旬刊)，2014(7)：301-302.

[157] 刘凤娟. 大数据的教育应用研究综述[J]. 现代教育技术，2014(8)：15-21.

[158] 王娟，陈世超，王林丽，等. 基于CiteSpace的教育大数据研究热点与趋势分析[J]. 现代教育技术，2016，26(2)：5-13.

[159] 李秀霞，宋凯，赵思喆，等. 国内外教育大数据研究现状对比分析[J]. 现代情报，2017，37(11)：125-129.

[160] 孙玉桃. 大数据开启教育新时代[J]. 中国电信业，2018(6)：70-71.

[161] 关芳芳，战培志. 高校教育大数据应用研究与未来系统架构展望[J]. 江苏通信，2017，33(4)：39-41.

[162] 何克抗. 大数据面面观[J]. 电化教育研究，2014，35(10)：8-16+22.

[163] 封清云，郭炯，郑晓俊. 大数据支持的甘肃省教育精准扶贫科学决策研究[J]. 电化教育研究，2017，38(12)：21-26.

[164] 邵雪，周伟.义务教育精准扶贫研究述评[J]. 安顺学院学报，2019，21(1)：23-26+49.

[165] 首新，叶萌，胡卫平，等. 教育大数据背景下log数据挖掘与应用——以PISA(2012)中国区问题解决测验为例[J]. 电化教育研究，2017，38(12)：58-64.

[166] 陆璟. 基于log数据的国际学生评估项目(PISA)问题解决能力研究[D]. 上海：华东师范大学，2017.

[167] 陈雷.大数据学习分析的研究与应用——以浙江省教师教育 MOOC 培训平台的课程为例[J]. 现代教育技术，2016，26(8)：109-115.

[168] 沈光辉，陈明，程方昭，等. 终身教育大数据应用模型与服务平台构建研究[J]. 中国远程教育(综合版)，2020(12)：59-68.

[169] 吴砥，饶景阳，吴晨. 教育大数据标准体系研究[J]. 开放教育研究，2020，26(2)：75-82.

[170] 许涛. “区块链+”教育的发展现状及其应用价值研究[J]. 远程教育杂志，2017，35(2)：19-28.

[171] 李青，张鑫. 区块链：以技术推动教育的开放和公信[J]. 远程教育杂志，2017，35(1)：36-44.

[172] 姚洁，王茜茜. 数字徽章与学习分析: 大规模个性化学习的新路径[J]. 成都中医药大学学报：教育科学版，2019，21(1)：19-20+56.

[173] 葛文双，韩锡斌，何聚厚.在线学习测评技术的价值、理论和应用审视[J]. 现代远程教育研究，2019，31(6)：52-60+77.

[174] 方晟，谭颖然. 中医专业英语教学目的及方法的探讨[J]. 中医教育，2004，23(3)：49-51.

[175] 张蕾，廖绍雯. 开放教育环境下的数字徽章：设计维度与价值分析[J]. 电化教育研究，2020，41(7)：69-76.

[176] 刘春林，张渝江. 数字徽章评价推动混合学习[J]. 中国信息技术教育，2015(17)：109-110.

[177] 项道东. 数字徽章在翻转课堂中的应用研究[J]. 中国教育信息化，2018(20)：17-20.

[178] 王春蕾，孙启存，姜珊，等. 美国图书馆数字徽章认证学习服务及其启示[J]. 图书情报工作，2020，64(5)：141-146.

[179] 李青，于文娟.电子徽章规范:Mozilla Open Badgs 解读[J]. 现代远程教育研究，2014(1)：100-106.

[180] 张铁道，白晓晶，李国云，等. 新媒体联盟地平线报告(2015 基础教育版)[J]. 北京广播电视大学学报，2015(S1)：54-98.

[181] 胡小勇，李馨，宋灵青，等. 在线学习的创新与未来: 数字徽章——访美国宾西法尼亚州立大学凯尔•派克(Kyle Peck)教授[J]. 中国电化教育，2014(10)：1-6.

[182] 崔慧丽，朱宁波. "教育者微证书"：美国新的教师专业发展模式[J]. 湖南师范大学教育科学学报，2019，18(5)：72-79.

[183] Weller M. Twenty Years of Edtech[J]. Educause Review, 2018, 53(4): 34-48.

[184] 周怡，陈文俊. 当项目化学习遇见"80 天环游世界"[J]. 上海教育，2020(4)：102-103.

[185] 薛维学，夏长春，杜世碧. 农村中小学劳动教育师资现状及对策[J]. 中国教师，2019(2)：69-71.

[186] 杭培根，夏瑜. 校园小农场在学校科学校本课程建设中的作用[J]. 新课程(上)，2017(1)：3-5.

[187] 搜狐网. 劳动教育需要"四个进化"[EB/OL]. [2021-12-15]. https://www.sohu.com/a/273728560_243614.

[188] 秦瑾若，傅钢善. 基于五星教学原理的 SPOC 教学设计模式构建研究[J]. 中国远程教育，2017(6)：23-29+79-80.

[189] 班级优化大师官网. 班级优化大师——抓住孩子的每一课闪光点[EB/OL]. [2022-01-10]. https://care.seewo.com/.

[190] 张东建. 在线学习中数字徽章的应用综述[J]. 软件导刊(教育技术)，2017，16(8)：74-76.

[191] 李鹤. 基于人机交互模式的救援人员心理救助系统设计与实现[D]. 沈阳：东北大学，2014.

[192] 百度文库. 人工智能及其应用-概论[EB/OL]. [2021-12-29]. https://wenku.baidu.com/view/484a1dba69dc5022aaea00bf.html.

[193] 王有学，高洁.论人工智能技术发展及其在教育中的应用[J]. 中小学电教：综合，2019(4)：6-9.

[194] 中国电子技术标准化研究院. 人工智能标准化白皮书(2018 版)[EB/OL]. [2021-12-29]. http://www.cesi.cn/images/editor/20180124/20180124135528742.pdf.

[195] 刘奎. 廓清人工智能认识误区[N]. 解放军报，2019-12-19(7).

[196] 杨伊，任杰. 我国中小学体育课程改革 70 年——兼论人工智能对体育教育的影响[J]. 体育科学，2020，40(6)：32-37.

[197] 钱智敏，姜桦. 互联网联合人工智能在妇科肿瘤全程管理中的应用展望[J]. 复旦学报(医学版)，2019，46(4)：556-561.

[198] 程承坪. 人工智能最终会完全替代就业吗[J]. 上海师范大学学报(哲学社会科学版)，2019，48(2)：88-96.

[199] 高婷婷，郭炯. 人工智能教育应用研究综述[J]. 现代教育技术，2019，29(1)：11-17.

[200] 梁建朋，陈秀梅. 中小学人工智能教育实践共性问题分析[J]. 中国教育技术装备，2020(13)：98-100.

[201] 翟雷，邢国春. 大数据环境下人工智能技术在教育领域的应用研究[J]. 情报科学，2019，37(11)：127-132+143.

[202] 张进宝，姬凌岩. 是“智能化教育”还是“促进智能发展的教育”——AI 时代智能教育的内涵分析与目标定位[J]. 现代远程教育研究，2018(2)：14-23.

[203] 王亚飞，刘邦奇. 智能教育应用研究概述[J]. 现代教育技术，2018，28(1)：5-11.

[204] 张坤颖，张家年. 人工智能教育应用与研究中的新区、误区、盲区与禁区[J]. 远程教育杂志，2017，35(5)：54-63.

[205] 何克抗. 21 世纪以来的新兴信息技术对教育深化改革的重大影响[J]. 电化教育研究，2019，40(3)：5-12.

[206] 梁迎丽，刘陈. 人工智能教育应用的现状分析、典型特征与发展趋势[J]. 中国电化教育，2018(3)：24-30.

[207] 尹昊智，刘铁志. 人工智能各国战略解读:美国人工智能报告解析[J]. 电信网技术，2017(2)：52-57.

[208] 何克抗. 21 世纪新兴信息技术对教育深化改革的重大影响[J]. 中国现代教育装备，2018(16)：1-7.

[209] 胡伟. 人工智能时代教师的角色困境及行动策略[J]. 现代大学教育，2019(5)：79-84.

[210] 李政涛，罗艺. 智能时代的生命进化及其教育[J]. 教育研究，2019，40(11)：39-58.

[211] 段世飞，龚国钦. 国际比较视野下的人工智能教育应用政策[J]. 现代教育技术，2019，29(3)：11-17.

[212] 白雨晴，高军. 人工智能背景下高职院校学生核心素养的培养路径研究[J]. 西北成人教育学院学报，2020(1)：41-44+59.

[213] 吴玉梅，尹侠.现代信息技术：适时显现儿童数学过程中的思考——以《平移》教学为例[J]. 贵州教育，2019(17)：26-29.

[214] 赵崇铁. 深化新时代基础教育评价改革——学习贯彻《深化新时代教育评价改革总体

方案》精神[J]. 福建教育学院学报，2020，21(11)：1-2+50+129.

[215] 姜钰. AI 赋能教育：产业应用管窥与琐思[J]. 中国教师，2019(7)：29-32.

[216] 余胜泉. 人工智能教师的未来角色[J]. 开放教育研究，2018，24(1)：16-28.

[217] 李爱霞，顾小清. 学习技术黑科技：人工智能是否会带来教育的颠覆性创新？[J]. 现代教育技术，2019，29(5)：12-18.

[218] 王哲，李雅琪，冯晓辉，等. 人工智能在教育领域的发展态势与思考展望[J]. 人工智能，2019(3)：15-21.

[219] 搜狐网. Google 在中国办了个 AI 体验展，这可能是你离它最近的一次[EB/OL]. [2022-01-10]. https://www.sohu.com/a/254713736_413980.

[220] 腾讯新闻. 传统文化之戏曲(皮影戏)[EB/OL]. [2021-12-29]. https://xw.qq.com/cmsid/20211015A02ZN400.

[221] 彭莹. 以文化之力助推佛山城市升值[J]. 文化学刊，2017(3)：15-20.

[222] 北京师范大学未来教育高精尖创新中心. 北京市教委领导莅临未来教育高精尖创新中心指导工作交流会[EB/OL]. [2022-01-10]. https://aic-fe.bnu.edu.cn//xwdt/zxxw/25122.html.

[223] 俞国良，邢淑芬. 德育课程实施心理健康教育的基本思路 第四讲 德育课程中设置心理健康教育的重要性[J]. 中小学心理健康教育，2004(4)：47-48.

[224] 苏雁，陈敏. 江南大学："数字化能源监管"绿色校园[EB/OL]. [2022-01-10]. https://epaper.gmw.cn/gmrb/html/2014-04/08/nw.D110000gmrb_20140408_2-03.htm.

[225] (英)安东尼•塞尔登，奥拉迪梅吉•阿比多耶. 第四次教育革命：人工智能如何改变教育[M]. 韩锡斌，韩赞儿，程建刚，译. 北京： 机械工业出版社，2019.

[226] 戴维•涅米，罗伊•D. 皮，博罗•萨克斯伯格，等. 教育领域学习分析[M]. 北京：清华大学出版社，2020.

[227] Elias T.Learning analytics: definitions, processes and potential [J]. Learning, 2011(23): 134-148.

[228] 顾小清，张进良，蔡慧英. 学习分析：正在浮现中的数据技术[J]. 远程教育杂志，2012，30(1)：18-25.

[229] Almosallam E A, Ouertani H C. Learning Analytics: definitions，applications and related fields[J]. LECTURE NOTES IN ELECTRICAL ENGINEERING，2014(285)：721-730.

[230] 王一岩，王杨春晓，郑永和. 多模态学习分析："多模态"驱动的智能教育研究新趋向[J]. 中国电化教育，2021(3)：88-96.

[231] 吴永和，程歌星，刘博文，等. LAK 十周年：引领与塑造领域之未来——2020 学习分析与知识国际会议评述[J]. 远程教育杂志，2020，259(4)：15-26 .

[232] 陈雅云，郭胜男，马晓玲，等. 数智融合时代学习分析技术的演进、贡献与展望——2021 学习分析与知识国际会议(LAK)评述[J]. 远程教育杂志，2021，39(4)：3-15.

[233] 吴永和，郭胜男，朱丽娟，等. 多模态学习融合分析(MLFA)研究：学理阐述、模型样态与应用路径[J]. 远程教育杂志，2021(3)：32-41.

[234] 吴南中，夏海鹰，黄娥. 课堂形态演进：迈向大数据支持的大规模个性化教学[J]. 电化教育研究，2020(9)：81-87+114.

[235] 吴永和，李若晨，王浩楠. 学习分析研究的现状与未来发展——2017 年学习分析与知识国际会议评析[J]. 开放教育研究，2017，23(5)：42-56.

[236] 杨东杰，张岩，郑伟博. 眼动追踪技术在高校课堂教学中的应用研究[J]. 现代教育技术，2020，30(2)：91-96.

[237] 王怀波，李冀红，杨现民. 目标导向的学习分析模型构建[J]. 中国电化教育，2018(5)：96-102+117.

[238] 卞少辉，赵玉荣.高校混合式教学环境下学习分析应用策略[J]. 山西财经大学学报，2021，43(S2)：135-138.

[239] 刘清堂，徐彪，张妮，等. 学习分析支持下的教师区域研修平台的设计与实现[J]. 计算机应用与软件，2021，38(2)：1-7.

[240] 孙发勤，董维春. 基于学习分析的在线学习用户画像研究[J]. 现代教育技术，2020，30(4)：5-11.

[241] 郑隆威，冯园园，顾小清.学习成果可测了吗:基于学习分析方法的认知分类有效性研究[J]. 电化教育研究，2019，40(1)：77-86.

[242] Salehian F, Hatala M, Baker R S, et al. Measuring Students' Self-Regulatory Phases in LMS with Behavior and Real-Time Self Report[C]//11th International Conference on Learning Analytics and Knowledge, 2021.

[243] 黄涛，王一岩，张浩，等. 智能教育场域中的学习者建模研究趋向[J]. 远程教育杂志，2020，38(1)：50-60.

[244] 戴静，顾小清. 人工智能将把教育带往何方——WIPO《2019 技术趋势:人工智能》报告解读[J]. 中国电化教育，2020(10)：24-31+66.

[245] 李凤英，何屹峰，王同超.融入智能图元技术的学生个性化成长系统之构建与探索[J]. 远程教育杂志，2021，39(4)：42-51.

[246] 唐烨伟，赵一婷，蒋禹飞，等. 学习分析视域下教师信息技术应用能力测评事理图谱的构建[J]. 现代教育技术，2021，31(7)：62-71.

[247] 朱冰洁，史同娜，施镇江，等. “金字塔”式网络学习平台构建与学习行为分析[J]. 实验技术与管理，2021，38(8)：208-212，216.

[248] 姚捷. 大数据时代背景下学习分析技术的应用[J]. 才智，2014(15)：94.

[249] 吴婷. 自发脑电脑机接口模式识别关键技术与实验研究[D]. 上海：上海交通大学，2008.

[250] Wolpaw J R, Birbaumer N, et al.Brain-computer interface technology:a review of the first international meeting[J]. IEEE Transactions on Rehabilitaion Engineering, 2000, 8(2): 164-173.

[251] Wolpaw J R, Wolpaw E W. 脑—机接口原理与实践[M]. 伏云发，杨秋红，徐宝磊，等译. 北京：国防工业出版社，2017.

[252] 任岩，安涛，领荣. 脑机接口技术教育应用:现状、趋势与挑战[J]. 现代远距离教育，2019(2)：71-78.

[253] 黄璐弘. 基于多特征融合和集成学习的癫痫脑电自动识别方法研究[D]. 杭州：浙江工商大学，2020.

[254] 张璐. 基于伪迹去除的单通道脑机接口技术研究[D]. 苏州：苏州大学，2018.

[255] 中国大数据产业观察网. 脑机接口技术在商业银行的应用前景展望[EB/OL]. [2021-12-29]. http://www.cbdio.com/BigData/2017-12/01/content_5642819.htm.

[256] Vidal J J. Toward direct brain-computer communication[J]. Annual review of Biophysics and Bioengineering, 1973, 2 (1): 157-180.

[257] 姜雷，张海，张岚，等. 脑机接口研究之演化及教育应用趋势的知识图谱分析——基于 1985—2018 年 SCI 及 SSCI 期刊论文研究[J]. 远程教育杂志，2018，36(4)：27-38.

[258] Luhmann A V, Wabnitz H, Sander T, et al. M3BA: A Mobile, Modular, Multimodal Biosignal Acquisition architecture forminiaturized EEG-NIRS based hybrid BCI and monitoring[J]. IEEE Transactions on Biomedical Engineering, 2017, 64(6): 1199-1210.

[259] Nakanishi M, Wang Y, Chen X, et al. Enhancing detection of SSVEPs for a high- speed brain speller using task-related component analysis[J]. IEEE Transactions on Biomedical Engineering, 2018, 65(1): 104-112.

[260] 魏郡一. 脑机接口技术：人的自主性问题及其伦理思考[J]. 医学与哲学，2021，42(4)：27-31.

[261] 张丹，陈菁菁，王毅军. 2017 年脑机接口研发热点回眸[J]. 科技导报，2018，36(1)：104-109.

[262] 李静雯，王秀梅. 脑机接口技术在医疗领域的应用[J]. 信息通信技术与政策，2021，4(2)：87-91.

[263] Farwell L. Talking off the top of your head: toward a mental prosthesis utilizing event-related brain potentials[J]. Electroenceph. Clin, Neuro-physiol.1988, 70(6): 510-523.

[264] 搜狐网. 脑机|脑机接口技术的应用、产业转化和商业价值 [EB/OL]. [2021-12-15]. https://www.sohu.com/a/538312981_121123527.

[265] 徐振国，陈秋惠，张冠文. 新一代人机交互：自然用户界面的现状、类型与教育应用探究——兼对脑机接口技术的初步展望[J]. 远程教育杂志，2018，36(4)：39-48.

[266] Schoneveld E A，Malmberg M，et al.A neurofeedback video game(MindLight)to prevent anxiety in children:A randomized controlled trial[J]. Computers in Human Behavior，2016，(63)：321-333.

[267] 童雷，张轶.基于自然用户界面的环绕声像控制器设计[J]. 北京电影学院学报，2013(5)：23-29.

[268] 中国神经科学学会“神经科学方向预测及技术路线图研究”项目组.脑科学发展态势及技术预见[J]. 科技导报，2018，36(10)：6-13.

[269] Poo M M, Du J L, Ip N, et al. China Brain Project: Basic Neuroscience，Brain Diseases，and Brain-Inspired Computing [J]. Neuron, 2016, 92(3):591-596.

[270] 科学网. 国产首款脑机编解码集成芯片发布[EB/OL]. [2021-12-29]. https://news.sciencenet.cn/htmlnews/2019/5/426407.shtm.

[271] 腾讯网. 脑机接口公司 NeuraMatrix 获数百万美元 Pre-A 轮融资[EB/OL]. [2021-12-29]. https://xw.qq.com/cmsid/20210315A0665P00.

[272] Xu J, Zhong B. Review on portable EEG technology in educational research[J]. Computers in Human Behavior, 2018 (81): 340-349.

[273] Fu-Ren Lin，Chien-Min Kao. Mental effort detection using EEG data in E-learning contexts[J]，Computers & Education, 2018, 122：63-79.

[274] 高越. 美国脑机接口技术研究及应用进展[J]. 信息通信技术与政策，2020(12)：75-80.

[275] 搜狐网. 马斯克脑机接口最新突破：猴子用意念玩游戏！[EB/OL]. [2021-12-29]. https://www.sohu.com/a/461978151_99948101.

[276] 杨彦军，罗吴淑婷，童慧.基于“人性结构”理论的 AI 助教系统模型研究[J]. 电化教育研究，2019，40(11)：12-20.

[277] Spüler M, Krumpe T, Walter C, et al. Brain-Computer Interfaces for Educational Applications[A]. Informational ironments: Effects of Use，Effective Designs[C]. Tübingen:Springer International Pu, 2017.

[278] 赵晓航. 自适应学习系统中学习风格模型的研究[D]. 长春：东北师范大学，2010.

[279] Verkijika S F, Wet L D. Using a brain-computer interface (BCI) in reducing math anxiety: Evidence from South Africa[J]. Com-puters & Education, 2015(81): 113-122.

[280] 王朋利，柯清超，张洁琪.脑机接口的智能化课堂教学应用研究[J]. 开放教育研究，2020，26(1)：72-81.

[281] 腾讯网. 人工智能下一代技术，“BrainCo”问道非侵入式“脑机接口”[EB/OL]. [2021-12-29]. https://new.qq.com/omn/20200831/20200831A061C500.html.

[282] 搜狐网. 颠覆手机入口？ BrainCo 发布脑机接口人类智能操作系统 BrainOS [EB/OL]. [2021-12-29]. https://www.sohu.com/a/415305020_322372.

[283] 搜狐网. 世界机器人大赛进入教育部竞赛白名单，ENJOY AI 赛事热度高涨！[EB/OL]. [2021-12-29]. https://www.sohu.com/a/455392368_121063363.

[284] 西安理工大学. 我校在“2021 世界机器人大赛-BCI 脑控机器人大赛”中取得优异成绩[EB/OL]. [2021-12-29]. http://news.xaut.edu.cn/info/1137/22021.htm.

[285] 搜狐网. 0.413 秒一个字母 世界机器人大会脑控打字迎新纪录[EB/OL]. [2021-12-29]. https://www.sohu.com/a/336130382_114988.

[286] 柯清超. 技术推动的教育变革与创新[J]. 中国电化教育，2012(4)：9-13.

[287] 葛松，徐晶晶，赖舜男，等. 脑机接口：现状，问题与展望[J]. 生物化学与生物物理

进展，2020，47(12)：1227-1249.

[288] 梁明霞. 脑机接口技术在特殊儿童随班就读教育中的应用研究[J]. 电脑知识与技术，2020，16(18)：200-201.

[289] 李佩瑄，薛贵.脑机接口的伦理问题及对策[J]. 科技导报，2018，36(12)：38-45.

[290] 高上凯. 浅谈脑—机接口的发展现状与挑战[J]. 中国生物医学工程学报，2007(6)：801-803+809.

[291] 单康康，袁书宏，徐锋，等. 区块链在高校的多场景应用[J]. 中国教育网络，2020(11)：77-78.

[292] 吕佳卓. 基于智能合约的去中心化安全电子投票系统[D]. 哈尔滨：哈尔滨工业大学，2019.

[293] 知乎. 区块链的发展历史[EB/OL]. [2022-01-11]. https://www.zhihu.com/question/265992968/answer/628396112，2021-12-15.

[294] 乔鹏程. 基于区块链库存管理防伪追溯变革研究——以京东“智臻链”为例[J]. 新会计，2020(2)：51-53.

[295] 何小东，易积政，陈爱斌. 区块链技术的应用进展与发展趋势[J]. 世界科技研究与发展，2018，40(6)：615-626.

[296] 鲁昱璇. 区块链技术在教育领域的应用：回顾与展望——基于《教育中的区块链》报告的分析[J]. 世界教育信息，2019，32(19)：12-16.

[297] 金义富. 区块链+教育的需求分析与技术框架[J]. 中国电化教育，2017(9)：62-68.

[298] 高东平，王士泉，李伟，等. 基于区块链技术的医疗大数据平台架构研究[J]. 中国数字医学，2019，14(1)：29-32.

[299] 杨现民，李新，吴焕庆，等. 区块链技术在教育领域的应用模式与现实挑战[J]. 现代远程教育研究，2017(2)：34-45.

[300] 郭熙川，陈芙平，余丽娟，等. 区域链技术在学前教育领域的应用研究与探索[J]. 中国多媒体与网络教学学报(中旬刊)，2018(8)：12-13.

[301] 教育信息化 2.0 行动计划(节选)[J]. 教育科学论坛，2018(15)：6-10.

[302] 上海喵爪网络科技有限公司. 利用区块链技术建立 AltSchool 式的教育机制——结合喵爪币谈区块链技术在定制化教育中的应用[J]. 中小学信息技术教育，2016(6)：53-56.

[303] Jirgensons M, Kapenieks J. Blockchain and the future of digital learning credential assessment and management[J]. Journal of Teacher Education for Sustainability, 2018, 20(1): 145-156.

[304] 吴永和，程歌星，陈雅云，等. 国内外“区块链+教育”之研究现状、热点分析与发展思考[J]. 远程教育杂志，2020，38(1)：38-49.

[305] 嘉文，周华丽. 教育区块链：分布式学的教育模式创新[M]. 北京：机械工业出版社，2020.

[306] 邱佳. 区块链技术与“人工智能+X”复合课程教育体系融合发展分析[J]. 企业科技

与发展，2020(2)：217-219.

[307] 管华，薛嘉晖. 大数据和区块链技术在综合素质评价中的应用[J]. 教育与考试，2020(5)：5-11+26.

[308] 魏洁云，赵节昌，贾军. 探索产教深度融合协同育人之路——以“区块链技术”为契机的分析[J]. 中国高校科技，2020(5)：69-72.

[309] 顾小清，杜华，彭红超，等. 智慧教育的理论框架、实践路径、发展脉络及未来图景[J]. 华东师范大学学报(教育科学版)，2021，39(8)：20-32.

[310] 刘佳. 区块链打破“高校围墙”助力智慧教育[J]. 电脑与电信，2020(5)：13-15.

[311] 张蕾，吴敏. 基于区块链技术的终身教育体系模型[J]. 西北民族大学学报(哲学社会科学版)，2020(6)：123-131.

[312] 王海洋，张碧，向帮华. 区块链理念在班级管理中的应用研究[J]. 中小学德育，2019(11)：36-37+30.

[313] 盛先锋，邓国家. 区块链技术在高校图书馆馆藏资源管理中的应用[J]. 管理观察，2019(24)：124-125+128.

[314] CSDN. 区块链在教育中的 8 个应用实例[EB/OL]. [2022-01-08]. https://blog.csdn.net/shebao3333/article/details/103188870.

[315] 薛新龙，史薇，原珂，等. 区块链技术在职业教育现代化进程中的应用场景探究——基于国外教育区块链项目的案例分析[J]. 中国电化教育，2020，402(7)：58-63.

[316] 唐文剑，吕雯. 区块链将如何重新定义世界[M]. 北京：机械工业出版社，2016.

[317] 李青，张鑫. 区块链：以技术推动教育的开放和公信[J]. 远程教育杂志，2017，35 (1)：36-44.

[318] 曲一帆，秦冠英，孔坤，等. 区块链技术对教育变革探究[J]. 中国电化教育，2020(7)：51-57.

[319] 刘光星. “区块链+教育”：耦合机理、风险挑战及法律规制[J]. 电化教育研究，2021，42(3)：27-33+41.

读书笔记

附录 图片来源

图1-2 移动互联网的发展简述图

腾讯网. 拿下全球40% 6G专利，碾压美日，中国移动通信是如何惊天逆袭的？[EB/OL]. http://new.qq.com/omn/20211002/20211002A0760F00.html，2022-01-11.

图1-3 5G应用场景分类

新浪网. 5G盛宴即将“开席”这些 A 股公司将抢占先机[EB/OL]. http://finance.sina.com.cn/stock/hyyj/2017-08-16/doc-ifyixcaw5091540.shtml，2022-01-11.

图1-5 基于5G网络的远程互动教学场景示意图

卢向群，孙禹. 基于5G技术的教育信息化应用研究[J]. 中国工程科学，2019，21(6)：120-128.

图1-6 基于5G网络的VR/AR教学场景示意图

卢向群，孙禹. 基于5G技术的教育信息化应用研究[J]. 中国工程科学，2019，21(6)：120-129.

图1-7 基于5G网络的教学AI评测示意图

卢向群，孙禹. 基于5G技术的教育信息化应用研究[J]. 中国工程科学，2019，21(6)：120-130.

图1-8 “减数分裂小结”公开课双师课堂

搜狐网. 全国首个5G+智能教育落地省实 异校实时共享名师[EB/OL]. https://www.sohu.com/a/304854694_161795?_f=index_chan25news_474.，2022-1-11.

图1-9 5G+MR全息物理名师公开课

哔哩哔哩. 影创科技助力全国首场四地5G+MR全息物理名师公开课圆满举行[EB/OL]. https://www.bilibili.com/read/cv3677527/，2022-01-11.

图1-10　上洋智慧教室教学AI评测

新浪网. AI+视讯技术，看看智慧课堂录播怎么玩[EB/OL]. http://k.sina.com.cn/article_5121738109_13147857d00100hpsb.html，2022-01-11.

图1-11　Find智慧钢琴学习效果评析

Find 钢琴官网. 智慧钢琴教室[EB/OL]. https://www.findpiano.cn/pianoclass.html，2022-01-11.

图3-3　RFID技术的广泛应用

网易. 智能化 RFID 仓库管理系统，开启仓库管理新模式-新导智能[EB/OL]. https://www.163.com/dy/article/HDBQE17P05539OYV.html，2022-01-11.

图3-4　数字微气象站示例

潘小莉. IoT 在教育中的应用[J]. 电子商务，2011(8)：14-15.

图3-6　教学工具的开发

张舒艺. 基于 IoT 技术的课堂注意力测评工具开发[D]. 上海：华东师范大学，2018.

图3-7　江南大学“数字化能源监控平台”架构图

宋建强，赵让，张明亮. 感知能耗 智慧监管——江南大学数字化能源监管平台建设探索及实践[J]. 高校后勤研究，2018(6)：50-54.

图3-8　三轴加速度传感器

Lu Yu, Zhang Sen, Zhang Zhiqiang, et al. A Framework for Learning Analytics Using Commodity Wearable Devices[J]. Sensors, 2017, 17(6): 1382.

图3-9　App查看课堂表现反馈

Lu Yu, Zhang Sen, Zhang Zhiqiang, et al. A Framework for Learning Analytics Using Commodity Wearable Devices[J]. Sensors, 2017, 17(6): 1382.

图3-10　实验步骤

郭力平，吕雪，罗艳艳，等. IoT 技术应用于学前儿童类比推理评价与学习支持的研究——基于认知诊断方法[J]. 电化教育研究，2020，41(9)：94-101.

图4-1　VR技术

搜狐网. VR 课堂，让职业教育插上“智慧”翅膀[EB/OL]. https://www.sohu.com/a/358520876_565998?scm=1002.44003c.fe017c.pc_article_rec，2022-01-11.

图4-2　AR技术

爱思助手. 苹果或在 2021 年推出 AR 眼镜 销量将达千万台[EB/OL]. https://www.i4.cn/news_detail_20178.html，2022-01-11.

图4-5　Labster虚拟仿真实验室界面

labster. Multiplex Automated Genomic Engineering (MAGE)：Conjuring massive mutations Virtual Lab[EB/OL]. https://www.labster.com/simulations/mage/，2022-01-11.

图4-6　zSpace实验室学习场景

zspace. zpace 虚拟现实(VR)[EB/OL]. http://zspace.asia/，2022-01-11.

图4-7　NOBOOK生物实验初中版在线使用界面

NOBOOK. NB 初中生物[EB/OL]. https://czsw.nobook.com/index.html#/console/templates，2022-01-11.

图4-8　“妙懂地理”App界面

App Store. 妙懂初中地理 - 妙懂课堂 一看就懂[EB/OL]. https://apps.apple.com/cn/app/%E5%A6%99%E6%87%82%E5%88%9D%E4%B8%AD%E5%9C%B0%E7%90%86-ar%E5%A6%99%E6%87%82%E8%AF%BE%E5%A0%82-%E4%B8%80%E7%9C%8B%E5%B0%B1%E6%87%82/id1249968838?l=en，2022-01-11.

图4-10　虚拟消防应急系统

搜狐网. VR+安全教育，一种让教育更直达人心的方式[EB/OL]. https://www.sohu.com/a/431051943_120392223，2022-01-11.

图4-11　AR驾驶训练

网易. 试用报告：2018 款迈锐宝加装 HUD[EB/OL]. https://www.163.com/dy/article/ELQEVUOD0518N4O8.html，2022-01-11.

图4-12　虚拟化学实验室

搜狐网. AR 技术辅助课堂教学的优势及其具体应用[EB/OL]. https://www.sohu.com/a/324747624_ 100130511，2022-01-11.

图4-13　物理凸透镜成像实验

VR/AR+教育实验室. AR 实例[EB/OL]. https://ar.bnu.edu.cn/arsl/wl/，2022-01-11.

图4-14　AR故事书

昆明信息化科普产品博览会. “能说会动” 孩子乐观的天性抗拒不了 AR 图书[EB/OL]. http://www.kmpspe.com/ExpoNews.aspx?NewsId=78，2022-01-11.

图4-15　AR地球仪

搜狐网. 用科技造梦，小熊尼奥 AR 地球仪—会讲故事的地球仪[EB/OL]. https://m.sohu.com/a/134759486_205317/?pvid=000115_3w_a，2022-01-11.

图4-16　氢原子模型

蔡苏，王涛，蔡瑞衡. 增强现实技术探究化学微观世界——增强现实(AR)在 K-12 教育的实证案例之三[J]. 中小学信息技术教育，2018(Z1)：115-117.

图4-17　电子围着原子核旋转

蔡苏，王涛，蔡瑞衡. 增强现实技术探究化学微观世界——增强现实(AR)在 K-12 教育的实证案例之三[J]. 中小学信息技术教育，2018(Z1)：115-117.

图4-18　三个原子的模型

蔡苏，王涛，蔡瑞衡. 增强现实技术探究化学微观世界——增强现实(AR)在 K-12 教育的实证案例之三[J]. 中小学信息技术教育，2018(Z1)：115-117.

图4-19　水分子变成水滴

蔡苏，王涛，蔡瑞衡. 增强现实技术探究化学微观世界——增强现实(AR)在 K-12 教育的实证案例之三[J]. 中小学信息技术教育，2018(Z1)：115-117.

图4-20　金刚石案例示意图

蔡苏，王涛，蔡瑞衡. 增强现实技术探究化学微观世界——增强现实(AR)在 K-12 教育的实证案例之三[J]. 中小学信息技术教育，2018(Z1)：115-117.

图4-21　学生VR眼镜呈现的景象

柳瑞雪，刘楚，任友群. 基于沉浸式学习环境的 VR 课堂教学应用研究——以小学三年级数学课《认识年月日》为例[C]. //第 22 届全球华人计算机教育应用大会论文集. 2018：27-35.

图4-22　Physics Playground的相关设备及操作界面

Kaufmann H, Meyer B. Physics Education in Virtual Reality: An Example[J]. Themes in Science and Technology Education, 2009.

图4-23　使用两个无摩擦的可滑动盒来演示力和反作用力

Kaufmann H, Meyer B. Physics Education in Virtual Reality: An Example[J]. Themes in Science and Technology Education, 2009.

图4-24　模拟两个物体运动到相撞的3个过程

Kaufmann H, Meyer B. Physics Education in Virtual Reality: An Example[J]. Themes in Science and Technology Education, 2009.

图4-25　分析曲线

Kaufmann H, Meyer B. Physics Education in Virtual Reality: An Example[J]. Themes in Science and Technology Education, 2009.

图4-26　Physics Playground 模拟的外摆线动态图及其形成过程

Kaufmann H, Meyer B. Physics Education in Virtual Reality: An Example[J]. Themes in Science and Technology Education, 2009.

图4-27　AR应用太阳系单词识记

腾讯视频. 清华附小公开课太阳与八大行星 AR 教学完整版[EB/OL]. [2021-12-25]. https://v.qq.com/x/page/f06507gcrs8.html?n_version=2021.

图4-28　AR应用星球位置探索

腾讯视频. 清华附小公开课太阳与八大行星 AR 教学完整版[EB/OL]. [2021-12-25]. https://v.qq.com/x/page/f06507gcrs8.html?n_version=2021.

图5-2　机器人在各种行业中的应用

腾讯网. 从机器人的应用看中国智造的未来之路[EB/OL]. https://sz.house.qq.com/a/20170802/034103.htm, 2022-01-11.

图5-3　教育机器人内涵

搜狐网. 2019 全球教育机器人发展白皮书[EB/OL]. https://www.sohu.com/a/ 341418215_747278, 2021-12-15.

图5-4　机器人教育

纳米兔. 纳米兔少儿编程-纳米兔机器人[EB/OL]. http://www.namitu.cn/，2022-01-11.

图5-5　教育服务机器人

同携网. [人工智能科教馆]触屏语音对话多功能视频早教学习陪伴 wifi 儿童智能机器人 LOYE 乐源[EB/OL]. http://www.tbw-xie.com/px_0/581989566392.html，2022-01-11.

图5-8　电子宠物狗

百度. 机器学习，让机器狗像真狗一样活动[EB/OL]. https://baijiahao.baidu.com/s?id=1663515468732378862&wfr=spider&for=pc，2022-01-11.

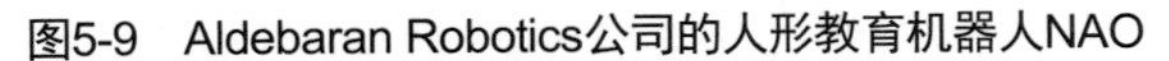

图5-9　Aldebaran Robotics公司的人形教育机器人NAO

搜狐网. 没想到你是这样的挪威! [EB/OL]. https://www.sohu.com/a/128914714_395806，2022-01-11.

图5-10　全球首个家庭社交机器人——Jibo机器人

虎嗅网. 号称家庭社交机器人鼻祖的 Jibo，怎么就倒闭了？[EB/OL]. https://www.huxiu.com/article/274949.html，2022-01-11.

图6-4　甘肃省精准扶贫大数据平台的数据类型

封清云，郭炯，郑晓俊. 大数据支持的甘肃省教育精准扶贫科学决策研究[J]. 电化教育研究，2017，38(12)：21-26.

图6-5　“交通”题目操作界面图

首新，叶萌，胡卫平，等. 教育大数据背景下 log 数据挖掘与应用——以 PISA(2012)中国区问题解决测验为例[J]. 电化教育研究，2017，38(12)：58-64.

图7-1　游戏中的数字徽章

百度. csgo 等级军衔图标[EB/OL]. https://baijiahao.baidu.com/s?id=1710585311004133585&wfr=spider&for=pc，2022-01-11.

图7-5　“班级优化大师”系统应用

班级优化大师官网. 班级优化大师——抓住孩子的每一课闪光点[EB/OL]. [2022-01-10]. https://care.seewo.com/.

图7-6　“班级优化大师”的奖励徽章

班级优化大师官网. 班级优化大师——抓住孩子的每一课闪光点[EB/OL]. [2022-01-10]. https://care.seewo.com/.

图7-7　“班级优化大师”的徽章兑换模块与班级“光荣榜”

班级优化大师官网. 班级优化大师——抓住孩子的每一课闪光点[EB/OL]. [2022-01-10]. https://care.seewo.com/.

图7-8　“班级优化大师”的学生学情分析报告

班级优化大师官网. 班级优化大师——抓住孩子的每一课闪光点[EB/OL]. [2022-01-10]. https://care.seewo.com/.

图7-9　加利福尼亚大学尔湾分校UCI计算机专业的5种数字徽章图形标识

张蕾，廖绍雯. 开放教育环境下的数字徽章：设计维度与价值分析[J]. 电化教育研究，2020，41(7)：69-76.

图7-10　学习者在领英网页中使用数字徽章截图

张蕾，廖绍雯. 开放教育环境下的数字徽章：设计维度与价值分析[J]. 电化教育研究，2020，41(7)：69-77.

图8-1　AI的发展历程

中国电子技术标准化研究院. 人工智能标准化白皮书(2018 版)[EB/OL]. http://www.cesi.cn/images/editor/20180124/20180124135528742.pdf，2021-12-29.

图8-2　逐渐发展的AI

搜狐网. 原来，我们现在接触的 AI 都很“弱”……[EB/OL]. https://www.sohu.com/a/349654677_488179，2022-01-11.

图8-6　AI皮影

搜狐网. 人工智能在艺术领域的应用！AI 还能玩皮影？[EB/OL]. https://www.sohu.com/a/460225417_100202265，2022-01-11.

图8-7　中小学生综合心理素质测评系统

机器人与人工智能爱好者论坛. 人工智能助力，教育机器人逐渐普及[EB/OL]. http://robot-ai.org/forum.php?mod=viewthread&tid=8024&extra=page=1，2022-01-11.

图8-8　智慧教室

Lighton(来同)品牌中控厂家直销. 智慧教室系统[EB/OL]. http://www.lighton.com.cn/chanpinxilie/zhjsxt/，2022-01-11.

图9-1　MLFA学理分析框架

吴永和，郭胜男，朱丽娟，等. 多模态学习融合分析(MLFA)研究：学理阐述、模型样态与应用路径[J]. 远程教育杂志，2021(3)：32-41.

图9-2　MLFA流程图

吴永和，郭胜男，朱丽娟，等. 多模态学习融合分析(MLFA)研究：学理阐述、模型样态与应用路径[J]. 远程教育杂志，2021(3)：32-41.

图9-4　基于智能图元的学生个性化成长系统架构

李凤英，何屹峰，王同超. 融入智能图元技术的学生个性化成长系统之构建与探索[J]. 远程教育杂志，2021，39(4)：42-51.

图9-5　基于教学行为的教师信息技术应用能力维度图

唐烨伟，赵一婷，蒋禹飞，等. 学习分析视域下教师信息技术应用能力测评事理图谱的构建[J]. 现代教育技术，2021,31(7)：62-71.

图9-6　“金字塔”式网络学习平台课程分布图

朱冰洁，史同娜，施镇江，等. “金字塔”式网络学习平台构建与学习行为分析[J]. 实验技术与管理，2021，38(8)：208-212，216. DOI：10.16791/j.cnki.sjg.2021.08.043.

图9-7　自主学习积极性与学习成绩相关性散点图

朱冰洁，史同娜，施镇江，等. “金字塔”式网络学习平台构建与学习行为分析[J]. 实验技术与管理，2021，38(8)：208-212，216. DOI：10.16791/j.cnki.sjg.2021.08.044.

图10-1　BCI系统基本环节图

任岩，安涛，领荣. 脑机接口技术教育应用：现状、趋势与挑战[J]. 现代远距离教育，2019(2)：71-78.

图10-7　游戏界面(玩家无数学焦虑)

Verkijika S F, Wet L D. Using a brain-computer interface(BCI) in reducing math anxiety: Evidence from South Africa[J]. Com-puters & Education, 2015(81): 113-122.

图10-8　游戏界面(玩家数学焦虑较高，尝试放松)

Verkijika S F, Wet L D. Using a brain-computer interface(BCI) in reducing math anxiety: Evidence from South Africa[J]. Com-puters & Education, 2015(81): 113-122.

图11-5　Blockcerts使用原理图

Blockcerts. 简介-Blockcerts：区块链凭证的开放标准[EB/OL]. [2022-01-08]. https://www.blockcerts.org/guide/.

图11-6　Blockcerts工作原理图

Blockcerts. 简介-Blockcerts：区块链凭证的开放标准[EB/OL]. [2022-01-08]. https://www.blockcerts.org/guide/.